हिन्दी : विविध व्यवहारों की भाषा

वाणी प्रकाशन
21-ए, दरियागंज, नयी दिल्ली-110002
फोन : 011-23273167, 23275710, 41562622
फैक्स : 011-23275710
e-mail : vani_prakashan@yahoo.com
vaniprakashan@gmail.com
website : vaniprakashan.com

हिन्दी
विविध व्यवहारों की भाषा

डॉ. सुवास कुमार

वाणी प्रकाशन का लोगो
विख्यात चित्रकार मकबूल फिदा हुसेन
की कूची से

ISBN: 81-7055-334-2

वाणी प्रकाशन
21-ए, दरियागंज, नयी दिल्ली-110002
द्वारा प्रकाशित

प्रथम संस्करण : 1994
द्वितीय संस्करण : 2007

मूल्य : 200.00

आवरण : वाणी चित्रांकन

शुभम् ऑफसेट, दिल्ली-110032
द्वारा मुद्रित

HINDI : VIVIDH VYVAHARON KI BHASHA
by Dr. Suvas Kumar

उपक्रम

पिछले दो-तीन दशकों में भाषाविदों, विद्वानों, लेखकों, चिन्तकों, बुद्धिजीवियों और हिन्दी-शिक्षण कार्य से जुड़े अध्यापकों के बीच भाषा को लेकर चिन्ता अधिक मुखर हुई है—ऐसा भारत की भाषा-समस्या से सम्बन्धित प्रचुर मात्रा में प्रस्तुत की गयी सामग्री से पता चलता है। अखबारों, पत्र-पत्रिकाओं, पुस्तकों और संगोष्ठियों की बहसों में यह सामग्री बिखरी पड़ी है। यह भाषा-चिन्ता स्वाभाविक और समझ में आनेवाली बात है। अखबारों और संगोष्ठियों में इस विषय पर लम्बी बहसें चली हैं। इन बहसों ने अक्सर ऐसा मोड़ ले लिया है जिसमें अंग्रेजी बनाम हिन्दी के दो दल बन गये और वे एक-दूसरे पर आरोप-प्रत्यारोप लगाते रहे। भटकी हुई बहस की इस पूरी प्रक्रिया में हिन्दीतर भारतीय भाषाओं की स्थिति और अधिकार की बात ही नहीं उठायी गयी, जो दुर्भाग्यपूर्ण है। ऐसा लगता है कि अंग्रेजी के पक्षधर (जो हिन्दी अथवा अ-हिन्दी भाषी हैं, पर अपने को अंग्रेजीभाषी बुद्धिजीवी समझते हैं) कहीं-न-कहीं अपने मातृभाषा-सम्बन्धी अज्ञान और अक्षमता से त्रस्त हैं और साथ ही अपने अंग्रेजी ज्ञान के सम्बन्ध में तथाकथित उच्च-ग्रंथि भी पाले हुए हैं। अंग्रेजी के पक्ष में उनकी दलीलें स्वार्थपूर्ण और खोखली होती हैं। उनके हिन्दी से आतंकित होने का कोई कारण नहीं है।

हिन्दी-जैसी एक जीवन्त भाषा के प्रवाह को रोकना असंभव है। हिन्दी की धारा जनजीवन में सदियों से प्रवाहित है। चाहे स्वार्थपूर्ण राजनीति उसके मार्ग में कितनी ही बाधाएँ क्यों न खड़ी करे और चाहे उसे 'असली' राजभाषा न भी बनाए, हिन्दी को जनता अपना चुकी है। हिन्दी का कृत्रिम भाषा-रूप खड़ा करना भी उसकी गति को बाधित करने का ही एक प्रयास है। अव्यवहार्य भाषा-रूप जनता की जीभ पर नहीं चढ़ता, बल्कि कोशों में ही सिमट कर रह जाता है। हिन्दी के प्रयोजनमूलक अथवा व्यावहारिक रूपों पर हाल के दशकों में थोक के हिसाब से लिखा जाता रहा है। ऐसी पुस्तकें एकरस ढंग से पिटे-पिटाये विचार-बिन्दुओं को ही अधिकतर उपस्थित करती रही हैं। विश्वविद्यालय अनुदान आयोग ने स्नातकोत्तर स्तर पर प्रयोजनमूलक हिन्दी, अनुवाद और पत्रकारिता के विषयों

को पढ़ाने के लिए लगभग सभी राज्यों के एक-दो विश्वविद्यालयों से आग्रह किया है और अनेक विश्वविद्यालयों में इन विषयों की पढ़ाई आरम्भ भी हो गयी है। इन विषयों में यद्यपि पुस्तकों की बाढ़ आयी हुई है, पर अच्छी पुस्तकों का अभाव अखरता है। कतिपय भाषा वैज्ञानिक सिद्धान्त और सूत्र, अनुवाद के नियम आदि रटकर परीक्षाएँ तो पास कर ली जा सकती हैं, परन्तु यह यांत्रिक तौर-तरीका व्यावहारिक क्षेत्र में उतरने पर घातक भी सिद्ध हो सकता है। अनुवाद करने के नियम जान लेने मात्र से अच्छा अनुवादक नहीं बन जाता। यह बात सार्वजनिक क्षेत्रों में नियुक्त हिन्दी अनुवादकों द्वारा किये जानेवाले अनुवाद कार्यों की दयनीय दशा से स्वतः प्रमाणित है। आये दिन विभिन्न प्रतिष्ठानों के हिन्दी एककों के द्वारा जो हिन्दी में अनुवादित सामग्री देखने को मिलती है उसे देखकर यही कहना पड़ता है—"सिर धुनि गिरा लागि पछिताना।"

यह पुस्तक सामान्य पाठ्य-पुस्तकों वाली प्रचलित सरलीकृत और पिष्टपेषित पद्धति से किंचित् हटकर लिखी गयी है, जिससे प्रयोजनमूलक हिन्दी और अनुवाद विषय के छात्रों के लिए ही नहीं, सामान्य पाठकों के उपयोग की भी हो सकती है। छात्रों को मौलिकता-प्रदर्शन का अवकाश दिया जाए तथा उनमें आलोचनात्मक दृष्टि का विकास हो, यह विगत ढाई दशकों से एक अध्यापक के रूप में मेरा काम्य रहा है। विडम्बना यह है कि आजीविकोन्मुख तथा तोतारटंतवाली शिक्षा-पद्धति में यह कामना शुभेच्छा मात्र बनकर रह जाती है। फिर भी मैं नकारात्मक सोच और हताशा की कोई जरूरत नहीं समझता। हम भले ही नव-स्वतंत्र राष्ट्र के रूप में मैकाले के सुदृढ़ गढ़ को तोड़ने में अक्षम सिद्ध हुए हों, पर बन्द दिमागवाली अपनी कैदी नियति के बारे में तो सोच ही सकते हैं। इस तरह से सोचने का भी अपना रचनात्मक महत्त्व है। अगर यह पुस्तक पाठकों को भारत की भाषा-समस्या, भारतीय भाषाओं की स्थिति, हिन्दी के वर्तमान और भविष्य आदि के सम्बन्ध में स्वतन्त्र किन्तु दायित्वपूर्ण ढंग से सोचने की दिशा में अग्रसर कर सके, तो यह इसकी बड़ी सफलता होगी।

पुस्तक के कतिपय अंश कुछेक संगोष्ठियों में प्रस्तुत किए गए और आलेख-रूप में 'पूर्ण कुंभ', 'अनुवाद' आदि पत्रिकाओं में प्रकाशित हुए, अतः सम्बन्धित संगोष्ठियों के आयोजकों तथा पत्रिकाओं के सम्पादकों के प्रति आभार ज्ञापन करना कर्तव्य समझता हूँ। अपने विभागीय सहकर्मियों तथा प्रिय छात्रों को भी तहे-दिल से धन्यवाद देता हूँ जिन्होंने पुस्तक तैयार करने में प्रत्यक्ष-अप्रत्यक्ष सहयोग दिया है।

केन्द्रीय विश्वविद्यालय परिसर, हैदराबाद —सुवास कुमार
31 मार्च, 1994

अनुक्रम

भाषा-व्यवहार के विभिन्न रूप और हिन्दी (हिन्दी की विविध प्रयोजनमूलक भूमिकाएँ)	9
भाषा-विकास और भाषा-नियोजन के परिप्रेक्ष्य में हिन्दी	34
भारत में वैज्ञानिक-तकनीकी विकास और हिन्दी	48
नगर, रेल, सिनेमा और हिन्दी	66
विज्ञापन और हिन्दी	71
मातृभाषा और द्वितीय भाषा	84
हिन्दी गद्य-भाषा का विकास	98
देवनागरी लिपि : वैज्ञानिकता का प्रश्न	123
अनुवाद : प्रकृति, प्रक्रिया और प्रकार	145
व्यक्तिवाचक नामों के अनुवाद की समस्या	157
कविता का अनुवाद : एक निरन्तर सम्भावना	176

भाषा-व्यवहार के विभिन्न रूप और हिन्दी
(हिन्दी की विविध प्रयोजनमूलक भूमिकाएँ)

मनुष्य के समस्त श्रेष्ठत्व, उसकी सारी सभ्यता और संस्कृति-सम्बन्धी प्रगति के पीछे वस्तुतः भाषा का प्राथमिक हाथ रहा है। मनुष्य को सामाजिक प्राणी कहकर परिभाषित किया जाता है और वस्तुतः भाषा के द्वारा ही वह सामाजिक बनता है। यही कारण है कि बाख्तिन सम्प्रदाय के आलोचकों का कथन है कि भाषा ही समाज है। भाषा केवल विचारों की अभिव्यक्ति और सम्प्रेषण का माध्यम नहीं, अपितु वह ज्ञान-प्राप्ति का सशक्त माध्यम तथा संस्कृति और राष्ट्रीयता की वाहिका भी होती है। भाषा के महत्त्व को बहुत पहले ही चिन्तकों और दार्शनिकों के द्वारा समझ लिया गया था। वस्तुतः भाषा के बिना सृष्टि का कोई मतलब ही नहीं हो सकता था। अतः कहा गया कि सृष्टि के अन्धकार में भाषा ही ज्योति है—

इदमन्धः नमः कृत्स्नं जायेत् भुवनत्रयम्।
यदि शब्दाह्वयं ज्योति ससंसारं न दीप्यते॥

वैसे तो पशु-पक्षी भी स्थितियों की प्रतिक्रिया में ध्वनि-संकेत करते हैं किन्तु इसे भाषा की संज्ञा देना कठिन है। भाषा का सूक्ष्म, व्यापक तथा भविष्योन्मुखी गतिशील प्रयोग करके मानव ने अपने आप को पृथ्वी के सर्वश्रेष्ठ प्राणी के रूप में सिद्ध कर दिया। मनुष्य में बुद्धि, विवेक तथा चिन्तनशक्ति है तथा भाषा की उत्पत्ति तथा विकास के साथ इसका द्वन्द्वात्मक सम्बन्ध है। सभ्यता का विकास भाषा का भी विकास है। इस जीवन और जगत को समझने-देखने के लिए ज्योति के समान भाषा ही है। चाहें तो मातृभाषा और राष्ट्रभाषा को मनुष्य की दो आन्तरिक आँखें भी कह सकते हैं। ऐसा भी कई समाजों में देखने को मिला है, जहाँ निवासियों पर परायी भाषा थोपी गयी है और उन्हें गुलामी, आतंक और छल-प्रपंच को उधार की भाषा के माध्यम से बर्दाश्त करना पड़ा है। गुलामी का जादू जब सिर चढ़कर बोलने लगता है तो परायी भाषा में ही 'सुविधा' और 'सुरक्षा' दिखायी देने लगती है। जो अपनी आँखों से नहीं देखकर परायी आँखों

से देखते हैं, उनके दिलो-दिमाग में गुलामी भीतर तक उतर गयी है, ऐसा समझ लेना चाहिए।

आधुनिक समय में मनुष्य का ज्ञान-क्षेत्र अत्यंत ही विस्तृत तथा जटिल भी, होता गया है। इस ज्ञान को विभिन्न शास्त्रों की लगभग 600 शाखाओं में बँटा हुआ पाते हैं और विशेषज्ञों का अनुमान है कि सम्पूर्ण ज्ञान को प्रस्तुत करने के लिए कोई 20 लाख शब्द जरूरी हैं। किसी भी एक भाषा के शब्दकोश में इतने शब्द नहीं मिलते। अंग्रेजी की बड़ी-से-बड़ी डिक्शनरी में 3-4 लाख के बीच शब्द ही संग्रहीत हैं। अतः हर भाषा को अन्य भाषाओं से शब्द लेने पड़ते हैं, साथ ही नये शब्द भी गढ़े जाते हैं। वैसे हर व्यक्ति के लिए बीस लाख शब्दों की जानकारी न तो अपेक्षित है, न संभव ही। भाषा यद्यपि अर्जित की जाती है किन्तु बचपन के परिवेश में सीखी गयी भाषाएं (मातृ भाषा तथा अन्य भाषाएँ) सरलता और सुगमता से प्राप्त हो जाती हैं।

भाषा के विभिन्न रूपों में स्पष्ट विभाजक रेखा खींचना कठिन है। मोटे तौर पर साहित्य और शास्त्र—इन दो रूपों में इन्हें देखा जाता है। साहित्यिक भाषा को अनुभूतियों और संवेदनाओं की व्यंजनापूर्ण अभिव्यक्ति से जोड़ा जाता है और शास्त्र भाषा को विचारों की प्रत्यक्ष अभिधात्मक अभिव्यक्ति से। इस प्रकार साहित्य की भाषा संकेतपरक और व्यंजनापूर्ण (Connotative) होती है और शास्त्र तथा विज्ञान की भाषा सूचनात्मक (Denotative)। साहित्य के भीतर भी भाषा के अनेक रूप सूक्ष्मता, जटिलता आदि के आधार पर दिखायी देते हैं। दैनिक व्यवहार की भाषा में बाह्यवर्ती क्रिया (Out ward action) होती है। आधुनिक जीवन के दैनन्दिन व्यवहार में हमें भाषा के जो अनेक रूप दिखाई देते हैं, उन्हें संक्षेप में इस प्रकार प्रस्तुत किया जा सकता है :

भाषा
- सामान्य बोल-चाल की
- साहित्यिक
  - गद्य
  - पद्य

  (दोनों के अन्तर्गत अनेकानेक विधाएँ हैं)
- शास्त्रीय
- व्यावसायिक (विभिन्न पेशों की प्रयुक्तियाँ जैसे विभिन्न मण्डियों, सर्राफा बाजार, सट्टा बाजार, बाजारों आदि में)

भाषा
↓
शास्त्रीय
↓

मानविकी	समाज विज्ञान	विज्ञान	प्रौद्योगिकी	वाणिज्य
(साहित्य, कला, संगीत, दर्शन से संबंधित व्यवहार की भाषा)	अर्थशास्त्र, समाज शास्त्र, राजनीति-शास्त्र, नृतत्वशास्त्र आदि	भौतिकी, रसायन, जीवशास्त्र, गणित, वनस्पति-शास्त्र, संगणक, वानिकी, चिकित्सा-शास्त्र आदि	इंजीनियरिंग की विभिन्न शाखाएँ आदि	व्यापार, उद्योग आदि से संबंधित

इस तरह भाषा के साहित्येतर अनेक रूप देखने को मिलते हैं। एक ही भाषा जन-भाषा, संपर्क भाषा, राष्ट्रभाषा, राजभाषा, शिक्षा की माध्यम-भाषा आदि विभिन्न भूमिकाएँ निभा सकती है और निभाती भी है।

जिस भाषा का उपयोग बड़े पैमाने पर जनता अपने दैनिक जीवन-व्यवहारों में करती है, वह सरल, सुबोध तथा समाज में व्यापक भाषा जनभाषा कहलाती है। जनभाषा का व्यापकतम रूप—जो संपूर्ण देश में विविध व्यवहारों, वैचारिक आदान-प्रदानों का माध्यम हो—राष्ट्रभाषा बनता है। इसका स्वरूप प्रान्तों की सीमाओं का सहज ही अतिक्रमण करनेवाला होता है। यह अतीव क्षमताशाली भाषा होती है। सामाजिक, राजनीतिक, धार्मिक, आर्थिक सभी क्षेत्रों के विचारों का संवहन तथा संप्रेषण करने के लिए यह उपयोगी सिद्ध होती है। विभिन्न राज्यों में राष्ट्रभाषा का व्यवहार व्यापकता से होता है। राष्ट्रभाषा में कतिपय विशेषताएँ होती हैं। वह संपूर्ण देश की ऐक्य चेतना की वाहिका होती है। उसमें देश की संपूर्ण जनता की आशा-आकांक्षाएँ अभिव्यक्ति पाती हैं। देश के संकट में राष्ट्रभाषा जनता के भीतर उत्साह, उमंग और संघर्ष-चेतना भरती है। राष्ट्रीय सांस्कृतिक गरिमा और गौरवशाली परम्परा को राष्ट्रभाषा के माध्यम से महसूस किया जा सकता है। इसीलिए राष्ट्र की सभी भाषाओं को राष्ट्रभाषा का दर्जा नहीं मिल सकता, यद्यपि देश में प्रयुक्त होनेवाली सभी भाषाएँ उस राष्ट्र की

भाषाएँ होती हैं।

संपर्क भाषा वह भाषा है जिसका उपयोग भिन्न भाषा-भाषी आपसी संप्रेषण के निमित्त करते हैं। इसका प्रयोग सामाजिक प्रयोजनों में लगभग स्वेच्छा और स्वाभाविकता से होता है। सामाजिक व्यवहारों और जरूरतों के सन्दर्भ में संपर्क भाषा अपने आप उपस्थित हो गयी प्रतीत होती है। इस का प्रयोग औपचारिक एवं अनौपचारिक दोनों रूपों में होता है।

राज-काज की भाषा को राजभाषा कहते हैं, अर्थात् राजभाषा में सरकारी कामकाज किये जाते हैं। यह प्रशासन की भाषा होती है। कार्यपालिका, विधायिका और न्यायपालिका—इन तीनों अंगों के कार्यों के साथ-साथ केन्द्र सरकार के राज्यों के साथ, राज्य सरकारों के केन्द्र सरकार के साथ तथा राज्य सरकारों के परस्पर पत्राचार आदि की भाषा राजभाषा कहलाती है। प्रशासन का सम्बन्ध जनता और नागरिक से होता है और यहाँ भी राजभाषा के माध्यम का उपयोग होता है। सरकारी प्रयोजनों के कई प्रकार के उपयोगों में राजभाषा का व्यवहार होता है. जैसे—(क) जनता से पत्र-व्यवहार (ख) सरकारी रिपोर्ट, सरकारी पत्रिकाएँ, संसदीय रिपोर्ट आदि (ग) सरकारी संकल्प तथा विधायी अधिनियम (घ) राज्यों से पत्र-व्यवहार (ङ) सन्धियाँ और करार (च) विदेशी सरकारों, दूतों और अन्तर्राष्ट्रीय संगठनों से पत्र-व्यवहार (छ) राजनयिक तथा अन्तर्राष्ट्रीय संगठनों में भारतीय प्रतिनिधियों के नाम जारी किये जानेवाले औपचारिक दस्तावेज़ आदि।

वस्तुतः राष्ट्रभाषा, संपर्क भाषा एवं राजभाषा के लिए अलग-अलग भाषाओं का उपयोग नहीं होना चाहिए क्योंकि ऐसा होना अत्यन्त अव्यवहारिक बात है। इन तीनों का अन्तर केवल बौद्धिक धरातल पर ही सम्भव है। हमारे देश में दुर्भाग्य से व्यवहार में अंग्रेजी को राजभाषा और संपर्क भाषा बनाकर रखा गया है। वास्तविक व्यवहार में राष्ट्रभाषा, संपर्क भाषा और राजभाषा एक ही भाषा होनी चाहिए। अंग्रेजी हमारे राष्ट्र की भाषा ही नहीं है। विश्व के अधिकांश देशों में एक ही भाषा इन तीन विभिन्न भूमिकाओं को निभाती है। देशों में राष्ट्रीयता की भावना जोर पकड़ने पर राष्ट्र के लिए कतिपय प्रतीकों और चिह्नों की खोज और उनका चुनाव किया जाता है। राष्ट्र के लिए एक धर्म, एक झण्डा, एक राष्ट्रगीत, एक भाषा, एक राष्ट्रीय प्रतीक-चिह्न आदि का ग्रहण होता है। भारत धर्म-निरपेक्ष राष्ट्र है, अतः उसे नेपाल या ईरान के समान एक धर्म-विशेष की निष्ठा का चुनाव करने की आवश्यकता नहीं। लेकिन भारत का प्रतीक-चिह्न सारनाथ के अशोक-स्तंभ का शिरोभाग ('सत्यमेव जयते' वाला), राष्ट्रीय तिरंगा झण्डा, राष्ट्र गीत ('जन-गण-मन अधिनायक') आदि ही नहीं, राष्ट्रीय पशु-पक्षी भी हैं, किन्तु वस्तुतः उसकी कोई अपनी राष्ट्रभाषा या राजभाषा नहीं। श्री गोपाल-

राव एकबांटे ने इस विषय में एक पुस्तक 'राष्ट्रभाषाविहीन राष्ट्र' लिखी है। टॉमस डेविड का तो यहाँ तक कहना था कि "कोई भी देश राष्ट्रभाषा के बिना राष्ट्र नहीं कहला सकता।" आज इस बात की हमारे राष्ट्र को तीव्र आवश्यकता है कि समाज को आर्थिक, धार्मिक, सांस्कृतिक आदि विभिन्न क्षेत्रों में सुरक्षा की दृष्टि से एक राष्ट्रभाषा मिले। सामन्तवाद में राजा से यह सुरक्षाभाव प्रजा को मिलता था। पूंजीवादी प्रजातन्त्र में यह स्थिति बदल गयी है तथा अब पूंजीपति तथा पैसेवाले लोग, जो बाजार का नियंत्रण करते हैं, अधिक शक्तिशाली और नीति-नियमन में सर्वाधिक प्रभावशाली हो गये हैं। आज समाज अर्थात् जनता राष्ट्र पर अधिकाधिक निर्भर होती जा रही है और राष्ट्र का नियमन और संचालन अप्रत्यक्ष रूप से पूंजीपति वर्ग करता है। राष्ट्र मूलतः एक राजनीतिक अवधारणा है जिसके अन्तर्गत जन-समूह अपनी विविध भिन्नताओं के बावजूद राजनीतिक ऐक्यबद्धता जाहिर करता है। जनता की सामूहिक चेतना जब समान हित की चिन्ता करते हुए विविध संस्थाओं की स्थापना के लिए संकल्प-बद्ध तथा सक्रिय होती है तो यह प्रक्रिया राष्ट्र-निर्माण कहलाती है। इस सन्दर्भ में जनता स्थानीय और क्षेत्रीय सांस्कृतिक भिन्नताओं के बावजूद राष्ट्र के अन्तर्गत अन्य क्षेत्रीय संस्कृतियों के प्रति सहिष्णुता का परिचय देती है। लेकिन जब इसका उलटा दिखायी देता है तो क्षेत्रीय धर्म, भाषा, संस्कृति आदि को व्यापक राष्ट्रीय प्रश्नों से अधिक महत्त्व दिया जाने लगता है। अलगाव की यह भावना राष्ट्र के टूटने-चरमराने का कारण बन सकती है। आजादी के बाद हम भारतीय परिदृश्य में भाषा और भाषिक पहचान के आधार पर राष्ट्रीय स्तर पर अनेक परिवर्तनों को घटते हुए देखते हैं। 1956 में भाषावार राज्यों का पुनर्गठन हुआ था। लेकिन इसके बाद से अलगाववादी प्रवृत्तियों ने जोर पकड़ लिया। देश के विभिन्न हिस्सों में कुछ आत्म-सजग समूह अपने वर्चस्व को स्थापित करने के लिए आन्दोलन करने लगे। इनमें से कई आन्दोलन व्यवहार में नहीं उतरे, केवल विचारों में रहे, जैसे 'मिथिला देश' का आन्दोलन। लेकिन 'आमची मुम्बई' (हमारा बम्बई), 'आमरा बांगाली' (हम बंगाली हैं अर्थात् बंगाल हमारा है।), झारखण्ड आन्दोलन, असम में गैर-असमियों के विरुद्ध जनान्दोलन, पंजाब में खालिस्तान की माँग, कश्मीर में स्वायत्तता की चाह आदि ने उग्र तथा हिंसक रूप भी धारण किया। भारत में धार्मिक, सांस्कृतिक और भाषायी भिन्नताएँ सदा से रही हैं, मगर जहाँ पहले सहिष्णुता थी वहाँ अब अधैर्य दिखायी देने लगा है। इसके पीछे आर्थिक-राजनीतिक कारणों के साथ-साथ विदेशी हाथ-जैसे अन्य कारण भी हैं। भाषा के नाम पर बने राज्यों में भी एक भाषा नहीं, एकाधिक भाषाएँ और बोलियाँ मिलती हैं। कोई आश्चर्य नहीं कि इन भाषा-भाषियों में प्रभुत्व-संपन्न भाषा के प्रति असंतोष पनपता हो। वास्तव में एक शक्तिशाली राष्ट्र के लिए एक ऐसी भाषा चाहिए जो

समान रूप से जनता को स्वीकार्य हो। राष्ट्रभाषा (लिंगवा फ्रांका) ऐसी ही भाषा कहलाती है। राष्ट्र प्रभुत्वशाली वर्ग की भाषा, साहित्य, संस्कृति आदि को संरक्षण और सुविधाएँ प्रदान करता है, अतः विभिन्न भाषाभाषी समूह की असंतुष्टि, अपेक्षाएँ और माँगें बढ़ने लगती हैं। हर एक राष्ट्र के लिए एक अपनी सर्व-स्वीकार्य समाहारपरक भाषा राष्ट्रभाषा के रूप में चाहिए। ऐसी भाषा राजभाषा और संपर्क भाषा के कार्य भी करेगी।

डॉ० रामबाबू शर्मा ने एक किताबी लिखी है—'बारहवीं सदी से राजकाज में हिन्दी', जिसमें उन्होंने शोधपूर्ण ढंग से बताया है कि देश में मुगलों और अंग्रेजों के आने के पूर्व तथा साथ-साथ देश के विभिन्न हिस्सों में हिन्दी राजकाज की भाषा रहती चली आयी है। राजपूत शासन की भाषा हिन्दी ही थी। इसी तरह मराठों के राजकाज की भाषा भी हिन्दी बनी रही थी। वास्तव में उन्नीसवीं सदी तक हिन्दी लगातार केन्द्रीय अथवा क्षेत्रीय प्रशासनों की भाषा बनी आयी थी। अंग्रेजों ने अवश्य अंग्रेजी भाषा गुलाम भारत पर जीवन के विभिन्न क्षेत्रों में लाद दी थी। अंग्रेजी का आधिपत्य आजादी के बाद भी बना रहा। यद्यपि 14 सितम्बर, 1949 को हमारे देश के संविधान में हिन्दी को राष्ट्रभाषा के रूप में स्वीकृत तो किया गया मगर बाद में संशोधनों के द्वारा राजभाषा का मुकुट अंग्रेजी को पहना कर हिन्दी को उसका पिछलग्गू बना दिया गया। विडम्बना यह है कि जिस अंग्रेजी भाषा को संविधान की आठवीं अनुसूची में स्थान तक नहीं मिला यानी जो भारत की भाषा तक नहीं मानी गयी (आठवीं अनुसूची की भाषाएँ हैं—हिन्दी, तेलुगु, बंगला, मराठी, तमिल, उर्दू, गुजराती, कन्नड़, मलयालम, ओड़िया, पंजाबी, असमिया, कश्मीरी, सिन्धी और संस्कृत), वही अंग्रेजी भारत की राजभाषा बना दी गयी।

भारतीय भाषाओं में हिन्दी की विशिष्ट स्थिति रही है। आजादी के लिए हमारे राष्ट्रीय आन्दोलनों की भाषा हिन्दी रही है। हिन्दी की राष्ट्रीय भूमिका को तिलक, गाँधी, सुभाष, अबुल कलाम आज़ाद-जैसे नेताओं ने पहचान लिया था। असहयोग-आन्दोलन के आरम्भ होने से भी पहले 1918 में ही मद्रास में 'दक्षिण भारत हिन्दी प्रचार सभा' की स्थापना हो गयी थी। लाहौर में तो उन्नीसवीं सदी में ही—1885 में—दयानंद एंग्लो-वैदिक कॉलेज की स्थापना हुई थी जिसमें छात्रों के लिए हिन्दी अनिवार्य थी। स्वामी दयानन्द ने अपना प्रसिद्ध ग्रन्थ 'सत्यार्थ प्रकाश' हिन्दी में लिखा था। कोई सौ साल पहले फैलन ने अपनी 'न्यू हिन्दुस्तानी—इंग्लिश डिक्शनरी' की भूमिका में हिन्दी को 'जनता की भाषा' कहा था और बताया था कि यह भाषा साहित्यिक, वैज्ञानिक, नैतिक और सामाजिक उत्थान का सर्वोत्तम माध्यम है।

यह ठीक है कि अंग्रेजी के वर्चस्व से देश को थोड़े-बहुत लाभ भी मिल गये

होंगे, पर इसकी मुख्य भूमिका निषेधात्मक रही है। इसने देश की मानसिकता को गुलाम बनाये रखा है। रवीन्द्रनाथ ठाकुर ने भारत में अंग्रेजी की स्थिति के बारे में लिखा था कि अंग्रेजी ग्रामीण अंचलों में से गुजरनेवाली उस रेलगाड़ी के समान है जिसके डिब्बों की रोशनी केवल सफर करनेवालों के काम आती है। ग्रामीण अंचल के लोगों को एक क्षण के लिए वह रोशनी चौंधिया भले ही दे, पर उनके किसी काम की नहीं होती। रवीन्द्रनाथ की यह बात अंग्रेजी को 'विश्वज्ञान की खिड़की' समझनेवाले उन लोगों को ध्यान में रखनी चाहिए जो खिड़की की खातिर अपने घर के दरवाजे को सदा के लिए बन्द कर देना चाहते हैं। ऐसे लोगों ने अंग्रेजी को भारतीय एकता की भाषा तक कहना शुरू कर दिया और यह भय प्रकट किया कि अगर अंग्रेजी चली जायेगी तो देश की एकता भी नष्ट हो जाएगी। इस सन्दर्भ में ओड़िसा के श्री लक्ष्मीनारायण साहू का यह कथन ध्यान देने योग्य है कि यह डर कि अंग्रेजी चले जाने से हमारी एकता का अस्तित्व ही खत्म हो जाएगा, वैसा ही है जैसे कोई शराबी कहे कि मद्यनिषेध या नशाबन्दी लागू होगी तो वह मर ही जाएगा। जनतासे कटे हुए अंग्रेजीदाँ लोगों की मान्यता और जिद थी कि अगर आजादी के बाद अंग्रेजी भारत से चली गयी तो यहाँ के प्रशासन में एक बड़ी रिक्तता आ जाएगी। यद्यपि पं० जवाहरलाल नेहरू अंग्रेजी माध्यम से शिक्षित तथा अंग्रेजी भाषा के लेखक थे, किन्तु देश के व्यापक परिप्रेक्ष्य में अंग्रेजी की असलियत उन्होंने भी भाँप ली थी। 4 सितम्बर, 1959 को लोकसभा में उन्होंने कहा था, "अंग्रेजी निश्चय ही एक थोपी गयी भाषा है।···इस पर ऐसी भाषा होने का लांछन भी है जो हमारी अपनी भाषा और सांस्कृतिक परम्पराओं के ऊपर बैठ गयी है।···मैं अंग्रेजी इसलिए बोलता हूँ कि आदत पड़ गयी है मगर इस आदत से छुटकारा पाने में ही भलाई है।" मतलब यह कि अंग्रेजी हमारे देश में साम्राज्यवादी-उपनिवेशवादी और विभाजनकारी भाषा रही है। वैसे इस भाषा और साहित्य के विदेशी भाषा के रूप में अध्ययन-अध्यापन से किसी का विरोध नहीं हो सकता। गाँधीजी ने 'यंग इंडिया' (27 अप्रैल, 1921) में बहुत ही ठीक लिखा था, "मेरा यह सुचिन्तित मत है कि जिस रूप में अंग्रेजी की शिक्षा यहाँ दी गयी है, उससे अंग्रेजी पढ़े-लिखे हिन्दुस्तानी कमजोर हो गये हैं। इस पद्धति ने भारतीय छात्रों की स्नायविक ऊर्जा पर भयानक दबाव डाला है तथा हम सबको नक्काल बना दिया है। कोई भी जाति नक्कालों की कौम पैदा करके बड़ी नहीं हो सकती है।" गाँधीजी ने बहुत पहले यह भी देख लिया था कि स्वराज्य करोड़ों निर्धनों और निरक्षरों के लिए जितनी अहमियत रखता है, उतनी ही हिन्दी की भी उनके लिए अहमियत है जो सर्वमान्य राष्ट्रभाषा हो सकती है। वही भाषा राष्ट्र-भाषा हो सकती है जिसे बहुसंख्यक लोग जानते-बोलते हैं और जो सीखने में सुगम हो। हिन्दी ऐसी ही भाषा है। प्रसिद्ध भाषाविद् सुनीति कुमार चटर्जी का तो

कहना था कि हिन्दी के सामान्य व्यवहार की व्याकरण-विधि एक पोस्टकार्ड पर लिखी जा सकती है। प्रसिद्ध समकालीन भारतीय वैज्ञानिक डॉ० जयन्त विष्णु नर्लीकर के अनुसार, "थोड़े-से प्रयास में हिन्दी में एक सीमा तक अच्छी तरह लिखा और बोला जा सकता है। अगर भारत की खोयी हुई वैज्ञानिक प्रतिभाओं को जगाना है, भारतीय जनता और वैज्ञानिक विचारों के बीच की दूरी को पाटना है तो जन भाषा हिन्दी का सहारा लेना बहुत जरूरी है।"

आजादी के पश्चात् स्वतन्त्र भारत के राज्य-शासन के लिए संविधान निर्मातृ सभा बनी, जिसने 14 सितम्बर, 1949 को हिन्दी को देश की राजभाषा बनाने सम्बन्धी अनुच्छेद स्वीकृत किए। 343 (1) अनुच्छेद के मुताबिक भारत संघ की राजभाषा देवनागरी लिपि में लिखी गयी हिन्दी होगी। लेकिन साथ-साथ कुछ वर्षों (15 वर्ष अर्थात् 1965 तक) के लिए अंग्रेजी में भी प्रशासन सम्बन्धी कार्य करने की अनुमति दी गयी थी। पर व्यवहार में हुआ इसका उल्टा। 26 जनवरी, 1950 से संविधान लागू हो गया। 344 (1) अनुच्छेद में सरकार द्वारा दो राजभाषा सम्बन्धी आयोग गठित करने की बात कही गयी थी। श्री बाल गंगाधर खेर की अध्यक्षता में पहला राजभाषा आयोग 7 जून 1955 को गठित हुआ जिसमें विभिन्न राज्यों का प्रतिनिधित्व करनेवाले, डॉ० सुनीति कुमार चटर्जी, सुब्बारायन, मगनभाई आदि बीस सदस्य थे। इस आयोग ने जुलाई 1956 में अपनी रिपोर्ट दे दी, किन्तु दूसरा राजभाषा आयोग फिर कभी गठित नहीं किया गया। 1957 में संसदीय राजभाषा समिति बनायी गयी। 1963 में राजभाषा अधिनियम बना जिसे 26 जनवरी, 1965 से लागू किया गया। 1967 में राजभाषा अधिनियम को संशोधित किया गया। 1976 में राजभाषा नियम का विस्तार तमिलनाडु को छोड़कर सम्पूर्ण भारत में किया गया। पूरे भारत को तीन क्षेत्रों में बाँटा गया। क्षेत्र 'क' के अन्तर्गत बिहार, हरियाणा, हिमाचल प्रदेश, मध्य प्रदेश, राजस्थान, उत्तर प्रदेश और दिल्ली संघराज्य को रखा गया। क्षेत्र 'ख' में गुजरात, महाराष्ट्र, पंजाब, अंदमान-निकोबार द्वीप-समूह और चंडीगढ़ संघराज्य को तथा बाकी सभी राज्यों-संघराज्यों को क्षेत्र 'ग' के अन्तर्गत रखा गया।

राष्ट्रीय स्वाधीनता आन्दोलन के समय समझ लिया गया था कि हिन्दी ही स्वाधीनता के पश्चात् अंग्रेजी का विकल्प हो सकती है और विशाल भारतीय जनसंख्या की भाषा होने के कारण भी भारत की राष्ट्रीय मुख्यधारा हिन्दी ही होगी। अतः राष्ट्रीय मुख्यधारा से जुड़ने का मतलब है हिन्दी से जुड़ना। यह स्वाभाविक रूप से भारत के सामाजिक, आर्थिक, धार्मिक, सांस्कृतिक, राजनीतिक संपर्कों की माध्यम भाषा हो सकती है। इस सन्दर्भ में काशी नागरी प्रचारिणी सभा, दक्षिण भारत हिन्दी प्रचार सभा; हिन्दी साहित्य सम्मेलन, प्रयाग; राष्ट्रभाषा

प्रचार समिति, वर्धा; महाराष्ट्र राष्ट्रभाषा संघ, पुणे; बम्बई हिन्दी विद्यापीठ; असम राष्ट्रभाषा प्रचार समिति, गुवाहाटी; हिन्दी विद्यापीठ, देवघर आदि संस्थाओं के कार्य उल्लेखनीय हैं। प्रसिद्ध भाषाविद् सुनीति कुमार चटर्जी ने बहुत पहले लिखा था कि एक संयुक्त एकीकृत भारत की एक भारतीय राष्ट्रभाषा होनी चाहिए जो देश की एकता का ज्वलंत प्रतीक हो और हिन्दी ही ऐसी एकमात्र भाषा है, जो इस पर आरूढ़ हो सकती है।

हिन्दी : सामाजिक प्रयोजनों के क्षेत्र

भाषा के दो रूप होते हैं—भाषा-व्यवस्था (लांग या कॉम्पीटेन्स) और भाषा व्यवहार (पैरोल या पर्फार्मेंस)। भाषा सामाजिक व्यवहारों की वस्तु है, अतः उसमें बोलने वाले समूहों की जातिगत विविधता, उनकी संश्लिष्ट संस्कृति आदि अभिव्यक्ति पाती हैं। भारत एक बहु-भाषी राष्ट्र है और यहाँ अनेक भाषाओं की सुदीर्घ तथा समृद्ध ऐतिहासिक परम्परा मिलती है। हिन्दी ऐसी ही समर्थ भाषा है। यह भारत के विशाल भू-भाग में विस्तृत जनसंख्या के द्वारा व्यवहृत होती है। इसका सम्बन्ध राष्ट्रीय विकास से गहरा जुड़ा है। अतः हाल के वर्षों में हिन्दी भाषा का अध्ययन भाषा-सुरक्षा, भाषा-परिवर्तन, भाषा-मानकीकरण, भाषा-नियोजन आदि दृष्टियों से किया जाने लगा। भाषा सामाजिक सन्दर्भों में ही विकसित-परिवर्तित और नियंत्रित होती है। सामाजिक, प्रशासनिक तथा शैक्षिक स्तरों पर भाषा के भेद प्राप्त होते हैं अर्थात् उच्च-मध्य-निम्न वर्ग की भाषा, शिक्षित-अर्ध शिक्षित-अशिक्षित की भाषा, मौखिक तथा लिखित भाषा, शास्त्रों, औपचारिक व्यवहारों, घर-परिवार की अनौपचारिक, बाजार आदि की भाषा। एक ही भाषा के, इस प्रकार से, विभिन्न रूप दिखायी पड़ते हैं और इनमें व्याकरणिक परिवर्तन भी मिलता है। हिन्दी ऐतिहासिक रूप से लम्बे मानवीय व्यवहारों के द्वारा प्रयोग-सिद्ध भाषा रही है जिसके अपने महत्त्वपूर्ण व्याकरण, शब्द-कोश, औपचारिक शिक्षण-रूप आदि हैं। यह एक जीवंत भाषा है। आज हिन्दी किसी भी विकसित भाषा के सभी प्रकार्यों (फंक्शंस) को पूरा करने की स्थिति में है। भाषा के इन प्रयोजनमूलक क्षेत्रों को इस प्रकार देखा जा सकता है : राज-भाषा (ऑफीशियल लैंग्वेज), संपर्क भाषा (लिंक लैंग्वेज), शिक्षा क्षेत्र की माध्यम भाषा (एजुकेशनल लैंग्वेज), वर्ग भाषा (ग्रुप लैंग्वेज), साहित्यिक भाषा (लिटरेरी लैंग्वेज), तकनीकी भाषा (टेकनीकल लैंग्वेज) आदि। कोई भी भाषा इन सारे प्रयोजनों को सिद्ध करके ही समृद्ध भाषा कहला सकती है। हिन्दी आज इन सभी प्रयोजनों के लिए समुचित भाषा है, अतः समृद्ध भाषा है।

भारत जैसे संघराज्यों में राजभाषा का दोहरा स्वरूप बनता है। एक तो प्रान्तीय सरकारों के द्वारा प्रशासन सम्बन्धी विभिन्न कार्य चलानेवाली राज-

भाषा होती है और दूसरी केन्द्र सरकार की राजभाषा जिसका अन्तर्राज्यीय स्तर पर प्रयोग होता है। ये दोनों प्रकार की राजभाषाएं एक भी होती हैं और भिन्न भी हो सकती हैं। राजभाषा को कई गुणों से सम्पन्न होना चाहिए। उसे व्यापक रूप से जनता के विभिन्न वर्गों में स्वीकृति मिलनी चाहिए। उसे सांस्कृतिक, राजनैतिक, प्रशासनिक क्षेत्रों की अभिव्यक्तियों की दृष्टि से अत्यंत समृद्ध, समन्वयात्मक और प्रचलित होना चाहिए। राजभाषा को अन्य कई नामों से भी अभिहित किया जाता है यथा शासन या प्रशासन की भाषा, सरकारी भाषा, संघ भाषा। राजभाषा को देशव्यापी तथा ऐतिहासिक रूप से समृद्ध होना चाहिए। हिन्दी को भारतीय संविधान ने राजभाषा का दर्जा दिया (यद्यपि व्यवहार में अंग्रेजी को हिन्दी के ऊपर बनाकर रखा) गया है। हिन्दी की व्यापकता और समृद्धि उसे भारत की राजभाषा बनने का सहज ही अधिकार दिलाती है। 'भारतीय आर्यभाषा और हिन्दी' (पृ० 17) में डॉ० सुनीति कुमार चटर्जी ने लिखा है कि बारहवीं-तेरहवीं सदी से ही, तुर्की विजय के बाद से, हमें दिखायी पड़ता है कि पूर्वी पंजाब से बंगाल तक भारत में जितनी भी बोलियाँ और भाषाएँ थीं, उन्हें हिन्दी कहा जा सकता है। वस्तुतः हिन्दी का उत्तरी-पूर्वी एवं मध्य भारत की समस्त भाषाओं से गहरा सम्बन्ध रहा है, क्योंकि इन भाषाओं का मूल शौरसेनी, मागधी अथवा अर्धमागधी अपभ्रंश रहा है। फलस्वरूप इन क्षेत्रों में राजकाज की भाषा हिन्दी या उससे मिलती-जुलती भाषाएँ रही हैं। मसलन राजपूतों के शासन की भाषा डिंगल-पिंगल या राजस्थानी हिन्दी थी जिसमें शासकीय पत्र, टिप्पणियाँ, राजकर्मचारियों की आचार-संहिता, राजा के आदेश आदि प्रस्तुत किए जाते थे। हाँ, शासन के द्वारा शुभ तथा पवित्र संस्कारादि के अवसर पर संस्कृत (तथा संस्कृत-मिश्रित हिन्दी) का व्यवहार करने की प्रथा थी क्योंकि संस्कृत को हिन्दी से नितान्त भिन्न कभी नहीं समझा गया। यहाँ तक कि मुसलमानों के शासनकाल में भी हिन्दी भाषा (तथा देवनागरी लिपि) में भी राज्यादेश दिए जाते थे। शेरशाह के छोटे-से शासनकाल में हिन्दी में भी राज-काज सम्पन्न किए जाते थे। यही हाल मुगल शासन के दौरान भी बना रहा। राजकीय पत्रों, फरमानों, प्रशस्तियों तथा कई प्रकार के दस्तावेजों में हिन्दी का खुलकर प्रयोग होता था। इनमें हिन्दी भाषा का जो रूप प्रयुक्त होता था वह लोक-प्रचलित तथा व्यापक क्षेत्र में स्वीकृत होता था। यह हिन्दी फारसी-मिश्रित भी होती थी तथा इसमें कई बोलियों का समन्वय भी किया जाता था। ब्रज, राजस्थानी, बुन्देली आदि का इसमें खुलकर प्रयोग किया जाता था। कहा जाता है कि इब्राहीम आदिलशाह ने अपने शासन काल में फारसी को अपदस्थ करके हिन्दी को राजभाषा बनाया था। यहाँ तक कि औरंगजेब जैसे कट्टर मुसलमान के समय भी राजकार्यों में हिन्दी का प्रयोग भी होता था। मुहम्मद शाह रंगीले के

समय प्रशासनिक कार्यों में सस्कृत-गर्भित हिन्दी का प्रयोग होने लगा था। जयपुर, जोधपुर, उदयपुर, कोटा, बूंदी, बीकानेर, ग्वालियर, इन्दौर, जैसे छोटे-छोटे राज्यों अथवा रियासतों में राजकाज में हिन्दी का खुलकर प्रयोग किया जाता था। यही स्थिति मराठों के शासनकाल में भी दिखाई पड़ती है, जहाँ युद्धोपरान्त तैयार किये गए संधिपत्रों, राजनीतिक-व्यापारिक समझौतों, आदेशपत्रों, प्रमाण-पत्रों आदि की भाषा हिन्दी थी। मराठों ने हिन्दी के साथ मराठी का भी खूब प्रयोग किया था और कभी-कभार वे वैसे मराठी पत्रों का अनुवाद हिन्दी में भी कराते थे जिन्हें देश के दूसरे भागों में भेजने की आवश्यकता पड़ती थी। राजकाज की दृष्टि से हिन्दी भाषा के महत्त्व को अंग्रेजों ने भी पहचान लिया था। इसीलिए उन्होंने अंग्रेज अफसरों को हिन्दी सीखने के लिए प्रेरित किया था। लेकिन 1857 के प्रथम स्वातन्त्र्य-युद्ध के बाद से अंग्रेज काफी चौकन्ने हो गये और उन्होंने धीरे-धीरे भारतीय भाषाओं का हक छीनकर प्रशासन, शिक्षा तथा अन्य क्षेत्रों में भी अंग्रेजी को थोपना शुरू कर दिया। वैसे जन-प्रयोग की दृष्टि से अदालतों आदि के दस्तावेजों में अंग्रेजी शासन के अन्तर्गत भी मुगलकाल से चली आ रही फारसी-मिश्रित हिन्दी भाषा का ही व्यवहार होता रहा और बहुत-कुछ उसी ढर्रे पर अब भी हो रहा है। इस प्रकार हम पाते हैं कि ऐतिहासिक रूप से हिन्दी बारहवीं सदी से ही केन्द्रीय अथवा क्षेत्रीय स्तरों पर राजकाज की भाषा बनी रही है। समकालीन परिप्रेक्ष्य में हिन्दी भारतीय संघ गणराज्य की राजभाषा स्वीकृत होने के अतिरिक्त बिहार, उत्तर प्रदेश, मध्य प्रदेश, हिमाचल प्रदेश, हरियाणा, राजस्थान और दिल्ली—इन सात राज्यों की राजभाषा है। गुजरात, महाराष्ट्र, पंजाब, अंदमान-निकोबार द्वीप-समूह, चंडीगढ़ आदि जगहों में भी हिन्दी विभिन्न क्षेत्रों में खूब प्रचलन में है। बाकी राज्यों के प्रमुख नगरों में भी हिन्दी में लोगों का काम बखूबी चल जाता है।

सामाजिक क्षेत्रों में हिन्दी का कई स्तरों पर प्रयोग किया जाता है। हिन्दी की उपभाषाओं और बोलियों का व्यवहार ग्रामीण तथा शहरी जनसंख्या के निम्न-वर्गीय व्यक्तियों में होता है तथा शिक्षित मध्यवर्ग तथा उच्चवर्ग में हिन्दी का प्रायः मानक रूप ही व्यवहार में आता है। मानक हिन्दी हिन्दी-भाषी राज्यों में शिक्षा का माध्यम भी है। अन्य राज्यों में भी हिन्दी का द्वितीय भाषा के रूप में शिक्षण व्यापक रूप से, यहाँ तक कि सुदूर दक्षिण में केरल जैसे राज्यों में भी, होता है। हिन्दी-भाषी राज्यों में प्राथमिक स्तर से लेकर उच्च शिक्षा के स्तर तक हिन्दी माध्यम भाषा के रूप में प्रयुक्त होती है, यद्यपि वैज्ञानिक एवं तकनीकी शिक्षा के अनेक संस्थानों में माध्यम भाषा अंग्रेजी अब भी बनी हुई है। हिन्दी साहित्य में हिन्दी की अनेक प्रयुक्तियों (रजिस्टर) का प्रयोग देखा जा सकता है। हिन्दी-भाषी समाज में हिन्दी की तीन शैलियाँ देखने को मिलती हैं। एक तो संस्कृत-

निष्ठ अथवा तत्सम शब्दावली प्रधान भाषा है, दूसरी अरबी-फारसी-मिश्रित भाषा (हिन्दुस्तानी) तथा तीसरी बोलचाल की आमफहम भाषा। अहिन्दी भाषी क्षेत्रों में हिन्दी में अन्य भाषाओं की शब्दावली का मिश्रित (Pidgin) रूप प्रयुक्त होता है जैसे बम्बई में मराठी-मिश्रित, बंगाल में बंगला-मिश्रित आदि। अहिन्दी-भाषी हिन्दी साहित्यकारों की भाषा में भी ऐसे प्रयोग स्वाभाविक रूप से प्राप्त होते हैं। हिन्दी फ़िल्मों के कारण भी हिन्दी अखिल भारतीय स्तर पर समझी जाती है। बाजारों और वाणिज्य-व्यापार के क्षेत्रों में भी हिन्दी का व्यापक प्रयोग मिलता है। यहाँ तक कि भारत के बाहर विदेशों में हिन्दी का प्रचलन दिखायी पड़ता है। नेपाल, ट्रिनिडाड, फिजी, ब्रिटिश गायाना, सुरीनाम, मॉरिशस आदि ऐसे ही देश हैं। भाषा का विकास लोकगीतों, साहित्य आदि से चलकर प्रशासनिक, वैज्ञानिक और तकनीकी व्यवहार के अन्तिम चरण तक पहुँचता है। हिन्दी आज विकास की चरम मंजिल तक पहुँच चुकी है।

'प्रयोजनमूलक हिन्दी' संज्ञा का प्रयोग भाषा के सर्व-प्रकारेण व्यवहार के लिए होता है। यह शब्द 'फंक्शनल इंग्लिश' की तर्ज पर गढ़ा गया। कुछ लोग इसके लिए 'व्यावहारिक हिन्दी' की संज्ञा का प्रयोग करते हैं तो कुछ लोग 'कामकाजी हिन्दी' का। वस्तुतः भाषा का कोई भी रूप निष्प्रयोजनमूलक, अव्यावहारिक या बेकार नहीं होता है। ऐसे भी लोग हैं जो भाषा के दो भेद करते हैं—आनन्दमूलक तथा प्रयोजनमूलक। सौन्दर्य-परक तथा आनन्दमूलक को वे व्यक्ति-सापेक्ष तथा प्रयोजनमूलक को समाज-सापेक्ष बताते हैं। लेकिन विचार किया जाए तो यह धारणा भी उचित नहीं जान पड़ती। केवल आत्मपरक और आनन्दमूलक भाषा कोई नहीं होती—कविता की भी नहीं, क्योंकि वहाँ भी विचार, बुद्धि, तर्क, ज्ञान की अपनी भूमिका होती है। साहित्यिक आलोचना की भाषा में यह भूमिका स्पष्ट और प्रखर रूप में सामने आती है। यह ठीक है कि हर ज्ञान, विज्ञान, कला और विद्या से सम्बन्धित भाषा का अपना प्रयोजन होता है। भाषा का व्यवहार इस प्रकार विभिन्न क्षेत्रों में होता है। अतः भाषा-मात्र को ही प्रयोजनमूलक कहा जा सकता है। हाँ, कुछ क्षेत्रों में प्रयोजनीयता सूक्ष्म स्तर पर होती है और कुछ क्षेत्रों में स्थूल व्यावहारिक स्तर पर। प्रयोजनमूलक भाषा से तात्पर्य विशेषकर सेवा-माध्यमों में प्रयुक्त होनेवाले स्थूल तथ्यात्मक भाषा के उपयोगितावादी रूप से है। यह जीवन के दैनन्दिन विविध कार्यों के लिए उपयोग में लायी जाने वाली भाषा है।

'प्रयोजनमूलक हिन्दी' के विषय में 1975 में केन्द्रीय हिन्दी, संस्थान, आगरा में एक महत्वपूर्ण विचार-संगोष्ठी आयोजित हुई थी, जिसका प्रतिवेदन प्रो० रवीन्द्रनाथ श्रीवास्तव के संपादकत्व में प्रकाशित किया गया। उस संगोष्ठी में प्रयोजनमूलक हिन्दी के स्वरूप तथा क्षेत्र को लेकर कई आलेख पढ़े गये थे तथा

विद्वानों ने बहसों में महत्वपूर्ण मुद्दे उठाये थे।

भारत के संविधान में 351वें अनुच्छेद में हिन्दी के विकास तथा प्रचार-प्रसार की बात कही गयी है। हिन्दी को भारत की सामाजिक संस्कृति के सभी तत्वों की अभिव्यक्ति का माध्यम बनाने, भारत की विभिन्न भाषाओं की शब्दावली, रूप तथा शैली को आत्मसात् करने तथा मुख्यतः संस्कृत के शब्दों को ग्रहण करने की दिशा में अग्रसर करने के लिए संघराज्य को दायित्व सौंपा गया। वस्तुतः हिन्दी अपने-आप सही दिशा में बढ़ती आयी है। भाषाविदों का एक वर्ग मानता है कि भाषा का स्वतः सहज विकास 'होता' है, उसका विकास 'किया' नहीं जा सकता। लेकिन भाषाविदों का एक और वर्ग मानता है कि भाषा को बाह्य प्रयत्नों द्वारा आकांक्षित दिशा में विकसित होने के लिए प्रेरित तथा नियंत्रित किया जा सकता है। इसे ही 'भाषा-नियोजन' की संज्ञा दी जाती है। हिन्दी तथा अन्य भारतीय भाषाओं में सामाजिक संस्कृति का समाहार पाया जाता है। विभिन्न धर्मों —हिन्दू, इस्लाम, सिक्ख, बौद्ध, जैन, ईसाई, जनजातियों आदि की संस्कृतियों के तत्त्वों को इन भाषाओं ने आत्मसात् किया है। यहाँ यह बात विशेष रूप से ध्यान देने की है कि किसी भी धर्म पर आश्रित संस्कृति अथवा भाषा का पूर्णतः सर्व-भारतीय रूप नहीं है। कश्मीर के हिन्दुओं की संस्कृति तमिलनाडु के हिन्दुओं की संस्कृति से भिन्न है। इसी तरह बिहार के मुसलमानों की संस्कृति केरल के मुसलमानों की संस्कृति से अलग है। देश के विभिन्न हिस्से में रहनेवाले ईसाइयों के विषय में भी यही बात कही जा सकती है। अतः भाषा का सम्बन्ध धर्म से नहीं है। यही कारण है कि हिन्दी का प्रयोग सभी धर्मों, सम्प्रदायों और संस्कृतियों के लोग करते हैं। सभी मातृभाषाओं और धर्मों के लेखक हिन्दी में प्रचुरता से मिल जाते हैं। न तो हिन्दी केवल हिन्दुओं की भाषा है, न उर्दू केवल मुसलमानों की। इतना ही नहीं. हिन्दी में विदेशी भाषाओं—ग्रीक, अरबी, फारसी, अंग्रेजी, पुर्तगाली, तुर्की आदि के शब्द भी पर्याप्त मात्रा में मिलते हैं। अंग्रेजी के शब्दों की तो भरमार मिलती है। संविधान में अंग्रेजी को सह-राजभाषा स्वीकृत करने के कारण भी उच्च तथा मध्यवर्ग के लोगों में अंग्रेजी-मिश्रित हिन्दी की संयुक्त द्विभाषिकता मिलती है। इस तरह हिन्दी ने अखिल भारतीय संदर्भ में विभिन्न प्रयोजनों के अनुरूप अपने को ढाला है।

प्रयोजनमूलक हिन्दी का कार्यक्षेत्र बहुत बड़ा और विस्तृत है। आज लोक-व्यवहार की नाना प्रकार की जरूरतों को पूरा करने के साथ-साथ शिक्षा तथा ज्ञान के विभिन्न क्षेत्रों, प्रशासन और राजकाज के सभी अंगों में अभिव्यक्ति की समुचित माध्यम भाषा होने का दायित्व हिन्दी पर है। इन सभी क्षेत्रों में एक जैसी हिन्दी का प्रयोग नहीं हो सकता, अतः हिन्दी का रूप क्षेत्र तथा विषय के अनुसार बदलता है और हर क्षेत्र में हिन्दी भाषा की भिन्न-भिन्न प्रयुक्तियाँ

मिलती हैं। प्रयोजनमूलक भाषा अभिव्यक्तिगत प्रयोजनों की पूर्ति का माध्यम-भर होती है। प्रयोजन-मूलक हिन्दी का लक्ष्य राष्ट्रीय एकता और विकास तथा सर्व-भारतीय सामाजिक प्रगति को बल देना है। व्यापक सामाजिक सन्दर्भों में अपनी विशिष्ट भूमिका के द्वारा सांस्कृतिक समाहार तथा श्रेष्ठ जीवन-मूल्यों को व्यक्ति-गत, पारिवारिक, सामाजिक तथा राष्ट्रीय जीवन-व्यवहारों में प्रस्तुत करना इसकी जिम्मेदारी है। आज हिन्दी केवल साहित्य की ही नहीं, बल्कि सामाजिक-राष्ट्रीय गतिशीलता की दृष्टि से साहित्येतर सन्दर्भों की भी समर्थ भाषा सिद्ध हो रही है। अलग-अलग सामाजिक स्थितियों में भाषा की सीमित और संकीर्ण भूमिका होती है, किन्तु इनका योगफल कम विस्तृत और विविध नहीं होता। इन विभिन्न भूमिकाओं में हिन्दी को पहचानने का अर्थ एक तरह से स्वयं भारतीयता को पहचानना भी है। इस सन्दर्भ में विवाद का एक मुद्दा यह है कि कैसी हिन्दी अहिन्दी-भाषियों के द्वारा सीखी जाए। प्रो० विद्यानिवास मिश्र-सरीखे विद्वानों का कथन है कि भाषा-व्यवहार को व्यावहारिक सन्दर्भों तक सीमित तथा इसके लिए 'नियंत्रित' करना उचित नहीं क्योंकि भाषा का संस्कृति के साथ बड़ा घनिष्ठ तथा संश्लिष्ट सम्बन्ध होता है। अतः स्थूल उपभोक्तावादी दृष्टि से भाषा का प्रशिक्षण उचित नहीं। भाषा सीखने का अर्थ उस भाषा की अन्तरात्मा को जानना है, अतः हिन्दी का शिक्षण-प्रशिक्षण समग्रतावादी दृष्टि से होना चाहिए। भाषा केवल शब्द-समूह नहीं होती, उसमें समाज की धड़कनें बसती हैं। भाषा में संस्कृति और सभ्यता की सुगन्ध होती है। अतः स्थूल प्रयोजनों में इसका इस्तेमाल कपड़े की तरह नहीं होना चाहिए, जिसे जब चाहा उतार दिया; बल्कि भाषा सीखने के लिए संवेदनशीलता से काम लेना चाहिए। अतः अहिन्दी भाषियों के सीखने के लिए हिन्दी का कामचलाऊ संकीर्ण रूप ग्रहण करना कदापि उचित नहीं है।

दूसरी ओर प्रो० रवीन्द्रनाथ श्रीवास्तव तथा प्रो० शिवेन्द्र किशोर वर्मा-जैसे भाषाविद भाषा के संस्थागत तथा परिस्थिति और संदर्भ-सापेक्ष व्यावहारिक रूपों की उपयोगिता पर बल देते हैं। डॉ० श्रीवास्तव भाषा का प्रयोग सामाजिक व्यवहार और नियंत्रण के लिए मानते हैं। डॉ० शिवेन्द्र किशोर वर्मा के अनुसार, "भाषा का सम्बन्ध संप्रेषण-व्यवस्था के साथ है, इसलिए जिन व्यवहार-क्षेत्रों में व्यक्ति अपनी मातृभाषा के स्थान पर किसी अन्य भाषा को सीखने के लिए बाध्य होता है, तब उस भाषा को उसी रूप में वह सीखना चाहता है जो उस व्यवहार-क्षेत्र के लिए सर्वाधिक उपयुक्त हो।" (डॉ० रवीन्द्रनाथ श्रीवास्तव-सम्पादित 'प्रयोजनमूलक हिन्दी' पृ० 41) लेकिन साथ ही डॉक्टर वर्मा मानते हैं कि भाषा के विभिन्न रूपों का एक आधारभूत व्याकरण होता है, अतः भाषा के विविध रूप उसकी परिस्थिति-सन्दर्भित शैलियाँ हैं। सन्दर्भानुसार और आवश्यकतानुसार ही भाषा का व्यापक अथवा सीमित प्रयोग होता है। अतः डॉक्टर वर्मा को हिन्दी की

वर्तमान अवस्था (संक्रांतिजन्य परिस्थिति) में अंग्रेजी की शब्दावली-मिश्रित हिन्दी के रूप का व्यवहार करने पर आपत्ति नहीं है। तात्कालिक व्यावहारिकता का यह तकाजा तो है पर इसका एक यह खतरा भी है कि यह मिश्रित भाषा-रूप कहीं स्थायी न बन जाए।

प्रयोजनमूलक हिन्दी को विद्वानों ने मोटे तौर पर दो रूपों बँटा हुआ देखा है—'आधारभूत' हिन्दी और 'उन्नत' हिन्दी (Core Hindi and advanced Hindi) तथा इनके भी कई विभेद किये हैं। आधारभूत हिन्दी सामान्य जन-संपर्क तथा बोलचाल (समाजी हिन्दी), प्रशासनिक कार्यों ('कार्यालयी हिन्दी'), वाणिज्यिक-व्यावसायिक गतिविधियों, वैज्ञानिक-तकनीकी, विधि आदि तथा अन्य उपयोगों से सम्बन्धित कार्यों में व्यवहृत होती है। 'उन्नत' हिन्दी उक्त सभी शाखाओं में औपचारिक रूप से तथा शिक्षण-प्रशिक्षण के कार्यों से सम्बद्ध होती है। इन सभी विभेदों के और भी उपभेद प्रयुक्तियों के स्तर पर किये जा सकते हैं, मसलन—इसमें वाणिज्यिक-व्यापारिक हिन्दी के अन्तर्गत सामान्य खरीद-फरोख्त, हर माल से सम्बन्धित, सर्राफे, सट्टा बाजार आदि की अनेकानेक प्रयुक्तियाँ मिलती हैं। इसी तरह कार्यालय भी विविध कार्यक्षेत्रों और विषयों से सम्बन्धित होते हैं। शास्त्रीय, वैज्ञानिक-तकनीकी आदि की भी विषयानुसार अनेक प्रयुक्तियाँ और भाषा-रूप बनते हैं। उदाहरणस्वरूप लुहारी, बढ़ईगीरी, चमड़े का काम, इंजिनीयरिंग, प्रेस, कल-कारखाने आदि क्षेत्रों में अलग-अलग तकनीकी प्रयुक्तियाँ मिलती हैं। साहित्यिक हिन्दी में भी विभिन्न विधाओं, यथा—कहानी, कविता, नाटक आदि के अनुसार भाषा के स्तर तथा रूप-भेद दिखायी देते हैं। समाजी हिन्दी के तो और भी विस्तृत व्यापक रूप मिलते हैं यथा—खेत-खलिहान, जन सभा, उत्सव और खेल-तमाशे, संगीत-सभा आदि की भाषा।

प्रयोजन-सिद्धि की समस्याएँ और समाधान

अत्यन्त विस्तृत कार्य-क्षेत्र में अपनी प्रयोजनीयता सिद्ध करने में स्वभावतः हिन्दी को अनेक समस्याओं का सामना करना पड़ रहा है। कुछ समस्याएँ तो स्वयं इन समस्याओं के जल्दबाज और सरलीकृत समाधानों से भी पैदा हुई हैं, जैसे ज्ञान-विज्ञान की सम्प्रेषणीय शब्दावली को सुलभ करने की समस्या को ही लें। विभिन्न ज्ञान-क्षेत्रों से सम्बन्धित शब्दावली का निर्माण करने के लिए अनेक सरकारी तथा गैर-सरकारी प्रयत्न होते रहे हैं। वस्तुतः ढेर-सारे शब्दों को किसी भाषा में उपलब्ध कर देना सही अर्थों में शब्दावली-निर्माण नहीं है। सामाजिक स्थिति को भुलाकर शब्दावली-निर्माण करने से प्रयोजनमूलकता सिद्ध नहीं हो सकती। वस्तुतः किसी भी ज्ञान का व्यवहार समाज में, समाज के व्यक्तियों और समूह के द्वारा तथा समाज के लिए होता है। अतः शब्दावली-निर्माण कोई समाज-

निरपेक्ष कार्य नहीं है। शब्दावली का सम्बन्ध विभिन्न सामाजिक व्यवहारों से होता है। यही कारण है कि हमारे पास पारिभाषिक शब्दकोशों में बन्द हिन्दी शब्दावली धरी-की-धरी रह जाती है और व्यवहार में अंग्रेजी का ही प्रयोग होता रहता है। इस सम्बन्ध में यह तर्क प्रायः दिया जाता है कि वैज्ञानिक और तकनीकी शब्दावली का प्रयोग आम जनता नहीं करती और यह केवल विशेषज्ञों के काम की चीज है। दरअसल इस तर्क में कोई खास तथ्य नहीं है, क्योंकि अगर ऐसा सचमुच होता है तो हमारे 'विशेषज्ञ' हिन्दी पारिभाषिक शब्दावली का खुलकर प्रयोग करते। पर ऐसा नहीं है। वस्तुतः ज्ञान-विज्ञान की बातों की आम पाठकों तथा सामान्य विद्यार्थियों को भी जरूरत होती है।

हिन्दी भाषा के शिक्षण-प्रशिक्षण, प्रचार-प्रसार तथा प्रशासनिक कार्यों के निमित्त हिन्दी-शब्दावली के प्रस्तुतीकरण को मद्देनज़र रखते हुए भारत सरकार ने कतिपय संस्थाओं की स्थापना की। इस सन्दर्भ में केन्द्रीय हिन्दी संस्थान, केन्द्रीय हिन्दी निदेशालय, वैज्ञानिक तथा तकनीकी शब्दावली आयोग, केन्द्रीय अनुवाद ब्यूरो आदि महत्वपूर्ण हैं। इनके माध्यम से हिन्दी-टंकण, आशुलिपि, संगणक आदि के प्रशिक्षण के साथ-साथ हिन्दी-शिक्षण का कार्य (विशेष रूप से अहिन्दी-भाषी राज्यों में) हो रहा है। केन्द्रीय हिन्दी निदेशालय भी कई प्रकार के कार्य करता है। निदेशालय देश के विभिन्न अहिन्दी-भाषी राज्यों में अहिन्दी-भाषी हिन्दी नवलेखक शिविरों का आयोजन करता रहता है। अहिन्दी-भाषी छात्रों और लेखकों को पुरस्कृत भी किया जाता है। केन्द्रीय हिन्दी निदेशालय की अहिन्दी-भाषी राज्यों में कतिपय क्षेत्रीय शाखाएँ भी हैं। हिन्दी तथा द्विभाषिक शब्दकोशों, विश्व कोश आदि का भी प्रकाशन-संग्रह निदेशालय ने किया है। केन्द्रीय हिन्दी संस्थान ने विभिन्न भारतीय भाषाओं और अंग्रेजी के माध्यम से देशवासियों और विदेशियों के लिए हिन्दी सीखने की पुस्तकें भी तैयार की हैं। देवनागरी लिपि का मानक रूप निर्धारित करने की दिशा में भी निदेशालय कार्य कर रहा है ताकि लेखन, टंकण, संगणक आदि माध्यमों द्वारा प्रस्तुत लिपि में समरूपता आ सके। वैज्ञानिक तथा तकनीकी शब्दावली आयोग ने ज्ञान-विज्ञान की अनेक शाखाओं, यथा—प्राकृतिक विज्ञान, इंजिनीयरी, चिकित्साशास्त्र, कृषि, समाज विज्ञान, मानविकी, रक्षा, पर्यटन, सूचना एवं प्रसारण, यातायात (रेल-आदि), डाक, तार, दूरभाष आदि से सम्बन्धित पारिभाषिक शब्दावलियाँ तैयार कर दी हैं। केन्द्रीय अनुवाद ब्यूरो ने विभिन्न मंत्रालयों से सम्बद्ध नियमावली आदि का अनुवाद-कार्य किया है। केन्द्रीय सरकार ने अपने कर्मचारियों को हिन्दी सिखाने की योजना पर भी अमल किया है। केन्द्रीय सरकार के विभिन्न मंत्रालयों से सम्बन्धित प्रतिष्ठानों, बैंकों आदि में हिन्दी सेल, हिन्दी अधिकारियों, हिन्दी अनुवादकों आदि की व्यवस्था की गयी है। इस दृष्टि से आयोजना तो बड़े पैमाने पर दिखाई देती है, पर हिन्दी के

सम्बन्ध में वास्तविक कार्यों की गति बहुत मन्थर है। इस धीमी गति के अनेक कारणों में से एक तो सही मंशा और दिशा का अभाव है, दूसरा पारिभाषिक शब्दावली का जन-जीवन की सहज-स्वाभाविक भाषा से दूर चले जाना भी है।

सरकारी संस्थानों द्वार सांविधानिक नियमों, अधिनियमों, विधेयकों, अध्यादेशों आदि के अनुवाद बड़े लद्धड़ दिखायी देते हैं। यहाँ तक कि संविधानेतर तकनीकी अथवा गैर-तकनीकी सामग्रियों (आदेशों, प्रतिवेदनों, प्रेस-विज्ञप्तियों) आदि के अनुवादों की स्थिति भी पर्याप्त संतोषजनक नहीं कही जा सकती है। इसका एक बड़ा कारण यह है कि अंग्रेजी के लिए प्रतिवर्ती या अनुरूप हिन्दी शब्दों का निर्माण करने पर ही अधिक बल रहा है (जो अक्सर अति-बौद्धिक तथा बनावटी होते हैं) और जनभाषाओं तथा बोलियों से ऐसे शब्द ग्रहण करने की प्रवृत्ति बहुत कम रही है ।

पारिभाषिक शब्दावली से आशय ऐसे शब्दों से है जिनका अर्थ-निर्धारण निश्चित और स्पष्ट हो, जिन्हें अच्छी तरह परिभाषित किया गया हो। ऐसे शब्दों का ज्ञान-विज्ञान, दर्शन, कला, साहित्य, प्रशासन, संस्कृति आदि क्षेत्रों में व्यापक प्रयोग किया जाता है। ऐसे पारिभाषिक शब्दों को ध्वनि (उच्चारण) तथा अर्थ की दृष्टि से आसान तथा सरल-सुबोध होना चाहिए। पारिभाषिक शब्दों को अनेकार्थी या अस्पष्ट अर्थोंवाला नहीं होना चाहिए, न इन्हें बहुत लम्बा ही होना चाहिए। ऐसे शब्दों में उपसर्ग-प्रत्यय लगाकर अथवा अन्य शब्द संयुक्त कर अनेक शब्द निर्मित करने की क्षमता होनी चाहिए ।

हिन्दी में पारिभाषिक शब्दावली के निर्माण तथा संकलन का इतिहास सैकड़ों वर्ष पुराना है। उन्नीसवीं सदी से इस दिशा में निरन्तर प्रयत्न होते रहे हैं। काशी नागरी प्रचारिणी सभा, सुख-सम्पत्ति राय भंडारी, प्रयाग विज्ञान परिषद्, डॉक्टर रघुवीर आदि के द्वारा उल्लेखनीय कार्य हुए । पारिभाषिक शब्दावली को ग्रहण, अनुकूलन और निर्माण की पद्धतियों से तैयार किया जाता रहा है। 'ग्रहण' पद्धति के अन्तर्गत दो प्रक्रियाएँ दिखायी देती हैं : एक तो किसी अवधारणा के लिए विदेशी (भारतीय सन्दर्भ में विशेषकर अंग्रेजी) शब्दों का ज्यों-का-त्यों अपना लेना, दूसरी प्रक्रिया के अन्तर्गत उपभाषाओं अथवा बोलियों के शब्दों का ग्रहण किया जाना। अनुकूलन में विदेशी शब्दों की भाषा को प्रकृति के अनुसार ढाल लिया जाता है। इस प्रक्रिया में विदेशी शब्दों में थोड़ा-सा परिवर्तन (उच्चारण तथा व्याकरणिक व्यवस्था के अनुकूल) किया जाता है । यह परिवर्तन इतना कम होता है कि मूल विदेशी शब्द की आसानी से पहचान हो सकती है। (Academy) अकादमी, (Police) पुलिस, (Engine) इंजन, (Appealate) अपीलीय ऐसे ही शब्द हैं।

हिन्दी शब्दावली के प्रस्तुतीकरण में 'नर्माण' की पद्धति पर ही सर्वाधिक जोर

दिया जा जाता रहा है। किसी भी भाषा में तकनीकी शब्दावली के निर्माण की आवश्यकता से इनकार नहीं किया जा सकता, लेकिन इस सम्बन्ध में बहुत सोच-विचार और धैर्य की अपेक्षा होती है। एक-एक शब्द का निर्माण करते समय उस शब्द की निश्चित अर्थवत्ता, उपयोगिता और सरल-सुबोधता का ध्यान रखना चाहिए। फिलहाल हिन्दी में अंग्रेजी शब्दों के आधार पर अनुवादित रूप प्रस्तुत करने के प्रयास ही अधिक हो रहे हैं, ताकि हिन्दी में शीघ्र कार्य-निष्पादन संभव किया जा सके। इस शीघ्रता में शब्दों की संस्कृत धातुओं, उपसर्ग-प्रत्यय आदि के उपयोग से ही बड़ी संख्या में शब्द निर्मित किये जा रहे हैं। इसके अपने खतरे भी हैं क्योंकि शब्द-निर्माण के चक्कर में उपभाषाओं और बोलियों के सहज-सुबोध तथा समुचित शब्दों की अनदेखी भी हो रही है। शब्द-निर्माण में अक्सर कृत्रिम शब्दावली गढ़ ली जाती है जो जन-जीवन में व्यापक स्वीकृति नहीं पाती और फलस्वरूप पारिभाषिक कोशों में ही बन्द रह जाती है। संस्कृत के विषय में विद्वानों में अक्सर एक भ्रान्त धारणा यह पायी जाती है कि भारत की लगभग सभी भाषाओं में संस्कृत के शब्द बहुतायत-से पाये जाते हैं। सभी भाषाओं में संस्कृत शब्दों की उपस्थिति से इन्कार नहीं किया जा सकता, लेकिन सच बात तो यह है कि संस्कृत शब्दों के अर्थ भिन्न-भिन्न भाषाओं में मूल संस्कृत अर्थ से अलग मिलते हैं। इसके हजारों उदाहरण दिये जा सकते हैं लेकिन स्थानाभाव में दो-चार उदाहरण प्रस्तुत करना भी समीचीन होगा। 'अक्रम' का अर्थ तेलुगु और मलयालम में 'अनुचित कार्य' है। 'अतिशय' मलयालम में 'अद्भुत' के अर्थ में प्रयुक्त होता है। 'अनुमान' का अर्थ तमिल, तेलुगु और कन्नड़ में 'सन्देह' है। कन्नड़ और तमिल में 'अभिमान' का अर्थ स्नेह और प्रेम है। 'अभ्यंतर' का तेलुगु और कन्नड़ में 'बाधा' अर्थ है। 'अवकाश' का मलयालम में 'अधिकार' तथा तेलुगु और कन्नड़ में 'अवसर,' 'मौका' वाला का अर्थ मिलता है। 'अवस्था' का अर्थ तमिल, तेलुगु और कन्नड़ में 'संकट' और 'तकलीफ' है। 'उपन्यास' का तमिल, तेलुगु और कन्नड़ में 'भाषण' तथा मलयालम में 'निबन्ध' अर्थ होता है। ऐसी सूची बड़ी लम्बी है। सच बात तो यह है कि भारतीय भाषाओं में संस्कृत के शब्दों की बनिस्बत तद्भव और देशज शब्दों की संख्या बहुत अधिक है। अतः पारिभाषिक शब्दावली-निर्माण में संस्कृत पर निर्भर करना भूल है। यही कारण है कि डॉक्टर रघुवीर की शब्दावली से असहमत होकर महापंडित राहुल सांकृत्यायन ने अपनी ओर से अलग शब्दावली प्रस्तुत की थी। फिर भी पारिभाषिक शब्दावली-निर्माण के संदर्भ में प्रसिद्ध पारिभाषिक शब्दकोशकार डॉ० रघुवीर ने कतिपय सिद्धान्तों की चर्चा की है, जो ध्यान देने योग्य है और इनका व्यावहारिक उपयोग करना सार्थक होगा।

डॉ० रघुवीर ने किसी अवधारणा के पहलुओं के प्रत्येक मुख्यार्थ से सम्बन्धित

पृथक शब्द रखने की आवश्यकता बतायी, जैसे—शक्ति, बल, ऊर्जा (क्रमशः अंग्रेजी के शब्दों पावर, फोर्स और एनर्जी की तरह), गति (तीव्रता की माप के लिए), चाल (स्थान बदलने की प्रवृत्ति के लिए) आदि। उन्होंने इस बात की ओर भी ध्यान दिलाया कि शब्द-निर्माण के लिए अपने देश की तथा समान भाषा-परिवार की विदेशी भाषाओं के शब्दों का भी अनुसंधान कर लेना उचित होगा। उपयुक्त शब्दों को भारत की अन्य भाषाओं से ग्रहण करने में कोई आपत्ति नहीं होनी चाहिए। हाँ, इतना अवश्य ध्यान में रखना चाहिए कि ऐसे शब्दों के कोई अलग अर्थ देश की किसी अन्य भाषा में नहीं मिलते हों। जैसे तेलुगु में निस्तंत्री (वायरलेस) शब्द मिलता है जिसे हिन्दी में स्वीकार कर लेना चाहिए, न कि 'वितन्तु' को (जिसका अर्थ तेलुगु में 'विधवा' होता है)। एक मूल शब्द से मिलते-जुलते अन्य अर्थवाले विभिन्न शब्द बनाए जाने चाहिएँ, जैसे : अधिकार (Right), प्राधिकार (Authority), परमाधिकार (Prevogative), विशेषाधिकार (Privilege), एकाधिकार (Monopoly)। इसी तरह विधि (Law), वैध (Legal), अवैध (il'egal), विधिवत (Lawful), विधिहीन अथवा विधि रहित (Lawless), विधिहीनता (Lawlessness), विधान (Legislate), विधायी (Legislative), विधायक (Legislator), विधेय (Legislatable), विधायिनी (Legislation), विधायकीय (Legislasional) आदि। विज्ञान में भी ऐसे शब्द प्रचुरता से निर्मित हो सकते हैं यथा अम्ल (Acid), अम्लिक (Acidic), अम्लकर (Acidiant), अम्लन (Acidification), अम्लक (Acidifier) आदि। पारिभाषिक शब्द शब्द छोटे आकार के हों जिससे उनके उच्चारण में कठिनाई न हो। डॉ० रघुवीर ने हमारे लिए सिग्नल (Signal) का अच्छा उदाहरण प्रस्तुत किया है जिसके लिए हिन्दी में मौजूं शब्द 'संकेतक' हो सकता है, लेकिन 'अग्निपथगमनागमनसूचक लौह पट्टिका' जैसे अव्यवहार्य तथा हास्यास्पद शब्द नहीं। हिन्दी की पारिभाषिक शब्दावली प्रयोग में आने पर यह अपने संक्षिप्त रूप भी आप ही विकसित कर ले सकती है। हिन्दी में देशी-विदेशी शब्दों को पचाने और अनुकूलित करने की अपार क्षमता है, जिसे और भी विकसित करने का अवसर मिलना चाहिए।

हिन्दी में पारिभाषिक शब्दावली की समस्या को वस्तुतः एक राष्ट्रीय समस्या के रूप में व्यापक फलक पर देखना चाहिए। लम्बी गुलामी के कारण हमारी परम्परा की कड़ियाँ जगह-जगह से टूटी हुई मिलती हैं, जिन्हें जोड़ने का उपक्रम इस सम्बन्ध में भी किया जाना चाहिए। हमारे सामने राष्ट्रीय नव-निर्माण का एक स्पष्ट नक्शा होना चाहिए। संकीर्ण तथा अदूरदर्शी राजनीतिक स्वार्थों को व्यापक जनहित के आड़े नहीं आने देना चाहिए। वस्तुतः 'शब्द-निर्माण' को हमेशा प्रयोक्ता को ध्यान में रखकर चलना चाहिए क्योंकि व्यवहार में प्रवृत्ति के साधन शब्द ही हैं—'अर्थ प्रवृत्ति तत्वानां शब्दा एव निबंधनम्' (भर्तृहरि)। अतः व्यव-

हार को ही शब्दों की कसौटी माना जाना चाहिए। पारिभाषिक शब्दों में विशिष्ट निश्चित अर्थ, स्पष्टता एवं स्थिरता के गुण होने चाहिएँ। पारिभाषिक शब्दावली के प्रस्तोता को केवल शब्दकोशों, निरुक्तों और निघंटुओं को ही नहीं, साहित्य और शास्त्र को भी प्रमुखता देते हुए देखना चाहिए।

हिन्दी आज व्यापक संदर्भों की भाषा, राजभाषा (हालाँकि वास्तविक अर्थों में अंग्रेजी ही है), राष्ट्रभाषा, संपर्क भाषा आदि अनेक प्रयोजनमूलक दायित्वों का वहन कर रही है। हिन्दी एक ऐसे भाषा-समुदाय का रूप ग्रहण कर चुकी है जिसके अन्तर्गत अनेक उपभाषाएं और बोलियाँ तथा कुछ अन्य भाषाएँ भी आ जाती हैं। हिन्दी के व्यापक प्रसारवाले राज्यों में बहुतों के लिए हिन्दी लगभग दूसरी मातृभाषा का स्थान ले चुकी है और जहाँ वह विभिन्न औपचारिक सन्दर्भों की स्वाभाविक भाषा बन चुकी है। हिन्दी में सहज ढंग से द्विभाषिकता और बहु-भाषिकता के रूप पाये जाते हैं, अर्थात् यहाँ मध्य तथा उच्च-मध्यवर्गीय बातचीत में कोड-परिवर्तन तथा कोड-मिश्रण की स्थितियाँ मिलती रहती हैं। अतः हिन्दी के अनेक रूप दिखायी पड़ते हैं, यथा—शुद्ध मानक हिन्दी, अंग्रेजी-मिश्रित हिन्दी, हिन्दुस्तानी, अरबी-फारसी-मिश्रित हिन्दी, उपभाषाओं तथा बोलियों से मिश्रित हिन्दी आदि।

भारत में राजकाज की तथा शिक्षा-माध्यम की भाषा अंग्रेजी, हिन्दी और अनेक राज्यों की अष्टम सूचीवाली भाषाएँ हैं, लेकिन सुविधाभोगी वर्ग अंग्रेजी को ही प्राथमिकता देता है। फलस्वरूप देश-भर में अंग्रेजी-माध्यम के स्कूल, कॉलेज तथा विश्वविद्यालय उपलब्ध हैं। अहिन्दी भाषी राज्यों में राज्य की अपनी भाषा में प्रशासनिक तथा शैक्षिक कार्य हों, यही आदर्श स्थिति होगी। लेकिन इन राज्यों में हिन्दी सम्पर्क भाषा की प्रभावकारी भूमिका निभा सकती है। वस्तुतः स्वाधीनता-आन्दोलन के दिनों से ही हिन्दी सम्पर्क भाषा के रूप में उपयोग में लायी जाती रही है। अंग्रेजी समाज के ऊपरी हिस्से के लोगों की ही सम्पर्क भाषा हो सकती है, लेकिन हिन्दी समाज के सभी वर्गों की सम्पर्क भाषा है। भाषा का राष्ट्र के सामाजिक तथा सांस्कृतिक विकास से गहरा सम्बन्ध होता है। अंग्रेजी वस्तुतः हमारे देश में साम्राज्यवाद और उपनिवेशवाद का चिह्न है। देश के माथे से बिना इस कलंक के मिटे सच्ची राष्ट्रीयता और राष्ट्रीय एकता का विकास हो पाना कठिन है। स्वदेशी भाषाओं का इस्तेमाल किसी भी राष्ट्र के स्वाभिमान के लिए आवश्यक है। भारत में अब भी अनेक भाषाएँ ऐसी हैं, जिन्हें समुचित मान्यता और अधिकार प्राप्त नहीं है। कोल तथा द्रविड़ परिवार की कई भाषाएँ इसलिए भी उपेक्षित-सी हैं कि उनके बोलनेवाले आर्थिक रूप से पिछड़े हुए हैं। इसी का एक परिणाम यह भी हुआ है कि नगा भाषा-परिवार की अनेक भाषाओं के रहते हुए भी नागालैण्ड की राजभाषा अंग्रेजी बनायी गयी। नगा जाति पर

अंग्रेजी भाषा ही नहीं, ईसाई धर्म-प्रचारकों के द्वारा पश्चिमी रहन-सहन की शैली और 'सभ्यता' भी थोपी गयी है। इस सम्बन्ध में पाकिस्तान का अनुभव बुरा रहा है। पूर्वी पाकिस्तान की जनता का केवल आर्थिक दोहन ही नहीं हो रहा था, वरन उन्हें धार्मिक उन्माद तथा परभाषा का शिकार भी बनाया जा रहा था। फलस्वरूप 'बांगला देश' के रूप में नये राष्ट्र का उदय हुआ जिसमें बंगला को महत्त्वपूर्ण स्थान दिया गया। भाषा का सम्बन्ध देश के नव-निर्माण, राष्ट्रीय सुरक्षा, जनता की प्रगति से अनिवार्यतः जुड़ा होता है।

आज हिन्दी अपने बूते सम्पर्क भाषा बनी हुई है और कश्मीर से कन्याकुमारी तथा कलकत्ते से कच्छ तक के भूभाग के लोगों को आपस में जोड़ती है। यह अवश्य है कि इस विस्तार में हिन्दी के अनेक रूप-रंग मिलते हैं। उत्तर भारत की हिन्दी तथा दक्षिण भारत की दक्खिनी हिन्दी में फर्क तो है लेकिन यह हिन्दी की समृद्धि और व्यापकता का भी द्योतक है। हिन्दी का यह व्यापक प्रसार किसी योजना अथवा दबाव के तहत नहीं हुआ। जो लोग यह समझते हैं कि संस्कृतीकरण से अर्थात् हिन्दी में तत्सम शब्दों के बाहुल्य से, इसके देश-व्यापी प्रसार में सुविधा होगी वे भूल करते हैं। वस्तुतः संस्कृतीकरण की प्रक्रिया पीछे लौटना है। लगभग हजार साल पहले संस्कृत तो जीवित भाषा ही थी, फिर वह भारतीय जन-जीवन से लुप्त क्यों हो गयी और उसकी जगह देश-भाषाओं ने किस प्रकार ले ली? भाषा का विकास भाषा का टूटना-फूटना भी है। इस प्रक्रिया में तद्भव, देशज, विदेशी हर प्रकार के शब्द भाषा को प्राप्त होते हैं। अतः तत्सम शब्दों के प्रति अतिआसक्ति उचित नहीं क्योंकि इस तरह से हम भाषा को क्लिष्ट, दुरूह तथा जन-जीवन से दूर कर दे सकते हैं। साहित्य को ताजगी पाने के लिए बार-बार लोकभाषा की ओर जाना पड़ता है न कि मृत भाषा (पुस्तकालयी भाषा) के पास। इसी तरह शब्दकोश तैयार करनेवालों को भी लोकभाषा और लोकसाहित्य से ग्रहण करने के लिए मन को हमेशा खुला रखना चाहिए। राजकीय और प्रशासनिक शब्दों का तो सीधा सम्बन्ध जनता से होता है। भाषा का संस्कृतीकरण सामान्य जनता से भाषा को और भाषा से सामान्य जनता को दूर कर देता है। अगर रेल, डाक-तार, अस्पताल, कोर्ट-कचहरी इन सबकी भाषा दुरूह और बोझिल होने लगे तो आम जनता की हालत का अनुमान सहज ही लगाया जा सकता है। आधुनिक भारतीय भाषाओं में मूल संस्कृत (तत्सम) शब्दों की संख्या अधिक नहीं है—यह आश्चर्यपूर्ण किन्तु तथ्य है।

भारत में अंग्रेजी साम्राज्यवादी मंसूबों को पूरा करने के लिए लादी गयी थी। अंग्रेजी ने अंग्रेजों के उन मंसूबों को आशातीत ढंग से पूरा भी किया। क्लर्कों की जमात, 'तन से काले—मन से अंग्रेज' लोगों का तथा दास-मनोवृत्ति वाला स्वाभिमान-रहित ऐसा वर्ग तैयार हो गया जिसके लिए अंग्रेजी केवल रौब-दाबवाली

ही नहीं, गौरव करने वाली भाषा भी है। विदेशी भाषा अंग्रेजी भारत पर थोपी गयी थी, अतः इसका विरोध होना स्वाभाविक था। पर हमें इस बात का भी ख्याल रखना चाहिए कि कहीं हिन्दी भी दूसरी राज्यभाषाओं को अधिकार-च्युत करके उनकी जगह न ले ले। हिन्दी को अहिन्दी-भाषियों की आशंका का ख्याल करना होगा। अंग्रेजी का विरोध करके उसे राजभाषा के पद से हटाना अनिवार्य है, लेकिन राजनीतिक दबाव के सहारे हिन्दी को राजभाषा बनाना भी हानिकर है। सम्भव हो तो अन्य भारतीय भाषाओं को भी राजभाषा बनाया जाना चाहिए। वस्तुतः हिन्दी को राष्ट्रभाषा, राजभाषा, सम्पर्क भाषा आदि के रूप में अपनी सही जगह तभी मिल पायेगी जब देश की अन्य राज्य (प्रान्तीय) भाषाओं को भी उनका वास्तविक अधिकार मिलेगा। वैसी स्थिति में जनता स्वतः हिन्दी को अपने हृदय में बसाएगी। अतः हिन्दी और अन्य भारतीय भाषाओं के बीच कोई प्रतियोगिता नहीं है। जो लोग भारत की भाषाओं को परस्पर प्रतिद्वन्द्वी के रूप में देखते-दिखाते हैं वे वस्तुतः राष्ट्रीयता की हानि कर रहे हैं। फिलहाल पूंजीपति-सत्ताधारी वर्ग देश-भाषाओं को आपस में लड़ाकर अंग्रेजी का वर्चस्व बरक़रार रखने में सफल हो गया है। इससे देश में जनतंत्र की नींव हिल रही है। देश भाषा का सम्बन्ध जनतंत्र के वर्तमान और भविष्य से गाढ़ा होता है, क्योंकि दोनों का सम्बन्ध देश की बहुसंख्यक जनता से है। आजादी के लिए आन्दोलनों के दौरान देश की भाषाओं को जो महत्व मिलने लगा था, आजादी के बाद वह खत्म हो गया। सत्ताधारी वर्ग के लिए जनतंत्र एक मुखौटा-भर है, यह बात उसकी भाषा-नीति—खासकर अंग्रेजी को अनिवार्य समझने से जाहिर है। सत्ताधारी वर्ग तथा उससे नाभिनाल-बद्ध बुद्धिजीवी वर्ग मानता है कि अंग्रेजी भारत की एकता की, कला-संस्कृति, विज्ञान-सम्बन्धी प्रगति की, आर्थिक तथा औद्योगिक विकास की भाषा है। यह तर्क बड़ा ही हास्यास्पद है क्योंकि अगर 'एकता, प्रगति और विकास' सचमुच हो भी रहा हो तो उसमें आम जनता की भागीदारी कैसे और कितनी है? यह 'एकता, प्रगति और विकास' किसका, क्योंकि देश कोई हवाई चीज नहीं, देशवासियों से ही देश मूर्त्त बनता है। देश की जनता को उसकी भाषा के व्यवहार से वंचित करना, भाषा-व्यवहार की सुविधा नहीं देना किसी कल्याणकारी राज्य का काम नहीं हो सकता। अंग्रेजी के द्वारा भारत की समृद्ध सांस्कृतिक परम्परा का ज्ञान नहीं हो सकता, उल्टे राष्ट्रीयता की भावना अवश्य नष्ट हो सकती है।

अंग्रेज़ी के पक्षधरों ने भारतीय भाषाओं और हिन्दी को बार-बार 'अविकसित' कहते हुए उसके 'योग्य' बन जाने तक भारत में अंग्रेजी का भविष्य सुरक्षित करना चाहा है। यह एक बहाना और सफेद झूठ है कि हिन्दी 'अविकसित' भाषा है और उसे समर्थ-सक्षम बनाने के लिए पारिभाषिक शब्दावली से लैस होना चाहिए। वस्तुतः जनजीवन और साहित्य में लाखों शब्द हैं और ये सूक्ष्मतम अवधारणाओं

को व्यक्त कर सकते हैं। इन्हें अनदेखा कर एक ऐसी कृत्रिम और ठंडी शब्दावली का निर्माण किया जा रहा है जो अव्यावहारिक होने के लिए बाध्य है। तमिलनाडु जैसे राज्यों में हिन्दी के विरुद्ध गलत ढंग से आन्दोलन चलाया जा रहा है जो तमिल के लिए नहीं, बल्कि अंग्रेजी को स्थायी तौर पर बनाये रखने के लिए हो रहा है। यह ऐसी विडम्बना है जिसकी कल्पना भी आजादी से पहले नहीं की जा सकती थी। संविधान का स्पष्ट संकेत हिन्दी के पक्ष में है, लेकिन सरकारी नीति व्यवहार में हिन्दी के साथ सौतेला व्यवहार करती है। सारे सरकारी कामकाज मूलतः अंग्रेजी में होते हैं और उनका अनुवाद ही हिन्दी में प्रस्तुत किया जाता है। महत्वपूर्ण कागजातों का अंग्रेजी रूप ही प्रामाणिक माना जाता है, हिन्दी रूप नहीं। फलस्वरूप व्यवहार में अंग्रेजी अनिवार्य कर दी गयी है और हिन्दी लगभग अनावश्यक मान ली गयी है।

विदेशी भाषा को सम्पर्क भाषा के रूप में अपनानेवाला राष्ट्र वस्तुतः अपनी मानसिक गुलामी का ही परिचय देता है। जिसकी अपनी भाषा न हो उसकी अपनी पहचान ही क्या हो सकती है? उसकी अपनी जड़ों का पता नहीं हो सकता। भारत के छियानबे प्रतिशत लोग अंग्रेजी बिल्कुल नहीं जानते। विभिन्न भारतीय भाषाओं और बोलियों का प्रयोग करनेवाले भारतीय साढ़े निन्यानबे प्रतिशत से भी अधिक हैं। ऐसी अवस्था में विदेशी भाषा अंग्रेजी को जनता पर लादना अन्याय है। भारत बहुभाषी देश रहा है और यहाँ द्विभाषिकता एक ठोस सच्चाई है, जो अनेकता में एकता का, समाहार का बढ़िया उदाहरण पेश करती है। अंग्रेजी इस सामंजस्य में दीवारें खड़ी करती है।

हिन्दी का सर्वभारतीय चरित्र विकसित हो चुका है। हिन्दी के विकास का लम्बा इतिहास रहा है। हिन्दी सैकड़ों वर्षों से देश की सांस्कृतिक, साहित्यिक, धार्मिक, राजनीतिक अभिव्यक्ति और सम्पर्क की भाषा रही है। इसकी समृद्धि में देश के सभी हिस्से के लोगों, यहाँ तक कि विदेशियों का भी, महत्वपूर्ण योगदान रहा है। पीर-फकीरों, साधु-सन्तों, कवियों, व्यापारियों, पर्यटकों, विद्वानों, प्रशासकों यानी समाज के हर स्तर और वर्ग के लोगों ने हिन्दी के लिए और हिन्दी में काम किया है। हिन्दी में हर आधुनिक क्षेत्र के क्रिया-कलाप की अभिव्यक्ति सम्भव है। कम्प्यूटर, टेलिप्रिंटर तथा प्रकाशन से सम्बन्धित आधुनिकतम सुविधाएँ हिन्दी भाषा को उपलब्ध हैं। फिल्मों से लेकर रेडियो-टेलिविजन के आँखों देखा हाल वर्णन तक अनेक माध्यमों से हिन्दी का देश-व्यापी प्रचार-प्रसार हो रहा है। हिन्दी अपने जन्म से ही अखिल भारतीय स्वरूप और स्वीकृति पानेवाली भाषा रही है। पंडित गिरिधर शर्मा चतुर्वेदी 'नवरत्न' ने बहुत पहले क्या ही खूब लिखा था :

"हज़ारों लफ़्ज़ आयेंगे नये आ जायें क्या डर है
पचा लेगी उन्हें हिन्दी कि है ज़िन्दा ज़ुबाँ हिन्दी !"

यह सच है कि अंग्रेजी भाषा ने अपने विकास के दौरान अनेक उतार-चढ़ाव देखे और औपनिवेशिक साम्राज्यवादी-विस्तारवादी सुविधाओं का लाभ उठते हुए विश्व की तमाम भाषाओं से बहुत कुछ ग्रहण किया। किसी समय रोमनों ने ब्रिटेन को अपना उपनिवेश बनाया था। मूल लैटिन से निकले अनेक शब्द अंग्रेजी में घुल-मिल गये। स्कैंडिनेवियन आक्रमणकारियों ने भी अंग्रेजी को अनेक शब्द दिये। इसी तरह फ्रेंच आदि भाषाओं के शब्द अंग्रेजी ने लिये। इंग्लैंड के औपनिवेशिक शक्ति बनने से अंग्रेजी को उन उपनिवेशों से (जहाँ कभी सूरज डूबता नहीं था) हजारों शब्द मिले। हिन्दी के भी 'बन्द', 'घेराव', 'सत्याग्रह' आदि जैसे अनेक शब्द अंग्रेजी ने ले लिये। अनेक अंग्रेजी शब्दों के भिन्नार्थी प्रयोगों के पीछे भी हिन्दी शब्द हैं, जिन्हें कठिनाई से पहचाना जा सकता है। मसलन 'ब्लाइटी' (Blighty) शब्द बनने के पीछे हिन्दी शब्द 'विलायती' का हाथ रहा है। इसी तरह अंग्रेजी 'चीज' (Cheese=पनीर) का मूल स्रोत हिन्दी का शब्द 'चीज' (वस्तु) ही है। कहने का अर्थ यह है हर जीवन्त भाषा का यह गुण होता है कि वह स्वयं को उदार-उन्मुक्त बनाये रखती है। दूसरी भाषाओं से शब्द आदि ग्रहण करके और पचाकर वह अपने स्वभाव का अंग बना लेती है। हिन्दी में यह विशेषता खूब रही है। हिन्दी को केवल इसके प्रचार-प्रसार और बोलनेवालों की संख्या की दृष्टि से ही नहीं, गुणवत्ता की दृष्टि से भी विश्व की श्रेष्ठ और प्रमुख भाषाओं के बीच स्थान मिलना चाहिए। वैसे भी यह विश्व के अनेक देशों की भाषा होने के कारण 'विश्वभाषा' बन चुकी है और यह सर्वथा उचित है कि इसे संयुक्त राष्ट्र-संघ की भाषा बनाने के लिए प्रस्तावित किया जा रहा है।

संविधान की आठवीं अनुसूची की भाषाएँ और उनका क्षेत्र

भाषाएँ	वंशानुक्रमिक सम्बन्ध	प्रमुख राज्य/ केन्द्र शासित राज्य
1. हिन्दी	इण्डो-आर्यन-केन्द्रीय	उत्तर प्रदेश, बिहार, मध्य प्रदेश, राजस्थान, हरियाणा, हिमाचल प्रदेश, दिल्ली, चंडीगढ़
2. तेलुगु	द्रविड़-दक्षिण	आन्ध्र प्रदेश
3. बंगला	इण्डो-आर्यन-पूर्वी	पश्चिम बंगाल, त्रिपुरा
4. मराठी	इण्डो आर्यन-दक्षिण	महाराष्ट्र
5. तमिल	द्रविड़-दक्षिण	तमिलनाडु, पांडिचेरी
6. उर्दू	इण्डो-आर्यन-केन्द्रीय	उत्तर प्रदेश, बिहार, मध्य प्रदेश, पंजाब,

		दिल्ली, चंडीगढ़, आन्ध्र प्रदेश (हैदराबाद)
7. गुजराती	इण्डो-आर्यन-केन्द्रीय	गुजरात
8. कन्नड़	द्रविड़-दक्षिण	कर्नाटक
9. मलयालम	द्रविड़-दक्षिण	केरल, लक्षद्वीप
10. ओडिया	इण्डो-आर्यन-पूर्वी	ओडिसा
11. पंजाबी	इण्डो-आर्यन-केन्द्रीय	पंजाब
12. असमिया	इण्डो-आर्यन-पूर्वी	असम
13. कश्मीरी	इण्डो-आर्यन-दरदी	जम्मू-कश्मीर
14. सिन्धी	इण्डो-आर्यन उत्तर-पश्चिमी	गुजरात, महाराष्ट्र, राजस्थान, मध्य प्रदेश
15. संस्कृत	इण्डो-आर्यन-प्राचीन	कतिपय केन्द्र, विशेषतः नगरों में

टिप्पणी : 20 अगस्त, 1992 को संविधान की आठवीं अनुसूची में नेपाली, मणिपुरी तथा कोंकणी भाषाएँ भी सम्मिलित कर ली गई हैं।

भाषा-विकास और भाषा-नियोजन के परिप्रेक्ष्य में हिन्दी

सदियों से भारत में भारतीय भाषाओं की स्थिति लम्बी गुलामी की परम्परा के कारण बहुत अच्छी नहीं रही। पिछले दो-ढाई सदियों में तो अंग्रेजी शासन ने बड़ी योजनाबद्धता से भारतीय भाषाओं के ऊपर अंग्रेजी को लाद दिया और अंग्रेजी सुविधा दिलानेवाली भाषा बन गयी। भारतीय समाज के उच्च तथा उच्च-मध्यवर्ग के लिए शिक्षा, वाणिज्य, व्यापार और प्रशासन की अंग्रेजी भाषा को अपनाने की, मजबूरी हो गयी और कुछ परिवारों ने तो इसे मातृभाषावत् ही अपना लिया। आजादी के बाद भी सरकारी व्यवहारों में भाषा के सन्दर्भ में कोई खास अन्तर नहीं आया। अंग्रेजी को बनाये रखने के लिए उच्च-मध्यवर्ग का सुविधाजीवी तबका, अफसरशाही और सरकार के अन्य अंगों ने हरचन्द कोशिशें शुरू कर दीं। परिणाम यह हुआ कि अंग्रेजी का वर्चस्व भारतीय प्रशासन में अनिश्चित काल तक के लिए सुनिश्चित कर दिया गया। अंग्रेजी के पक्षधरों का एक तर्क भारतीय भाषाओं के संदर्भ में यह था कि ये अंग्रेजी की तुलना में काफी पिछड़ी हैं, अतः अंग्रेजी तब तक बनी रहनी चाहिए जब तक ये भाषाएँ इतनी विकसित नहीं हो जातीं कि वे अंग्रेजी का स्थान लेने योग्य बन जायें।

जो शक्तियाँ अंग्रेजी को बनाये रखने के लिए कार्यरत थीं, उन्होंने अंग्रेजी की विशेषताओं का जी-खोलकर बखान किया। बताया कि अंग्रेजी अन्तर्राष्ट्रीय भाषा है, वह विश्वज्ञान की खिड़की है, आदि। इसके साथ ही हिन्दी सहित सभी भारतीय भाषाओं की अक्षमता को खूब बढ़ा-चढ़ाकर बताया। ये सारी दलीलें भाषा-वैज्ञानिकों या साहित्यिकों की ओर से नहीं आयी, बल्कि विशेषतः निहित स्वार्थों के प्रवक्ताओं ने ये सारे तर्क प्रस्तुत किये और साथ ही हिन्दी तथा भारतीय भाषाओं के विकास के लिए अन्य दिशाएँ और कार्यक्रमों का भी संकेत किया। फलस्वरूप हिन्दी के विकास के लिए सरकारी स्तर पर योजनाएँ बनायी गयीं और सरकारी ढंग से उन पर अमल भी किया जाने लगा। इस तरह भाषा के विकास का लोगों के द्वारा मनमाना अर्थ लगाया जाने लगा और अनेक सरकारी, अर्ध-

सरकारी और गैर-सरकारी संस्थाएँ इस दिशा में सक्रिय होने लग गयीं। भाषा के विकास, भाषा की योग्यता, भाषा के प्रभाव आदि बातों पर उसके प्रयोक्ता से अलग करके विचार नहीं किया जाना चाहिए। भाषा का एक देशकाल होता है, परिवेश और परिस्थितियाँ होती हैं। अतः किसी भी देश में भाषानियोजन तब तक सफल नहीं हो सकता जब तक कि जनता की स्थिति, उसकी आशा-आकांक्षाओं, आर्थिक, राजनीतिक, सांस्कृतिक आदि परिस्थितियों का विस्तार और गहराई से विश्लेषण नहीं किया जाए। ऐसा समाज-भाषा विज्ञान तथा अन्तर्विधावर्त्ती अध्ययन के माध्यम से किया जाना चाहिए। भाषा मनुष्यों के आपसी व्यवहार और सम्प्रेषण का सामान्य साधन ही नहीं है बल्कि इसका उपयोग सत्ता, शक्ति, संपत्ति आदि की खातिर भी होता है। अतः भाषा संपर्क का सहज साधन बनने के बदले एक राजनीतिक हथियार के रूप में बड़े सूक्ष्म तरीके से इस्तेमाल में लायी जाने लगती है।

भारतीय भाषिक परिदृश्य में एक ही साथ भाषा-संपर्क की कई स्थितियाँ देखने को मिलती हैं। समाज में भाषा और बोलियों के अनेक रूप देखने को मिलते हैं जिनमें क्षेत्रीय विशेषताएँ होती हैं। इन बोलियों और भाषाओं के कई प्रकारों में से कोई एक भाषा-रूप मानक भाषा के रूप में स्वीकार कर लिया जाता है और फिर तो वह शिक्षा आदि के क्षेत्र में प्रयुक्त होने लगता है। इसका प्रयोग समाज का ऊपरी तबका मातृभाषावत् करने लग जाता है। दूसरी ओर समाज के कम सुविधा-प्राप्त आर्थिक व सामाजिक दृष्टि से पिछड़े हुए लोगों में भाषा का अनौपचारिक रूप ही प्रचलन में होता है। अर्थात् एक ही समय एक ही भाषा के कम से कम दो रूप मिलते हैं—औपचारिक (मानक) तथा अनौपचारिक (सामान्य बोलचाल की)। भारतीय भाषाओं में से इसके अनेक उदाहरण दिये जा सकते हैं। तमिल में साहित्यिक भाषा-रूप अन्य क्षेत्रीय तथा सामाजिक भाषा-रूपों से नितांत भिन्न है तथा उच्च शिक्षितों में ही इसका प्रचलन है। तेलुगु में ऐसे दो रूपों के नाम 'ग्रांथिक' तथा 'व्यावहारिक' दिये गये हैं जिनसे इनके स्वरूप का कुछ अन्दाजा हो जाता है। पुस्तकों तथा विद्यालयों अर्थात् शिक्षा के क्षेत्र में औपचारिक 'ग्रांथिक' तेलुगु का प्रयोग होता है तथा अन्यत्र बोलचाल की 'व्यावहारिक' तेलुगु का। यही हाल बंगला का भी है जहाँ 'साधु-बंगला' साहित्य और शास्त्र की मानक भाषा तथा 'चलित भाषा' (बोलचाल की भाषा) जैसे दो रूप मिलते हैं। लेकिन बंगला में 'साधुभाषा' को चलित भाषा ने लगभग अपदस्थ कर दिया है। तेलुगु, तमिल में भी स्थापित मानक भाषा-रूप को रचनात्मक लेखन के द्वारा चुनौती मिल रही है।

हिन्दी क्षेत्र में मध्यकाल तक अनेक बोलियाँ मानक भाषा-रूप बनी थीं, यथा—मैथिली, अवधी, ब्रजभाषा, राजस्थानी आदि, किन्तु उन्नीसवीं सदी के

उत्तरार्द्ध से खड़ी बोली मानक भाषा रूप बनकर सामने आयी। बीसवीं सदी के पूर्वार्द्ध में हिन्दुस्तानी के नाम पर एक कृत्रिम भाषा-रूप खड़ा करने की चेष्टा हुई मगर सफल नहीं हो पायी। खड़ी बोली के मानक रूप में फारसी-संस्कृत के तथा इससे विकसित शब्द अधिकतर प्रयुक्त होते हैं। हिन्दी का सही रूप फारसीकरण (हिन्दुस्तानी) तथा संस्कृतीकरण के बीचों-बीच मिलता है। फारसीकरण की प्रवृत्ति उर्दू में विशेषतः पायी जाती है जिसे अनेक भाषाविद् हिन्दी से अलग स्वतन्त्र भाषा मानने के पक्ष में नहीं। हिन्दी-भाषी क्षेत्र जनसंख्या और क्षेत्रफल दोनों ही दृष्टि से भारत के किसी भी अन्य भाषा-भाषी क्षेत्र से बड़ा है। हिन्दी प्रदेश में सैकड़ों बोलियाँ उपलब्ध होती हैं जिनमें से कई तो स्वतन्त्र भाषा का दर्जा पाने की कोशिश भी कर रही हैं।

भारत का भाषा-परिदृश्य (बहुरंगी इन्द्र धनुष) बहुभाषिक है और बहुजातिक समाज होने के कारण यह स्वाभाविक भी है। अतः इस देश की भाषा-समस्या को समझने के लिए किसी एक जातीय समाज और एक भाषा वाले राष्ट्र के द्वारा अपनायी गई भाषा-नियोजन की पद्धति को आदर्श नहीं बनाया जा सकता। इंग्लैण्ड, अमेरिका, जर्मनी, जापान, कोरिया आदि देशों में एक भाषा का वर्चस्व स्पष्ट दिखाई देता है। पर भारत की स्थिति इनसे भिन्न है, क्योंकि यहाँ भिन्न प्रदेशों में, बल्कि प्रदेशों के विभिन्न हिस्सों में, अलग-अलग भाषाओं का वर्चस्व मिलता है। अतः भारत को बहुभाषिक (Multi Lingual) नहीं बल्कि बहुरंगी भाषिकता (Pluri lingual) वाला राष्ट्र कहना उचित है। बहुरंगी भाषिकता वाले देश में भाषिक सीमाएँ स्पष्ट तथा निश्चित नहीं होतीं। यहाँ विभिन्न भाषाओं में अपनी अलग पहचान बनाने का सचेत प्रयास होता है और भाषा सार्वभौम अथवा स्वयं-संपूर्ण बनना चाहती है। निश्चित मानक भाषा का व्यवहार यहाँ सामाजिक तथा वर्गीय प्रतिष्ठा और महत्ता से जुड़ा होता है।

इस भाषा-वैविध्य, जनता तथा समाज के विभिन्न वर्गों के बीच के भाषिक संपर्क तथा भाषाओं के मानक प्ररूपों की सही पहचान जरूरी है। आज भारत का शिक्षित वर्ग, प्रशासक वर्ग, नेतृ वर्ग, योजनाकार और यहाँ तक कि एक खास भाषाशास्त्री वर्ग भी, जनता से कटा हुआ है इसीलिए भाषा को लेकर भी देशहित में व्यावहारिक समाधान संभव नहीं हो पा रहा। समाज में भाषा की वास्तविक स्थिति की पहचान के बिना भाषा-नियोजन यथार्थ रूप ग्रहण नहीं कर सकता। भाषा का अध्ययन और विवेचन-विश्लेषण भी समाज-निरपेक्षता तथा सैद्धान्तिक अमूर्त्तता में नहीं होना चाहिए। भाषा के प्रकार्यों का सही विश्लेषण भाषा-विकास एवं भाषा-नियोजन को सही दिशा में गतिशील कर सकेगा। भाषा के सन्दर्भात्मक, भावात्मक, क्रियात्मक, काव्यात्मक आदि प्रकार्यों का जनता के विविध संप्रेषण-सम्बन्धों के संदर्भ में ठोस विश्लेषण करके ही सही निष्कर्षों तक

पहुँचा जा सकता है। भाषा को मनुष्य और समाज के बीच के रिश्तों का जीवन्त दस्तावेज मानकर उसका सावधानीपूर्वक अध्ययन करने के पश्चात् भाषा की प्रकृत्ति को जाँच परख कर उसके विकास के सम्बन्ध में समुचित निर्णय लिये जा सकते हैं। यह समझना जरूरी है कि भाषा का उसके बोलने वालों की विश्व-दृष्टि के साथ बड़ा ही घनिष्ठ सम्बन्ध होता है, यहाँ तक कि भाषा की संरचना भी बोलने वाले की विश्वदृष्टि को प्रभावित करती है। समाज-मनोभाषिकी व्यक्ति के भाषिक व्यवहारों का द्विभाषिक बहुभाषिकता के आधारों, स्वरूप एवं प्रभावों का तथा मानवीय व्यवहारों के साथ भाषिक परिवर्तन के रिश्तों का अध्ययन करती है। अतः किसी भी देश में भाषा-नीति तय करते समय भाषा-सम्बन्धी शास्त्रों के निष्कर्षों की सहायता लेना अनिवार्य होना चाहिए। भाषा का इस्तेमाल देश-काल की सीमा में होता है तथा इसका समाज से वस्तुतः अभिन्न सम्बन्ध होता है। इसी कारण तो बाख्तिन सम्प्रदाय का कहना था कि भाषा ही समाज है। वस्तुतः भाषा के बिना समाज की कल्पना नहीं की जा सकती। इसी तर्क के सहारे हम इस तथ्य को भी पहचान सकते हैं कि किसी समाज को उसकी प्रकृत भाषा से वंचित करके यदि दूसरी भाषा उस पर लाद दी जाए (ऐसा अचानक एक दिन में नहीं किया जा सकता, मगर धीरे-धीरे ऐसा किया जा सकता है, इसके सबूत भारत-सहित अनेक देश हैं) तो वस्तुतः वह समाज भी अपनी मानसिकता में बदल जाएगा। भाषा एक बहुआयामी और संश्लिष्ट चरित्रवाली चीज है। यह स्थिर नहीं होती अतः इसके नियम भी स्थिर नहीं हो सकते। भाषा में सामाजिक सम्बन्धों के चिह्न अंकित रहते हैं, जिन्हें समाजभाषाविज्ञान एवं मनोभाषिकी के माध्यम से जाना जा सकता है। समाज को समझने के लिए भाषा और भाषा को समझने के लिए समाज का अध्ययन आवश्यक है। सामाजिक गतिविधियों को वहाँ के मनुष्यों के भाषिक व्यवहारों से जाना जा सकता है।

भाषा के इस व्यवहार को नियन्त्रित और नियमित करके एक निश्चित दिशा में संस्थागत अर्थ संप्रेषित करने की कोशिश सरकारें तथा अन्य ताकतवर ऐजेन्सियाँ करती हैं। दूसरी तरफ एक निश्चित भाषिक समूह भी आपसी विचार-विनिमय के द्वारा स्वयं को ताकतवर बनाता है। भाषा सामाजिक परिवर्तन का हथियार भी होती है। निरक्षर समाज में भाषा का व्यवहार मौखिक रूप से भी होता है। लेकिन भाषा के लिखित रूप का प्रयोग करनेवाले भाषा के रूप को स्थिर करने की दिशा में प्रयत्नशील होते हैं। भाषा का मानक रूप खड़ा करने में लेखन तथा लिखित साहित्य का बड़ा हाथ होता है। मानकीकरण भाषा के शुद्ध और समुचित व्यवहार को ही एक तरह से वैध मानकर उसे प्रश्रय देता है। भारतीय भाषा परिदृश्य में इसी से संस्कृतीकरण की प्रवृत्ति दिखाई भी देता है। लोग इस आधार पर मानकीकृत भाषा को ऊँची, अच्छी और आदर्श भाषा तथा

मानकरहित सामान्य भाषा को निम्न, बुरी तथा त्याज्य मान बैठते हैं। ऐसा इसलिए होता है कि लिखित मानक भाषा का प्रयोक्ता अपेक्षाकृत छोटा समूह अपनी सामाजिक, आर्थिक एवं राजनीतिक शक्तियों के कारण सम्मानित तथा अनुकरणीय बन जाता है और बहुसंख्यक समाज पर अपना भाषा-रूप थोपता है।

भाषाएँ गैरमानक से मानक बनती रहती हैं। दरअसल भाषा-विकास का यह सामान्य तथ्य है। भाषाओं को मानक बनाने का कार्य वस्तुतः रचनात्मक साहित्य करता है। जब किसी एक स्थापित भाषा में अभिव्यक्ति की नवीनता और ताजगी की संभावनाएँ चुकने लगती हैं; भाषा व्याकरण-बोझिल होकर जन-जीवन से दूर जाने लगती है और बहु-संख्यक जनता की भाषा से उसका अलगाव बढ़ जाता है, तब रचनात्मक लेखक नाटकों, कथाकृतियों, कविताओं आदि में उस बहु-संख्यक जनता की भाषा का इस्तेमाल करता है। इस प्रयोग-बहुलता के पश्चात् इस भाषा का भी व्याकरण निरुक्त (शब्दकोश) आदि के द्वारा मानक रूप खड़ा किया जाता है। मानक रूप खड़ा करने से लचीली भाषा में एक प्रकार की स्थिरता तथा बौद्धिकपन आ जाता है। मानकीकृत होने पर भी भाषा अपनी क्षेत्रीय बोलियों को जोड़ती तथा उन्हें अलग पहचान भी देती है। मानकीकृत भाषा के बोलनेवालों को सामान्य भाषा-भाषियों की अपेक्षा सम्मान की नजरों से देखा जाता है।

मानक भाषा शुद्धता का पैमाना भी होती है। फिर यह संभव नहीं कि कोई भाषा हिज्जे, व्याकरण, शब्दार्थ आदि की दृष्टि से चरम शुद्धता की प्राप्ति कर ले। वस्तुतः मानक भाषा में शुद्धता का मतलब समाज के उच्च शिक्षित वर्ग के लोगों के द्वारा प्रयुक्त भाषा-रूप है, जिसका अनुकरण करने की कोशिश भिन्न जन-समुदाय करता है।

भाषाद्वैत की स्थिति में भाषा के दो प्रकार एक ही साथ उपलब्ध होने लगते हैं। एक तो शिक्षित उच्च एवं शक्तिशाली वर्ग तथा संचार-माध्यमों के द्वारा प्रयुक्त औपचारिक भाषा होती है तथा दूसरी अनौपचारिक भाषा जिसका प्रयोग सामान्य बातचीत, लोक साहित्य आदि में होता है।

भाषा के मानकीकरण का प्रश्न भाषा के विकास के प्रश्न से जोड़कर देखा जाता है। कहा जाता है कि आज ज्ञान-विज्ञान और तकनॉलाजी और साहित्य की उन्नति से लाभान्वित होने के लिए उनकी अवधारणाओं को भाषाओं में व्यक्त करने की क्षमता होनी चाहिए। भारतीय परिप्रेक्ष्य में आजादी के बाद से ही कहा जाने लगा था कि अंग्रेजी बड़ी समृद्ध और विकसित भाषा है और उसकी तुलना में हिन्दी सहित सभी भारतीय भाषाएँ पिछड़ी हैं। इसका विकल्प दो ही हो सकता था : एक तो यह कि विकसित भाषा अंग्रेजी का ही दामन थामकर चला जाए

और बाकी भारतीय भाषाओं के प्रति पूर्णतः उपेक्षा का बर्त्ताव किया जाए और दूसरा विकल्प यह कि देश की भाषाओं को विकसित होने का अवसर और सुविधाएँ दी जाएँ, उन्हें 'विकसित' किया जाए। इसी तर्क के तहत जब तक हिन्दी 'विकसित' नहीं हो जाती अंग्रेजी को बनाये रखना तय कर लिया गया।

कुछ देशों के ऐसे उदाहरण प्राप्त होते हैं, जिनकी अपनी भाषा मानकीकृत नहीं थी अर्थात् निश्चित उच्चारण-पद्धति अथवा निश्चित लेखन-पद्धति का उनमें अभाव था। लेकिन भाषा-नियोजन के औजारों के बिना ही इन्हें मानक भाषा का रूप मिल गया, यह बड़ी दिलचस्प बात है। फिनलैण्ड की भाषा 'फिनिश' तथा इज़राइल की भाषा 'हिब्रू' इसके ज्वलंत प्रमाण हैं। संभव हैं, भारत की भाषा-समस्या का मामला इससे अलग हो क्योंकि यहाँ पर पहले से अनेक मानक भाषाएँ मौजूद हैं। हमारे योजनाकार बताते हैं कि मानक भाषाओं के पुनर्मानकीकरण की नहीं, अपितु इन भाषाओं को 'विकसित' करके इन्हें अंग्रेजी के समान 'योग्य' बनाने की समस्या है। इस दिशा में वे तरह-तरह के उपाय भी काम में ला रहे हैं जिन्हें लगभग आँखें मूंदकर आजमाया जा रहा है। विभिन्न योजनाबद्ध कार्यक्रमों के द्वारा सरकारी-अर्द्धसरकारी एजेन्सियाँ भाषा-विकास और मानकीकरण के नाम पर विभिन्न तकनीकों पर अमल कर रही हैं। वैसे सरकारी भाषाविद् भी इस कार्य से जुड़े हैं, जिनके लिए भाषा-वैज्ञानिक ज्ञान की अपेक्षा अफसरशाही इंगित ही अधिक महत्त्वपूर्ण होते हैं।

इस प्रकार के मानकीकरण में भाषा की कृत्रिम आदर्श स्थिति पर बल दिया जाता है और भाषा की जो यथार्थ सामाजिक स्थिति है, उससे छुटकारा पाने को कहा जाता है। यहाँ स्वतःस्फूर्त्त सहज अभिव्यक्ति की जगह उस अभिव्यक्ति को अपनाने को कहा जाता है जिसे समाज का उच्च वर्ग ठीक और शुद्ध समझता है। परिणामस्वरूप भाषा में असहजता उत्पन्न हो जाती है क्योंकि व्याकरण, शब्द-कोश आदि के मिश्रण से संकरत्व की सृष्टि करके उसे बोझिल और दुरूह बना दिया जाता है। फिर तो ऐसी भाषा को हठात् और बलात् लागू कर देने पर व्यापक सामाजिक संप्रेषण के क्षेत्र में शून्य या खालीपन पैदा हो जाता है। ऐसी भाषा के द्वारा अपनी ही भाषा के बीच लोग अजनबी जैसे बन जाते हैं। किसी भी समाज के लिए संप्रेषण पहली शर्त है और भाषा इसका सबसे व्यापक और सशक्त माध्यम है। भाषा के द्वारा समाज में एकता, अखण्डता आदि की भावनाओं को भी मूर्त रूप दिया जाता है। अतः भाषा एक मजबूत सामाजिक संस्था भी है। यह चिन्तन, धारणा, वर्गीकरण, विवेचन-विश्लेषण, रचना, ज्ञानदान आदि के माध्यम से बहुमुखी विकास की संवाहिका है। भाषा में ऐसी शक्ति होती है कि वह मूर्त्त को अमूर्त्त और अमूर्त्त को मूर्त्त बना दे। अतः भाषा-नियंत्रण और भाषा-नियोजन की आवश्यकता से इन्कार नहीं किया जा सकता। पर इस विषय में अत्यन्त सावधानी

की जरूरत है क्योंकि भाषा का बहुत ही नाजुक मसला होता है, क्योंकि यह लोगों की संवेदनाओं, भावों, अनुभूतियों और रोजी-रोटी से जुड़ा होता है।

भारत में भाषा-नियोजन का अर्थ भाषा के आधुनिकीकरण करने के संदर्भ में लिया जाता है अर्थात् नयी धारणाओं, सिद्धांतों आदि से सम्बन्धित शब्दों का विस्तार और प्रयुक्ति की शैली तथा रूप का विकास करना। भाषा में नवीन वैज्ञानिक तथा तकनीकी विषयों को विशेष रूप में प्रस्तुत करने के लिए ऐसा करना जरूरी माना जाता है। फलस्वरूप सम्बन्धित विषयों की पारिभाषिक शब्दावली का निर्माण करने में जोर-शोर से जुटा जाता है। भारतीय परिदृश्य में यह स्थिति किंचित हास्यास्पद भी बनायी गयी है। खासतौर पर हिन्दी में पारिभाषिक शब्दावली का निर्माण कैसे किया जाए, इस विषय पर काफी चर्चा और विवाद चले जो आज भी खत्म नहीं हुए हैं। कुछ लोग संस्कृत के मूल शब्दों से बने हुए अथवा बनाए हुए शब्दों का प्रयोग करने के पक्ष में इसलिए हैं क्योंकि संस्कृत का सम्बन्ध भारत की अधिकांश भाषाओं से है। कुछ लोग कठिन शब्दावली का प्रयोग आपत्तिजनक इसलिए नहीं मानते क्योंकि उनके अनुसार इसका उपयोग विशेषज्ञों और इस विषय में रुचि रखनेवाले सीमित लोगों के द्वारा ही होगा—सामान्य जनता इनका प्रयोग नहीं करेगी। पर सौभाग्य से ऐसे भाषाविद भी हैं जो पारिभाषिक शब्दावली को जनजीवन से काटकर देखने के पक्ष में नहीं हैं और बोलचाल की भाषा से ही जहाँ तक संभव हो शब्दावली बनाने के पक्ष में हैं। वस्तुतः हमारी भाषा-नीति के निर्धारक और नियामक हिन्दी तथा भारतीय भाषाओं को पश्चिमी ढर्रे पर विकास करते हुए देखना चाहते हैं। दूसरे शब्दों में कहा जाए तो वे भारतीय भाषाओं को अंग्रेजी का अनुवाद और अनुकरण मात्र बना देना चाहते हैं ताकि अंग्रेजीदाँ लोगों को सहूलियत हो और 'तकनीकी भाषा' का जनजीवन से कोई रिश्ता नहीं रह जाए।

ऐसा होना दुर्भाग्य की बात है। तकनीकी भाषा का इस्तेमाल भी जनता करती है। कृषि-सम्बन्धी शब्दावली, कल-कारखाने से सम्बन्धित शब्दावली का इस्तेमाल अगर आम किसानों और मजदूरों की समझ से दूर चला जाए तो देश के सर्वांगीण विकास की कल्पना भी कैसे की जा सकती है? अतः उचित तो यह है कि वैज्ञानिक और तकनीकी शब्दावली का निर्माण करते समय भाषा की स्वाभाविक प्रकृति और उसके सहज विकास को ठीक से समझा जाए और उनके अनुकूल ही शब्दों का चयन, अनुकूलन और निर्माण किया जाए।

भाषा के अभिजनवादी होने के हजारों-लाखों उदाहरणों में से एक 'उष्ट्र अनुसंधान केन्द्र' जैसी संस्था का नाम देखा जा सकता है। ऊँटों पर अनुसंधान करने वाली संस्था का सम्बन्ध राजस्थान की जनता से कितना हो, यह बताने की बात नहीं। पर जनता ऊँट को समझती है उष्ट्र को नहीं, इसलिए जरूरी है कि समाज-

मनोभाषिकी का भाषा-नियोजन में सहयोग लिया जाए। फिलहाल भारत में इस सम्बन्ध में गहराई से अध्ययन किया जाना बाकी है। ढेरों विदेशी शब्द जो हमारी भाषाओं में रच-पच गये हैं उन्हें निकाल बाहर करने की कोई जरूरत नहीं है। बलात् नयी शब्दावली का निर्माण करने के बजाय भाषाओं के शब्दों की व्यंजना को सही ढंग से समझने और उनका समुचित उपयोग करने की आवश्यकता कहीं ज्यादा है। विद्यालयों और विश्वविद्यालयों में माध्यम भाषाओं के स्वाभाविक रूप से विकसित मानक रूप का प्रचलन व्यापक रूप से करना ही अपेक्षित है। जिस क्षेत्रीय शब्दावली का उपयोग रचनात्मक लेखन में होता है,कोई कारण नहीं कि उसका प्रयोग अन्य क्षेत्रों में वर्जित कर दिया जाए। ऐसे शब्द विविध क्षेत्रों में व्यवहृत होने ही चाहिए जिनका भाषा की उच्चारण-पद्धति तथा लेखन-पद्धति से पूरी तरह मेल खाता हो। आज महानगरों में विशेष रूप से विभिन्न भाषाओं के आपसी आदान-प्रदान के अनेक शब्द समान रूप से व्यापक स्वीकृति पाने लगे हैं। ऐसे शब्दों की पहचान करना पारिभाषिक शब्दावली के निर्माताओं का एक प्रमुख कर्तव्य होना चाहिए।

पारिभाषिक शब्दावली निर्माण तथा भाषा के मानकीकरण में उसके व्यवहार-कर्त्ताओं तथा भाषा के ऐतिहासिक, सांस्कृतिक तथा संरचनात्मक पक्षों की उपेक्षा बिल्कुल नहीं की जानी चाहिए। भाषा कैसे बदल रही है और उसका बदलाव किस प्रकार से जनजीवन को प्रभावित कर रहा है—उसे ध्यान से ओझल करना बड़ी भूल होगी। भाषा को 'नियंत्रित' और 'विकसित' करने के लिए प्रयत्नों के पूर्व स्वयं भाषा के अपने स्वाभाविक विकास का गहराई से अध्ययन होना चाहिए, तभी विभिन्न भाषिक व्यवहारों में भाषा के प्रभावी रूपों को विकास की दिशा में ले जाना संभव होगा।

भाषा के मानकीकरण से भाषिक समुदाय की आशा-आकांक्षाओं का गहरा सम्बन्ध होता है। आज अगर आकाशवाणी और दूरदर्शन के समाचारों तक की भाषा जनता की पहुंच से दूर जा रही है तो इसका कारण यह है कि हम ग्रामीण और शहरी, कृषि तथा औद्योगिक क्षेत्रों की आमफहम भाषा से ग्रहण करने की बात भुला बैठे हैं। कम्प्यूटर तथा दूरसंचार के विकास के सन्दर्भ में भाषा की महत्ता दिनों-दिन बड़ी स्पष्टता से उजागर होती जा रही है, अतः बोलचाल की जनभाषा के कारगर इस्तेमाल की संभावनाएं भी बढ़ी हैं। अगर वैज्ञानिक विकास को जनजीवन से प्रभावकारी ढंग से जोड़ना है तो जनता की भाषा का व्यापक रूप में इस्तेमाल करना लाजिमी है।

भाषा किसी देश की राष्ट्रीय अस्मिता की पहचान होती है अतः उसमें अप्राकृतिक ढंग से घालमेल करना अपनी पहचान को विकृत बना देना है। इस संदर्भ में हमें देसी मानसिकता को विकसित करने की जरूरत है, न कि किसी

विदेशी ढांचे पर अपने देश की भाषाओं को परखने की। भारत को पश्चिमी नजरों से देखनेवालों को भारतीय भाषिक परिदृश्य एक अजूबा नजर आता है और ऐसी स्थिति में वे असंगत व्याख्याएँ करते हैं। भारत की बहुरंगी भाषिकता वस्तुत: इन्द्रधनुष के समान है जिसमें भाषाओं के अलग-अलग अस्तित्व होने के बावजूद एक समन्वित सुन्दर रंग-योजना प्रस्तुत करने की अपार क्षमता है। इस क्षमता का समुचित उपयोग भाषाविदों, नीति-नियामकों और योजनाकारों को करना चाहिए। इसके लिए सम्पूर्ण भारतीय परिवेश और पर्यावरण को मद्देनजर रखना निन्तात आवश्यक है। भाषाविदों को अपने रूपवादी खोल से बाहर आकर भाषा को सामाजिक संस्था के रूप में स्वीकारना चाहिए तथा भाषा-नियोजन की दिशा में संवेदनशीलता से सक्रिय होना चाहिए। हमें भारत को एक भाषा क्षेत्र की बजाय विभिन्न भाषाओं के विशिष्ट समूह के रूप में देखना चाहिए। सभी भाषाओं की अपनी ऐतिहासिक, सांस्कृतिक विशेषताएँ होने के बावजूद उनमें एक सामाजिक सांस्कृतिक परिवेश का भी निर्माण होता है। भारत में चार महत्त्वपूर्ण भाषा परिवार दिखायी देते हैं— आस्ट्रो-एशियाई, द्रविड़, भारोपीय तथा तिब्बती-बर्मी भाषा परिवार। इनकी अपनी विशेषताएँ और कतिपय विकसित भाषाएँ हैं जिनका स्वतंत्र तथा पारस्परिकता में अध्ययन करना भाषा-नियोजन की प्रक्रिया में मददगार साबित हो सकता है।

भाषाओं की अपनी अस्मिता की पहचान के आधार पर भारत में 1956 में भाषावार राज्यों का पुनर्गठन किया गया था, जिसमें राजनीतिक शक्तियों का विशेष हाथ था। भाषा को हथियार बनाकर, भाषा की स्वतंत्र पहचान के आधार पर अलगाव को प्रश्रय देना भारतीय सह-अस्तित्ववाली मानसिकता के विरुद्ध कदम है। भारतीय भाषाएँ अनेक अर्थों में और अपनी समान ऐतिहासिक विरासत के कारण भी परस्पर पूरक हैं अत: उनका अध्ययन भी निरपेक्ष रूप में होना उचित नहीं। आधुनिकीकरण के नाम पर भाषाओं के स्वतंत्र-निरपेक्ष विकास की बातें करनेवाली अनेकों एजेन्सियाँ आज काम करने लगी हैं जो यह भूल जाती हैं कि भारतीय भाषाओं की अपनी विलक्षण विशेषताओं के बावजूद उसकी समान परम्पराएँ भी हैं। आज इनके अध्ययन पर विशेष जोर दिए जाने की आवश्यकता है। तथाकथित आधुनिकीकरण की जल्दबाजी में भारत की भाषा-नीति का निर्धारक और नियोजक एजेन्सियाँ भाषा रूपों में आमूल परिवर्तन लाने को बेचैन दिखायी देती हैं। वे इस बात की परवाह नहीं करतीं कि भारतीय समाज (यानी भारतीय जनता) का उसके भाषा-व्यवहार के साथ बड़ा मजबूत रिश्ता है। भाषा-विकास और नियोजन के नाम पर भाषा के साथ अनावश्यक छेड़खानी भी की जा रही है। जैसे हिन्दी का अति-संस्कृतीकरण और उर्दू का अति-अरबी-फारसीकरण जैसी प्रवृत्तियाँ जब-तब जोर पकड़ने लगती हैं और दूसरी ओर से जातीय

परम्पराओं और भाषा के स्वाभाविक संरचनागत विकास का ख्याल नहीं करके उसे अंग्रेजी वाक्य संरचना के ढांचे में ढालने का प्रयत्न होने लगता है।

भाषा के आधुनिकीकरण की कई विशेषताएँ अनेक भाषाओं में दृष्टिगत हो रही हैं। इनमें भाषा की स्वायत्तता, तकनीकी शब्दावली का निर्माण, मानकीकरण, भाषा-शिक्षण के क्रम में सरलता और वैज्ञानिकता लाने तथा प्रभावी सम्प्रेषण के उपयुक्त भाषा को बनाने का प्रयास शामिल है। लेकिन इन्हें भाषा के भीतर से सामने आना चाहिए न कि इन्हें भाषा में बाहर से आरोपित करना चाहिए। जैसे जीवन व्यावहारिक रूप से परिशुद्ध नहीं हो सकता वैसे ही भाषा भी विशुद्ध नहीं हो सकती। शुद्धतावादी भाषाविदों का भाषा को शुद्ध करने का प्रयास भाषा को वस्तुतः कृत्रिम और सम्प्रेषण के अयोग्य बना देता है। सम्पर्क में आने पर भाषा तो टूटती-फूटती है और यही उसके विकास की स्वाभाविक दिशा है। लेकिन शुद्धता का अतिरिक्त आग्रह भाषा को दैनंदिन सम्पर्कों से काटकर उसे अजाबघर या लाइब्रेरी की चीज बना देता है। शुद्धतावादी सोच के तहत भाषा का आधुनिकीकरण किया जाना उसे एक विशिष्ट वर्ग के बीच सीमित कर देना है। भाषा का व्यवहार समाज में होता है अतः भाषा-नियोजन को सामाजिक विकास सम्बन्धी योजनाओं से जोड़कर देखना उचित है, न कि उससे काटकर। इस सिलसिले में समाजभाषा विज्ञान के क्षेत्र में नये सिद्धांत भी बने हैं और भाषा अभियांत्रिकी जैसी विधा का उद्भव हुआ है। भाषा-व्यवहार के अनेक आयाम हैं जिनके रूप विज्ञान की सैकड़ों शाखाओं, समाजशास्त्र, मानविकी, जनसंचार के माध्यमों, विज्ञापन, कम्प्यूटर आदि, में दिखायी पड़ते हैं। सही और संवेदनशील भाषा-नियोजन के द्वारा इनका सही उपयोग व्यापक जनहित में किया जा सकता है।

समाज भाषाविज्ञान की मदद से भाषा के सम्प्रेषणगत रूपों तथा भाषिक समूहों के सम्बन्धों का निर्धारण किया जा सकता है। भाषा के आधुनिकीकरण और मानकीकरण के विषय में आलोचना और आत्मालोचना से समन्वित दृष्टि लेकर ही आगे बढ़ना चाहिए। सरल और स्पष्ट भाषा रूपों को ही व्यापक सामाजिक स्वीकृति प्राप्त होती है अतः ऐसे रूपों को अपनाने में कोई हिचक नहीं होनी चाहिए। लेकिन भाषा नियोजन का रुख हमारे देश में लगभग उलटा दिखायी देता है, अर्थात् यहाँ शहरी उच्चवर्गीय कृत्रिम मानक भाषा रूप को शिक्षा (पाठ्य-पुस्तकों) से लेकर प्रशासन (नियमों-आदेशों) तक में प्रस्तुत करने की कोशिशें हो रही हैं। भारत अब भी मुख्यतः गाँवों का देश है और इसका अधिकांश हिस्सा अशिक्षित है। संस्कृतनिष्ठ हिन्दी तथा अन्य शास्त्रीय भाषा-रूपों को ऐसे जनसमूह पर लादना सम्प्रेषण के बदले सम्प्रेषणहीनता की स्थिति पैदा करना है।

जनभाषा के रूपों को मानक भाषा में स्वीकार करने की जगह जनभाषा को ही मानक भाषा से अपदस्थ कर देना उलटी धारा है। जनता और उसकी भाषा को ऐसे आतंक से मुक्त रखना ही उचित है। मानकीकरण के द्वारा भाषा का एक रूप अन्य रूपों से श्रेष्ठतर बना दिया जाता है और अगर यह भाषिक समुदाय के मनोनुकूल नहीं हुआ तो अन्य भाषा-रूपों के साथ मानकभाषा का टकराव आरम्भ हो जाता है। हिन्दी के सन्दर्भ में मानकभाषा के साथ अगर अन्य भाषा-रूपों का टकराव बहुत नहीं हो रहा तो इसका एक कारण भाषाद्वैत की स्थिति है। अतः यहाँ मानकभाषा के द्वारा भाषा के अन्य रूपों को समाहित कर लेने की अपार संभावना है जिसे कार्य रूप देना ही चाहिए।

देश के गम्भीर भाषाविदों की राय में साक्षरता के व्यापक प्रयास के बिना भाषा के मानकीकरण की बात करना व्यर्थ है। साक्षरता के प्रसार में भाषा का बोलचाल का रूप ही काम में लाया जाना चाहिए। इस सन्दर्भ में भी अगर मानक-भाषा का प्रयोग किया जाए तो असफलता ही हाथ लगेगी। मानकीकरण एक प्रकार का नियंत्रण होता है। इसमें एकरूपता पर बल होता है। मानकीकरण और आधुनिकीकरण की प्रवृत्तियाँ एक-जैसी नहीं होतीं। आधुनिकीकरण में अनेक-रूपता, विभिन्नता आदि को महत्त्व दिया जाता है। अतः इन दानों के गुणों और प्रवृत्तियों को भारतीय समाज के परिप्रेक्ष्य में बहुत सावधानी से परखने की जरूरत है। आधुनिकीकरण और मानकीकरण जरूरी भी हैं पर उनके खतरों को भली भाँति समझकर ही उन्हें राष्ट्रीय जीवन में प्रस्तुत करना चाहिए। आज मानकी-करण और आधुनिकीकरण के नाम पर हिन्दी का जो नया रूप लाया जा रहा है, उसका पर्याप्त विवरण भी उपलब्ध नहीं है, पर जो कुछ दिखायी दे रहा है उसके आधार पर कहा जा सकता है कि सरकारी तौर पर हिन्दी को कठिन और जटिल बनाया जा रहा है। हिन्दी की मौखिक और क्षेत्रीय विशेषताओं की उपेक्षा की जा रही है। भाषा-नियोजन के संदर्भ में यह देखना सबसे मुनासिब होगा कि जनता की सहज-स्वाभाविक भाषा से बहुत दूर रहनेवाले तत्त्व मानक के रूप में नहीं रखे जाएँ।

आज भारतीय समाज की अवस्था अनेक दृष्टियों से संकटपूर्ण है। साम्प्रदायिक, पुरोगामी, अलगाववादी, आतंकवादी आदि प्रवृत्तियाँ सिर उठा रही हैं। ये प्रवृत्तियाँ राजनीतिक ही नहीं, सांस्कृतिक क्षेत्रों में भी पनप रही हैं। आज अल्प-संख्यकों के अनेक आंदोलन सांस्कृतिक मुख्यधारा पर ही प्रश्न-चिह्न लगा रहे हैं। यही स्थिति भाषा के क्षेत्र में है जहाँ मानकभाषा पर भी उँगलियाँ उठती हैं। एक ओर पुरातनपंथी हिन्दी को संस्कृतीकरण के रास्ते पर ले चलना चाहते हैं तो दूसरी ओर पश्चिम से प्रभावित लोग तथाकथित आधुनिकीकरण के नाम पर उसे अंग्रेजी का अनुवाद-मात्र बना देना चाहते हैं। दरअसल हिन्दी भाषा के सही सांस्कृतिक-

ऐतिहासिक स्वरूप की पहचान इन दोनों में से कोई नहीं कर पाते । संस्कृति, भाषा वगैरह इनके लिए बेजान चीज होती है जिनमें जब जैसा जी चाहा वैसा परिवर्तन किया जा सकता है।

हमारे देश में भाषा में विविधता और भिन्नता इतनी अधिक है कि उनके बीच किसी एक भाषा के माध्यम से प्रभावकारी सम्प्रेषण हो पाना कठिन है। हिन्दी का इस संदर्भ में व्यापक प्रसार अपने आप हो रहा है। भारतीय परिदृश्य में द्विभाषिकता लगभग आम बात हो रही है। अंग्रेजी-मिश्रित हिन्दी का कामचलाऊ उपयोग महानगरों और शहरों में धीरे-धीरे बढ़ चला है और इसके नये-नये वाचिक रूप सामने आ रहे हैं, जिनका प्रयोग रचनात्मक साहित्य में भी होने लगा है। फलस्वरूप कलकतिया हिन्दी, बम्बइया हिन्दी, हैदराबादी हिन्दी जैसे रूप बन रहे हैं। ये सभी रूप आम बोलचाल और व्यवहार में हैं किन्तु आधिकारिक मानक रूप संस्कृतनिष्ठ हिन्दी को बनाया गया है। इसी तरह उर्दू में अरबी-फारसी-मिश्रित रूप को मानक बनाने की प्रवृत्ति दिखाई देती है।

हमारी भाषा सम्बन्धी राष्ट्रीय नीति निरन्तर विवाद में रही है और लोग त्रिभाषा सूत्र से भी संतुष्ट नहीं दीखते। भिन्न-भिन्न भाषाओं को स्वतः सम्पूर्ण मानकर उनके चाहनेवाले केवल अपनी भाषा को महत्त्वपूर्ण स्थान दिलाना चाहते हैं। यह संभव नहीं कि सभी भाषाओं को राजभाषा, सम्पर्क भाषा, शिक्षा आदि की माध्यम भाषा बना दिया जाए। भाषाओं की गुणवत्ता का निर्धारण अल्पसंख्यक-बहुसंख्यक या विकसित-अविकसित जैसी राजनीतिक शब्दावली में किया जाने लगा है। भाषाएँ रचनात्मक साहित्य, संस्कृति तथा दैनन्दिन जीवन में सम्प्रेषण की वाहिका-माध्यम होती है। जब सैकड़ों भाषाएँ अपने स्वार्थ से प्रेरित हो आपस में महत्त्वपूर्ण स्थान पाने के लिए झगड़ने लगें और एक दूसरे के पैर खींचने लगें तो समस्या देशव्यापी और एकता के लिए गम्भीर हो जाती है। फलस्वरूप आजादी के बाद भी अंग्रेजी को हमारे देश में वही स्थान और महत्त्व मिलने लगा जैसा आजादी से पहले मिल रहा था—बल्कि उससे भी ज्यादा। किसी भी तरह की थोड़ी-बहुत या टूटी-फूटी अंग्रेजी जाननेवाले भारत में चार प्रतिशत से अधिक नहीं हैं पर देश पर यही भाषा राज कर रही है। आजादी के बाद भारत में अंग्रेजी का बड़ी तीव्रता से विस्तार हुआ और अब भी हो रहा है। उच्च तथा उच्च मध्य-वर्ग के बीच शिक्षा, प्रशासन, न्याय विभाग, पुलिस विभाग, पत्रकारिता और संचार माध्यम, हर जगह अंग्रेजी का बोलबाला दिखाई देता है और रोचक बात यह है कि तब भी इसके प्रयोक्ता चार प्रतिशत से अधिक नहीं। स्वतंत्रता आंदोलन के समय नेताओं ने जो भाषा के सम्बन्ध में नीति स्वीकार की थी उसे पूरी तरह से भुला दिया गया। आज भारत के शहरी इलाकों में मध्य वर्ग को अंग्रेजी के पीछे भागना पड़ रहा है, क्योंकि अंग्रेजी सुविधाप्रद पद और आजीविका के लिए

अनिवार्य प्रतीत होती है। उच्च मध्यवर्ग के बीच अंग्रेजी मानो एक जरूरी भाषा ही बन गयी है। आज शिक्षा, वाणिज्य, प्रशासन, टेकनोलॉजी की भाषा मुख्य रूप से अंग्रेजी बना दी गयी है। यहाँ तक कि मिजोरम, मेघालय और नागालैंड जैसे छोटे राज्यों की राजभाषा अंग्रेजी बन गयी है। इस प्रक्रिया में अंग्रेजी का एक 'देसी रूप' सामने आ रहा है अर्थात् उसके मानक रूप की गुणवत्ता में ह्रास भी परिलक्षित हो रहा है। अंग्रेजी इस तरह से भारतीय समाज को तेजी से विभाजित करती हुई दिखाई देती है। साथ ही शिक्षा आदि के क्षेत्र में प्रतिभा और मौलिकता की जगह सामान्य और औसत अनुकरण को बढ़ावा दे रही है, समाज में काले साहबों की जमात अलग पैदा हो गयी है।

इसी अंग्रेजी के वर्चस्व और आधिपत्य की वजह से कुछ विचित्र और हास्यास्पद-सी स्थितियाँ पैदा हो रही हैं। 1975 में केरल विश्वविद्यालय ने छात्रों को अंग्रेजी और मलयालम के मिश्रण से उत्तर लिखने की छूट दी थी। इस सम्बन्ध में कठिनाइयों को देखते हुए कहा गया, सावधानी यह रखनी होगी कि एक ही वाक्य में दोनों भाषाओं का मिश्रण नहीं हो पाए। मध्यकाल में मलयालम में संस्कृत के मिश्रण से एक 'मणिप्रवाल शैली' का विकास हुआ था, अब आधुनिक युग में उसका यह हाल है कि विदेशी अंग्रेजी भाषा के मिश्रण की बात की जा रही है। यही हाल बहुत-से दूसरे राज्यों में भी दिखायी देता है लेकिन दिक्कत यह है कि भारतीय जीवन की वास्तविकता अंग्रेजी में नहीं प्रकट हो पाती। अंग्रेजी की जड़ें भारत की परम्परा से नहीं हैं, अतः उसमें जनता की आशा-आकांक्षा प्रतिफलित नहीं हो पाती। हाँ, अंग्रेजी भाषा ने भारतीय मानसिकता को विभाजित अवश्य कर दिया है। अंग्रेजी सामाजिक-आर्थिक दृष्टि से पिछड़े भारतीय बहुसंख्यक समुदाय की कोई सहायता नहीं कर पा रही है। भारतीय संदर्भ में अंग्रेजी पाश्चात्य प्रभुत्व की निशानी बनकर रह गयी है।

दूसरी तरफ हिन्दी का स्वाभाविक विस्तार और फैलाव भारत के अहिन्दी-भाषी क्षेत्रों में होता जा रहा है, जिसे नजरअन्दाज करना भारत के राष्ट्र-निर्माण की दृष्टि से बड़ी भूल होगी। हिन्दी के आज कई रूप विकसित हो रहे हैं। साहित्य, प्रशासन, आम बोलचाल आदि में इसके प्रकारों को देखा जा सकता है। हिन्दी में यह खूबी विकसित हो चुकी है। वह बड़े पैमाने पर देशी-विदेशी शब्दों को स्वीकार कर रही है और भारत के विभिन्न हिस्सों में जन-सामान्य के बीच सम्प्रेषण का कारगर माध्यम बन रही है। लेकिन हिन्दी का जो मानक रूप तैयार हो रहा है उसके शिक्षण-प्रशिक्षण की न तो कोई विशेष व्यवस्था है और अगर है तो (ऐसे केन्द्रों से बाहर) उनके व्यावहारिक प्रयोगों के लिए सही इन्तजाम नहीं है। फलस्वरूप मानकभाषा जैसी भी है वह सम्प्रेषण माध्यम का रूप नहीं ले पा रही है और कुछ विशेष जगहों में ही सिमटकर रह गयी है। इस सम्बन्ध में कई समस्याएँ हैं

जिनकी ओर ध्यान नहीं दिया जा रहा। मसलन हिन्दी के मानकीकरण को दैनिक व्यवहार की भाषा से विच्छिन्न किया जा रहा है; मानकीकरण को माध्यम बनाने की जगह लक्ष्य बनाया जा रहा है; मानकीकृत भाषा-रूप को निरपेक्ष ज्ञान की भाँति ग्रहण करते हुए इस बात को भुला दिया जा रहा है कि चूँकि भाषा मानवीय व्यवहार का अनिवार्य अंग है अतः उसे बहुसंख्यक जनता से काटकर प्रशासन, शिक्षा, व्यापार, वाणिज्य आदि से जोड़ देना अमानवीयता है।

हिन्दी भारत की भाषाओं में सबसे अधिक जन-व्यवहार में आनेवाली भाषा है। वस्तुतः भारत की जनसंख्या का 46 प्रतिशत भाग हिन्दी का व्यवहार करता है। विशाल हिन्दी क्षेत्र में सैकड़ों भाषाएँ और बोलियाँ आती हैं जिनसे हिन्दी का बड़ा ही आत्मीय तथा घरेलू रिश्ता है और इस बड़े भूभाग के लोगों के लिए कभी भी हिन्दी विजातीय नहीं हो सकती। ये लोग अपनी भाषा/बोली के क्षेत्र से बाहर हिन्दी (खड़ीबोली) का व्यवहार करते हैं। ग्रामों में खड़ीबोली को सम्मान-सूचक माना जाता है। इसके प्रयोगकर्त्ता को अपने शिक्षित तथा 'शहरी' होने का एहसास होता है। इस प्रकार सम्पूर्ण हिन्दी क्षेत्र के लोग स्वभावतः द्विभाषिक होते हैं। अतः दक्षिण के भाषा-भाषियों के लिए अगर कोई दूसरी भाषा सम्पर्कभाषा हो सकती है तो वह भी हिन्दी ही होनी चाहिए। सांख्यिकी को छोड़ दें तो भी राष्ट्रीय एकता की दृष्टि से यही तर्कसंगत प्रतीत होता है।

भारत में वैज्ञानिक-तकनीकी विकास और हिन्दी

17वीं सदी तक एशिया यूरोप को विज्ञान आदि का लाभ बाँटता था किन्तु आज यूरोप एशिया के बड़े भाग को अपने ज्ञान-विज्ञान के बल पर तैयार वस्तुओं का बाजार बना चुका है। (चीन और जापान अपवाद हैं)

भारत में जहाँ विज्ञान और टेकनोलॉजी को अंग्रेजी भाषा पर निर्भर रखा गया है—समाज दो विपरीत समाजों में बँट गया है। एक समाज में विज्ञान और टेकनोलॉजी की जानकारी रखने तथा सुविधा लेनेवाला छोटा समाज तथा दूसरा अंग्रेजी ज्ञान से वंचित विशाल समुदाय। इस तरह भाषा के द्वारा जनता को बुद्धि-जीवियों, विज्ञान तथा प्रगति से वंचित कर दिया गया है। भारत में भाषा के मामले में परनिर्भरता गुलामी की मनोवृत्ति की परिचायक है, क्योंकि जब से विदेशी ताकतों ने आक्रमण करके यहाँ शासन स्थापित किया तब से यह भाषा की पर-निर्भरता भी आरम्भ हुई। इस मानसिकता ने भारतीय मनीषा को कम विकलांग नहीं बनाया है। एक गुलाम देश शासक की हर चीज को सम्मान और भय की नजरों से देखता है। अंग्रेजों और अंग्रेजी के प्रति भारतीय बुद्धिजीवियों के मन में यही भाव है। भाषा की जड़ें समाज में गहरी होती हैं। चिंतन, संस्कृति, कला, विज्ञान इन सबसे देश-भाषा का घनिष्ठ सम्बन्ध होता है। गुलामी की मनोवृत्ति जब रक्त में घुली हो तो अपना सब कुछ—भाषा तक—हेय जान पड़ता है। सिर्फ अंग्रेजी के ही कारण जो बहुत ऊँचे पद पर जा बैठे हों, वे सहज ही सुविधा एवं पद छोड़ना नहीं चाहते बल्कि अपनी अगली पीढ़ियों तक को भौतिक जीविकादि की सुविधा दिए रखना चाहते हैं। परिणामस्वरूप वे अपनी संतानों के भीतर भी गुलामी की प्रवृत्ति अनजाने ही डाल देते हैं। वे अंग्रेजी को विशिष्ट वर्ग की भाषा बनाए रखना चाहते हैं। वे अंग्रेजी को विश्व ज्ञान की खिड़की वगैरह कहते हैं। वस्तुत: सभी भाषाएँ ज्ञान की खिड़कियाँ हैं, फ्रेंच, जर्मन, चीनी, जापानी, अंग्रेजी आदि भाषाएँ जानना-सीखना एक बात है, अपनी देशभाषा पर किसी विदेशी भाषा को प्रभुत्वशाली बना डालना और बात।

मौलिक परिकल्पनाएँ अपने संस्कारों से जन्म लेती हैं। पर भाषा में नकल

किए हुए और नकली विचार ही उतरते हैं। ज्ञान-विज्ञान की जानकारी ही सब कुछ नहीं, उस जानकारी को अपने वातावरण और संस्कारों का अंग बनाना अपनी भाषा के जरिए सम्भव होता है। पिटे-पिटाए वैज्ञानिक ज्ञान का उतना महत्त्व नहीं होता जितना वैज्ञानिक तेवर (Tempo) का। फलस्वरूप हमारे देश में विज्ञान विच्छिन्न हो चुका है। विज्ञान की ही भाँति कानून तथा दूसरी सभी सामाजिक अधिरचनाओं से जनता को भाषा के द्वारा अलग-थलग कर दिया गया है। भाषा के सम्बन्ध में भारत सरकार ने संविधान, कानून आदि के सैद्धांतिक तथा कार्य रूप देने के व्यावहारिक स्तरों में एक दूरी रखी है। सिद्धांततः हिन्दी को राष्ट्रभाषा, राजभाषा, सम्पर्कभाषा के नाम देना तथा व्यवहार में अंग्रेजी का वर्चस्व बनाए रखना यही सरकारी नीति चली आ रही है। 14 सितम्बर को हिन्दी दिवस मना लेना, हिन्दी निदेशालय-सरीखी संस्थाओं को अनुदान दिखा देना, राजभाषा से सम्बन्धित समितियों के लिए देश-विदेश के दौरे के लिए अर्थ की व्यवस्था आदि करना, हिन्दी के सच्चे विकसा के लिए कार्य करना नहीं है। सरकार का तर्क भाषा के मामले में उलटा है, इसी से उसकी नीयत पर संदेह होता है। सरकार चाहती है कि भाषा पहले योग्य हो फिर व्यवहार में आए। दरअसल भाषा की योग्यता की परख ही उसके व्यवहार में उतरने से सम्भव हैं।

हिन्दी की स्थिति दूसरी भारतीय भाषाओं में विशिष्ट है क्योंकि अपवाद स्वरूप ही लोग होंगे जिनकी मातृभाषा हिन्दी होगी। वस्तुतः हिन्दी भाषा के प्रचार-प्रसार और विकास में अहिन्दी भाषी लोगों का निरन्तर सक्रिय योगदान भी मिलता रहा है।

देश की कई मूल समस्याओं की तरह भाषा की मूल समस्या की पहचान गांधीजी ने सही-सही की थी। सिर्फ वे **हिन्दुस्तानी** के रूप में भाषा के कृत्रिम रूप को सामने लाने के मामले में थोड़ी गलती कर गए थे। कला, संस्कृति, विज्ञान सबकी जड़ें आर्थिक अवस्था में होती हैं। गांधीजी ने भाषा के आर्थिक पक्ष को समझा था और वे हिन्दी के रूप में भाषा की समस्या का समाधान चाहते थे। भाषा का कार्य है—भाव की अभिव्यक्ति, किन्तु इसका सम्बन्ध राष्ट्र की परम्परा, सामाजिक, सांस्कृतिक, राष्ट्रीय अस्मिता से मजबूती से जुड़ा होता है।

जो लोग समझते हैं कि भारत में अंग्रेजी विज्ञान की स्वाभाविक भाषा है वे यह भूल जाते हैं कि भारत में विज्ञान पश्चिम की देन नहीं है। 17वीं सदी के पहले भारतीय विज्ञान एशिया की देन था और इसकी भाषा संस्कृत तथा अन्य देश-भाषाएँ थीं, अंग्रेजी कतई नहीं थी। भाषा के साथ लिपि का प्रायः अविच्छेद्य सम्बन्ध होता है और संस्कृत तथा हिन्दी की स्वाभाविक लिपि देवनागरी रही है जो संसार की सर्वाधिक वैज्ञानिक लिपियों में से है।

हिन्दुस्तान में अंग्रेजी बोलनेवाले लोगों की संख्या यद्यपि नगण्य है, किन्तु वे

ही सारी सुख-सुविधाओं का उपभोग करते हैं तथा जनता को उसकी अपनी भाषा के अधिकार से वंचित रखते हैं। ये लोग अंग्रेजी का वास्तविक ज्ञान नहीं रख सकते हैं। अंग्रजीदां वर्ग का अधिकांश हिस्सा भोंडी और घटिया भाषा की जानकारी रखता है। अंग्रेजी इस वर्ग के लिए रटने की भाषा है, स्वाधीन चिंतन की भाषा नहीं।

क्षेत्रीय और राष्ट्रीय भाषा के स्वरूप को उदार बनाकर अन्य भाषाओं से ग्रहणशीलता का गुण अपनाकर ही राष्ट्र का भला हो सकता है।

सरकार भाषा के मामले में अपने कदम आगे बढ़ाने के बजाय दिनों-दिन पीछे ही हटाती जा रही है। इस सम्बन्ध में अनेक व्यावहारिक सुझाव दिए गए, पर अमल नहीं किया। जैसे हिन्दी की ऐच्छिक विषय के रूप में पूरे देश में पढ़ाई प्राथमिक शिक्षा स्तर से आरम्भ करना, पर इसका प्रबंध किसी सरकार ने नहीं किया। फिर भी हिन्दी राष्ट्रभाषा के रूप से निचले स्तर से ही ऊपर पहुँचेगी। आज देश में हिन्दी सबसे अधिक बोली जानेवाली भाषा है और यह सभी प्रकार के ज्ञान-विज्ञान के लिए सक्षम भाषा है, ऐसा वैज्ञानिक और भाषाविद् मानते हैं।

हम वस्तुतः भाषा के मामले में विपरीत गमन करते हैं। हिन्दी को योग्य बनाने के लिए वैज्ञानिक और तकनीकी शब्दावली निर्माण का कार्य आरम्भ किया गया। ये लोग भूल गये कि महाभाष्य के आरम्भ में पतंजलि ने लिखा था कि "जैसे घड़े से काम होने पर लोग कुम्हार के यहाँ जाते हैं कि हमें घड़ा बना दे वैसे शब्द का काम पड़ने पर कोई वैयाकरण के यहाँ नहीं जाता कि भाई हमें काम हैं, शब्द गढ़ दो।" पतंजलि के लिए लोक शास्त्र से ऊपर था। (लोकएषु प्रभाणं) आज के अंग्रेजीदां लोगों के लिए लोक की स्थिति सबसे नीचे है और वे शास्त्र को भी हथकंडा बनाए हुए हैं। इस संदर्भ में हिन्दी की तकनीकी शब्दावली पर आयोजित एक संगोष्ठी में मुख्य भाषण करते हुए प्रो० नामवर सिंह ने दो टूक शब्दों में बताया था कि—"हमारे राष्ट्रीय जीवन की यह बिडम्बना है कि पारिभाषिक शब्दावली है तो विज्ञान और प्रौद्योगिकी पर लिखनेवाले लेखक नहीं, लेखक हैं तो पुस्तक नहीं, पुस्तकें हैं तो उनका इस्तेमाल नहीं, विचित्र दुश्चक्र है जिसे तोड़ना एक समस्या है। बात करते हैं आत्मनिर्भरता की; राह चलते हैं परनिर्भरता की। अंग्रेजी में पुस्तक सुलभ है तो हिन्दी या किसी अन्य भारतीय भाषा में पुस्तक क्यों लिखें, क्यों पढ़ें ?······अंग्रेजी का राजमार्ग सामने है तो भाषा की पगडंडी पर कौन चले ?"

हमारे देश में विज्ञान तथा इससे सम्बन्धित विषयों पर बहुत पहले से ही कार्य होते रहे हैं। इस सम्बन्ध में बहुत शोध कार्य नहीं हुए हैं जिनकी बेहद जरूरत है। फिर भी मोटे तौर पर देखने से भी पता चलता है कि संस्कृत साहित्य के बाद भी ज्ञान के विविध क्षेत्रों एवं शास्त्रीय विषयों को लेकर निरन्तर लेखन होते रहे हैं।

हिन्दी साहित्य के बृहत् इतिहास के ग्रंथों को देखने से पता चल जाता है कि ऐसे ग्रंथों की लम्बी सूची रही हैं। पिछले सौ सालों में तो, भारतेन्दु युग के पश्चात् विज्ञान सम्बन्धी रचनाएँ बड़े ही चेतन स्तर पर हिन्दी में प्रस्तुत की जाती रही हैं। 1823 में राजा राममोहन राय ने भारतीय जनता के लिए भारतीय भाषाओं में वैज्ञानिक साहित्य प्रस्तुत किये जाने की अपील की थी। तब से लोगों ने बिना इस बात का इन्तजार किए कि उनके समक्ष वैज्ञानिक लेखन के लिए समुचित शब्दावली है या नहीं, इस दिशा में अपने कार्य को निरन्तर जारी रखा। वस्तुतः नये विषयों पर पुस्तक प्रस्तुत करने की यही प्रक्रिया उचित भी है। नये विषयों पर पुस्तक रचने की प्रक्रिया में पारिभाषिक शब्दावली की जो समस्याएँ उत्पन्न होती हैं उनका समाधान भी साथ ही साथ होता चलता है। हिन्दी में भी आरम्भ में विज्ञान सम्बन्धी मौलिक पुस्तक की रचना के साथ शब्दों के निर्माण तथा उनके संग्रह करने की ओर भी पर्याप्त ध्यान दिया गया। 1810 ई० में ही लल्लूजी लाल ने हजारों हिन्दी शब्दों की एक ऐसी सूची बनाई थी जिनके साथ उनके समानधर्मा अंग्रेजी और फारसी के शब्द थे। यद्यपि इन शब्दों को पूरी तरह से पारिभाषिक शब्दावली की संज्ञा नहीं दी जा सकती, फिर भी इनकी उपयोगिता से इंकार करना कठिन है। उन्नीसवीं शताब्दी में फैलन तथा जॉन शेक्सपीयर ने हिन्दी-अंग्रेजी शब्दकोशों का निर्माण किया जिनमें लोकप्रचलित तथा बोलचाल के शब्दों के साथ-साथ विज्ञान से सम्बन्धित भी अनेक पारिभाषिक शब्दों को स्थान दिया गया था।

उन्नीसवीं सदी के उत्तरार्द्ध में 23 अगस्त, 1873 की 'कवि वचन सुधा' में भारतेन्दु ने एक टिप्पणी में लिखा था कि—"कायस्थ राजकीय पाठशाला के गणित विद्या के मुख्य अध्यापक पं० लक्ष्मीशंकर मिश्र (एम० ए०) ने हिन्दी भाषा में गणित विद्या की पूरी श्रेणी (Mathematical Series) बनाने का संकल्प किया है तथा उक्त महाशय ने सरल त्रिकोणमिति (Plane Trigonometry) हिन्दी भाषा में प्रस्तुत कर ली।" प्राचीन संग्रहों से पता चलता है कि पं० लक्ष्मीशंकर मिश्र ने इन पुस्तकों के अतिरिक्त 'स्थिति विद्या', 'गति विद्या', 'वायुमंडल, विज्ञान', 'प्राकृतिक भूगोल', 'पदार्थ विज्ञान' आदि अनेक विषयों की पुस्तकें लिखीं। यह बात उन्हीं दिनों की है जब महामहोपाध्याय पं० सुधाकर द्विवेदी 'चलन कलन' आदि गणित की पुस्तकें लिख चुके थे।

नामवर सिंह जी ने बताया है कि उन्नीसवीं सदी के अंग्रेजी-हिन्दी तथा हिन्दी-अंग्रेजी शब्दकोशों में बोलचाल के प्रचलित देशी शब्दों की ओर झुकाव मिलता है, जैसे—जॉन शेक्सपीयर ने अपने शब्दकोश में (Rainbow) के लिए 'बोरो', Pig-iron के लिए 'कचलोही' जैसे बोलियों से लिये गये शब्दों का प्रयोग किया था। इसी तरह फैलन ने अपने शब्दकोश में Orthography के लिए अखरौटी (अक्षरलेखन) का इस्तेमाल किया। इसी प्रकार लल्लूजी लाल ने Nerve के

लिए नस, Abdomen के लिए पेड़ू, Powder के लिए फंकी तथा Cure के लिए चंगा जैसे शब्द बोलचाल से ही ग्रहण किये थे। पिछले कुछ दशकों में हिन्दी के लिए जो लोग शब्दावलियों का निर्माण करने के कार्य से जुड़े रहे हैं उनमें अन्तर्राष्ट्रीय पारिभाषिक शब्दावली का बड़ा आतंक रहा है। सच पूछा जाए तो अन्तर्राष्ट्रीय वैज्ञानिक शब्दावली जैसी कोई चीज नहीं होती। हमारे देश में समस्या पारिभाषिक शब्दावली की उतनी नहीं है जितनी मौलिक चिंतन की। आज हमारा सम्पूर्ण चिंतन पश्चिमी विचारों के इर्द-गिर्द ही घूम रहा है क्योंकि हम अपने देश की भाषा का रचनात्मक प्रयोग करना भूल गये हैं। अगर अपनी देशी भाषा में हम मौलिक चिंतन करने में सक्षम हो सकें तो कोई कारण नहीं कि पारिभाषिक शब्दावली की समस्या कोई समस्या रह जाएगी।

यह कहना कि सामान्य भाषा को विज्ञान और प्रौद्योगिकी के अनुरूप चुस्त और सटीक बनाना चाहिए ठीक नहीं है क्योंकि सामान्य भाषा की सहजता और मौलिकता को खोकर ही कृत्रिम वैज्ञानिकता लायी जा सकती है। कृत्रिम शब्दावली के निर्माण के समय लोग वस्तु को नहीं शब्द को ही ध्यान में रखते हैं और अर्थ तक पहुँच नहीं पाते। यह जानना जरूरी है कि पारिभाषक शब्दावली क्यों जरूरी है। उसका मकसद क्या है? पारिभाषिक शब्दावली में विशुद्ध गणित वाली सच्चाई हो सकती है, किन्तु क्या वह श्रेष्ठ भाषा-रूप भी है? सामान्य भाषाएँ बहता नीर हैं जबकि तकनीकी विशिष्ट भाषा इनके ऊपर अपना वर्चस्व (हेजीमनी) स्थापित करना चाहती है। अनुभव से परखा गया है कि सामान्य भाषाएँ अधिक लचीली होती हैं। तकनीकी शब्दावली के द्वारा आज हिन्दी को एक विशिष्ट (कृत्रिम) भाषा में ढाला जा रहा है। यह भाषा कठोर, शुष्क और ठंडी बनाई जा रही है। यह भाषा तात्कालिक जरूरतों को पूरा करने के लिए सामने लाई जा रही है। इसका वैज्ञानिक, तकनीकी, प्रौद्योगिकी क्षेत्रों में इस्तेमाल करके जनजीवन से इन क्षेत्रों को पृथक रखने में सहायता ली जाती है। सामान्य मनुष्य और विश्व पर्यावरण के आपसी सम्बन्ध सूत्र जोड़े रखने में ऐसी भाषा से कोई सहायता नहीं मिलती।

अंग्रेजी भाषा के प्रभुत्व ने भारतीय बुद्धिजीवी को कमोवेश औपनिवेशिक मानसिकता का व्यक्ति बना डाला है। अपनी ही जड़ों को परम्परा, संस्कृति, भाषा, रहन-सहन, आदि को अवांछित समझकर विकृत तर्कों से वांछनीय बना डालना है। वह विदेशी भाषा का पक्षधर बन जाता है तथा साम्राज्यवादी एकाधिपत्य स्थापित करना चाहता है। वह विदेशी भाषा के दमनकारी पक्ष को समझना ही नहीं चाहता क्योंकि उसे अपना निजी तात्कालिक भौतिक लाभ इसी में दिखाई पड़ता है। वह तो देशी भाषा को भी 'वैज्ञानिक' बनाकर उसे जनजीवन के दैनिक व्यवहार से काट देना चाहता है। इस सदी के आरम्भ से ही नागरी प्रचारिणी

सभा, विज्ञान परिषद, गुरुकुल कांगड़ी आदि के द्वारा हिन्दी में विज्ञान लेखन को प्रोत्साहन मिला। 1952 में भारत सरकार ने हिन्दी में पारिभाषिक शब्दावली के निर्माण की जिम्मेदारी ली। 1971 के बाद से भारत के विभिन्न राज्यों में हिन्दी ग्रंथ अकादमी अथवा राज्य की मुख्य भाषा अकादमी की स्थापना हुई और फिर तो उच्च शिक्षा के लिए हिन्दी तथा विभिन्न भारतीय भाषाओं में विज्ञान सम्बन्धी पुस्तक लेखन अथवा अनुवाद प्रस्तुत होने लगे।

हिन्दी में शब्दावली निर्माण के लिए कतिपय सिद्धान्त बनाये गये (यथा-लिप्यंतरण; शंकरशब्द ('सिनेमाघर') ग्रहण, अनुकूलन, निर्माण) तथा वैज्ञानिक एवं तकनीकी शब्दों को हजारों की संख्या में प्रस्तुत कर दिया गया। शब्द तो मिल गये किन्तु उनके व्यवहार को जाँच कर नहीं देखा गया। वैसे तो सिद्धान्त बनाया गया कि समस्त अन्तर्राष्ट्रीय शब्दों का हिन्दी में पुलिंग के रूप में व्यवहार होगा। परन्तु व्यवहारतः ऐसा हो नहीं सका। विज्ञान तथा प्रौद्योगिकी का अलग व्याकरण होना चाहिए या नहीं, यह तो विवाद का मुद्दा है, किन्तु कोई यह नहीं बताया कि 'परमाणविक' प्रयोग उचित है या 'परमाणुविक' प्रयोग उचित है ? इस सम्बन्ध में एक समाधान यह नजर आता है कि क्यों नहीं दोनों को चलने दिया जाए। हाइड्रोजनीकरण और हाइड्रोजनकरण दोनों ही चलें। प्रचलन में आकर संभव है कि इनमें से कोई एक ही जन-ग्राह्य हो जाए। शब्द निरपेक्षतः अपने आप में महत्त्वपूर्ण नहीं है बल्कि महत्त्वपूर्ण है उनका प्रयोग और प्रचलन। उदाहरणस्वरूप विज्ञान लेखकों ने आरम्भ में अलग-अलग Pyramid, Prism तथा Cone के लिए शंकु का प्रयोग किया था। किन्तु कालान्तर में शंकु का मान्य प्रचलन 'Cone' के लिए होने लगा। 1873 ई० से ही 'Sine' के लिए ज्या तथा 'Cosine' के लिए कोज्या शब्द का प्रयोग हुआ है और यही मान्य है। लोक स्वीकृति भी किसी शब्द का महत्त्वपूर्ण निर्धारक होती है। समय ही बता पाएगा कि हिन्दी-भाषी जनता को नाइट्रोजन स्वीकार्य है अथवा नेत्रजन।

किसी देश में विदेशी भाषा के माध्यम से विज्ञान को प्रस्तुत करना कई दृष्टियों से शर्मनाक है। पहली बात तो यह है कि इससे सरकार का इरादा जाहिर होता है कि वह विज्ञान को आम जनता तक नहीं पहुँचने देना चाहती और मुट्ठी भर लोगों के निजी लाभ के लिए इसका इस्तेमाल करती है। दूसरी बात यह है कि आम जनता को वैज्ञानिक चेतना से रिक्त करके गुलाम की हालत में रखा जाता है। इस संदर्भ में हमारे देश की हालत विचित्र है। हमारा समस्त प्राचीन ज्ञान-विज्ञान संस्कृत में है जो फिलहाल पुस्तकालय की भाषा (या मृत-भाषा) बनकर रह गई और आम जनता की पहुंच से बहुत पहले दूर चली गई है। दूसरी ओर आधुनिक ज्ञान-विज्ञान अंग्रेजी भाषा में है जिसकी जानकारी बहुत ही कम, हद-से-हद दो प्रतिशत, लोगों को है। अगर हिन्दी में इसे

उपलब्ध करा दिया जाए तो यह चालीस प्रतिशत भारतीयों तक पहुँच सकेगा।

यह समझना बिल्कुल भूल होगी कि हिन्दी अथवा अन्य भारतीय भाषाओं में ज्ञान-विज्ञान सम्बन्धी लेखन की कोई परम्परा नहीं रही है। इन भाषाओं में भी लगभग सौ वर्षों से धीमी किन्तु निश्चित गति से वैज्ञानिक लेखन कार्य होता चला आ रहा है। हिन्दी में इस विकास के कुछ बिंदु ये हैं :—

1873 : सरलत्रिकोणमिति की रूपरेखा (उपक्रमणिका ?), लक्ष्मीशंकर मिश्र, मेडिकल हाल प्रेस, बनारस।

1901 : काशी नागरी प्रचारिणी सभा ने सात विषयों से सम्बन्धित शब्दावली के प्रस्तुतीकरण का बीड़ा उठाया। 1901 में गणित सम्बन्धी शब्दावली का प्रकाशन हुआ, लेखक श्यामसुन्दर दास थे। 1902 में भौतिकी शास्त्र का शब्दकोश लिखा—लेखक थे ठाकुर प्रसाद खत्री।

1906 : 1906 में सभी विषयों (गणित, भूगोल, रसायन, भौतिकी, दर्शन) को एक साथ मिलाकर पुस्तकाकार प्रकाशित किया गया।

1913 : विज्ञान परिषद इलाहाबाद (इसी वर्ष स्थापित) ने विज्ञान प्रवेशिका भाग-1 नामक पुस्तक छापी। 1915 से विज्ञान पत्रिका निकाली जो लगातार अब तक निकल रही है। 1930 सितम्बर के 'विज्ञान' में (डॉ० सत्यप्रकाश) पारिभाषिक वैज्ञानिक शब्दावली छपी।

1917 : (1) विज्ञान प्रवेशिका भाग-2, महावीर प्रसाद श्रीवास्तव, विज्ञान परिषद, प्रयाग।

(2) चुम्बक—सालिग्राम भार्गव, विज्ञान परिषद, प्रयाग।

1930 : (1) प्रारम्भिक भौतिक विज्ञान, निहाल करण सेठी, हिन्दी प्रकाशन मंडल, काशी हिन्दू विश्वविद्यालय।

(2) चर्म बनाने के सिद्धान्त—देवदत्त अरोरा, हिन्दुस्तानी एकाडेमी, इलाहाबाद, उत्तर प्रदेश।

1932 : अंग्रेजी-हिन्दी कोश (एक लाख पचास हजार शब्द), सुख सम्पत्ति राय भण्डारी।

1940 : वायुमण्डल—डॉ० कल्याणवक्ष माथुर, विज्ञान परिषद, प्रयाग।

1942 : भारतीय हिन्दी परिषद इलाहाबाद ने विज्ञान परिषद प्रयाग से मिलकर दो भागों में अंग्रेजी-हिन्दी वैज्ञानिक कोश का प्रकाशन किया।

1945 : ठोस ज्यामिति,—डॉ० ब्रजमोहन, हिन्दी साहित्य सम्मेलन, प्रयाग।

1949 : रासायनिक तत्त्व विश्लेषण : गोरक्ष प्रसाद श्रीवास्तव, हिन्दी प्रकाशन मंडल, का० हि० वि० विद्यालय।

1954 : (1) भौतिक रसायन की रूपरेखा : डॉ० रामचरण मेहरोत्रा, उत्तर प्रदेश, हिन्दी साहित्य सम्मेलन, प्रयाग ।

(2) गणितीय कोश—डॉ० ब्रजमोहन, काशी हि० वि० विद्यालय ।

1955 : प्रकाश विज्ञान : डॉ० निहाल करण सेठी, एस० चन्द एण्ड कम्पनी; दिल्ली ।

(2) वैज्ञानिक शब्दावली—हिन्दी परिषद प्रयाग ।

1960 : चुम्बकत्व और विद्युत—डॉ० निहाल करण सेठी, हिन्दुस्तानी एकाडेमी इलाहाबाद, उत्तर प्रदेश ।

(2) Comprehensive English-Hindi Dictionary, Prof. Raghuvira, International Academy of Indian Culture, New Delhi-16

(3) वैज्ञानिक एवं तकनीकी शब्दावली आयोग का गठन ।

(4) 1962-64 के बीच केन्द्रीय हिन्दी निदेशालय द्वारा विभिन्न विषयों से सम्बन्धित शब्दावली का प्रकाशन ।

1967 : वैज्ञानिक परिव्राजक (स्वामी सत्यप्रकाश सरस्वती, पूर्वनाम डॉ० सत्यप्रकाश) अभिनन्दन ग्रंथ, विज्ञान परिषद प्रयाग द्वारा प्रकाशित ।

1968 : (1) वैज्ञानिक शब्दावली : इतिहास और सिद्धान्त – ओम प्रकाश शर्मा ।

(2) हिन्दी विश्वकोश (10वाँ खण्ड), नागरी प्रचारिणी सभा काशी ।

1978 : केन्द्रीय हिन्दी निदेशालय द्वारा इंजीनियरिंग शब्दावली संग्रह प्रकाशित ।

(2) वैज्ञानिक तथा औद्योगिक अनुसंधान परिषद द्वारा 'भारत की सम्पदा' नाम से वैज्ञानिक विश्वकोश दस खण्डों एवं दो पूरक खण्डों में प्रकाशित ।

इस प्रकार हम पाते हैं कि सरकारी, अर्ध सरकारी एवं गैर सरकारी प्रयत्नों के द्वारा हिन्दी में वैज्ञानिक एवं तकनीकी शब्दावली को लगातार प्रस्तुत किया जाता रहा है। आजादी के बाद इस दिशा में आवश्यकता और सक्रियता बढ़ती ही गयी । डॉ० रघुवीर सहाय ने हिन्दी के लाखों वैज्ञानिक शब्द प्रस्तुत किये । ऐसा उन्होंने संस्कृत के आधार पर, संस्कृत की 520 धातुओं, 20 उपसर्गों तथा 80 प्रत्ययों की मदद से, किया । डॉ० रघुवीर ने ऐसा भारतीय भाषाओं के संस्कृत-गर्भी स्वभाव को ध्यान में रखकर ही किया ।

ऊपर प्रस्तुत हिन्दी की कुछ प्रसिद्ध विज्ञान सम्बन्धी पुस्तकों तथा वैज्ञानिक लेखन सम्बन्धी प्रयत्नों के विवरण से यह अच्छी तरह पता चलता है कि आरम्भ से

ही हिन्दी में वैज्ञानिक शब्दावली का मानक रूप स्थापित नहीं हुआ था बल्कि उनके मानक रूप को स्थिर होने की उनकी विकास यात्रा रही है, जिसका विवरण प्रस्तुत करना रोचक होगा, लेकिन इस दिशा में अत्यन्त गम्भीर शोध कार्य की आवश्यकता है। हम पाते हैं कि शब्दकोशों के शब्दार्थ चिरस्थायी नहीं होते बल्कि कभी-कभी तो केवल दस वर्षों के भीतर ही उनमें स्पष्ट परिवर्तन परि-लक्षित होने लगता है। इसलिए विद्वानों की मान्यता रही है कि प्रत्येक दस-बीस वर्षों में शब्दकोशों को अद्यतन बनाने की दिशा में प्रयत्न होना चाहिए और इस बात का ख्याल रखना चाहिए कि शब्दों में अर्थ-परिवर्तन घटते ही रहते हैं और साथ ही नये शब्द सामने आते रहते हैं।

सामान्य भाषा के व्याकरण से तकनीकी भाषा का व्याकरण अलग नहीं हो सकता। तकनीकी भाषा में कुछ शब्द तथा रूप बार-बार प्रयुक्त होकर स्थित तथा रूढ़ हो जाते हैं। इसी रूढ़ीकरण (Outomation) के आधार कुछ लोग तकनीकी भाषा की बात करते हैं जो सामान्य भाषा से अलग पहचानी जाती है। इस तकनीकी भाषा में सूक्ष्मता, गहराई, स्पष्टता, भेदकता, (Pointedness) के गुण होते हैं। तकनीकी भाषा के शब्द मानकीकृत (Standardised) होते हैं। तथा यहाँ रूपों की विविधता को कम (Codificafion) किया जाता है। इस तरह की भाषा में 'अन्तर्राष्ट्रीयता' की खोज का भ्रम भी पैदा किया जाता है।

प्रश्न उठता है—रूढ़ीकरण क्यों ? क्यों सामान्य भाषा जो जनजीवन के निकट है, उतना फैलाव तथा व्यावहारिक विविधता, रूढ़ीकरण में सम्भव है ? सच तो यह है कि रूढ़ीकरण के द्वारा भाषा का एक विशिष्ट रूप खड़ा किया जाता है। जिसका इस्तेमाल विशिष्ट वर्ग करता है। यहाँ त्रिषयगत सूक्ष्मता के लिए विविध चिह्नों, प्रतीकों का उपयोग अनिवार्यतः होता है। उच्चगणित, राकेटविद्या संगणक आदि क्षेत्रों में कुछ रूढ़ीकरण अपरिहार्य हैं तो कुछ ऐसे भी हैं जिनका अरूढ़ीकरण (Deoutomation) कर दिया जाए तो विषय को सामान्य व्यक्ति भी समझ सकता है।

सामान्य भाषा और तकनीकी भाषा इस तरह परस्पर सम्वन्धित और समान्तर भी हो जाती है। वस्तुतः 'तकनीकी भाषा' शास्त्रों में प्रयुक्त होनेवाली ऐसी सामान्य भाषा ही है जिसमें तकनीकी शब्दों के विशिष्ट तथा बहुल प्रयोग होते हैं। अनेक तकनीकी शब्द अरूढ़ बनकर सामान्य भाषा में रच-बस जाते हैं, जैसे—'चेतना-प्रवाह' (Stream of Consiousness), 'पूर्व-दीप्ति' (Flash-back), क्लोज-अप आदि।

सामान्य भाषाविज्ञान की एक संकल्पना या धारणा (Concept) है प्रयुक्ति (Register) की। प्रयुक्ति (Register) में किसी विशेष व्यवहार क्षेत्र (जैसे—

इंजीनियरी, चिकित्सा, रेलविभाग आदि) की शब्दावली का खुला प्रयोग होता है। तकनीकी भाषा शास्त्र की विशेषज्ञता की भाषा है। इसका सम्बन्ध प्रयुक्ति (Register) से भी है। तकनीकी भाषा एक प्रकार की प्रयुक्ति है लेकिन हर प्रयुक्ति तकनीकी भाषा नहीं हो सकती क्योंकि प्रयुक्तियाँ जीवन के विभिन्न क्षेत्रों में सम्बन्धित तथा अनौपचारिक भी होती हैं।

शब्द-निर्माण की प्रक्रिया का कोई एक सामान्य नियम निर्धारित करना कठिन है। किसी व्यक्ति लेखक या विशेषज्ञ से किसी शब्द का प्रचलन आरम्भ हो सकता है। रूढ़ तथा स्थापित शब्द पके पत्तों के समान झड़ते भी हैं तथा उनकी जगह नये शब्द ले लेते हैं। विदेशों में कई भाषाओं में जैसे—अंग्रेजी, फ्रेंच, जर्मन आदि के शब्दकोशों में हर वर्ष औसतन ढाई-तीन हजार नये शब्द जुड़ते जाते हैं। हाँ, यह अवश्य है कि इनमें बहुत से शब्द स्लैंग अथवा गालियों के रूप में होते हैं। आज विज्ञान और टेक्नोलॉजी की प्रगति दिन-दुगुनी रात-चौगुनी होती जा रही है। इसी स्थिति में प्रतिवर्ष सैकड़ों शब्द विज्ञान और टेक्नोलॉजी से सम्बन्धित निर्मित होते रहते हैं। कहा जाता है कि दूसरे विश्व युद्ध के समय प्रतिवर्ष पाँच-छः हजार नये शब्द बनने लगे थे। आज हमारे ज्ञान की सैकड़ों शाखाएँ बन गयी हैं जिनमें बड़ी तेजी से नयी स्थितियों, अवधारणाओं, उत्पादनों, आविष्कारों से सम्बन्धित शब्द बन रहे हैं।

जहाँ शब्दों या भाषा का सहज-स्वाभाविक विकास होता है वहाँ उसके कठिन होने का प्रश्न ही नहीं पैदा होता, न उनके स्वीकार या अस्वीकार करने का ही। हिन्दी में तकनीकी शब्दों या तकनीकी भाषा को कृत्रिम रूप से विकसित करने के चलते कठिनाई वास्तविक दिखाई देती है पर यह पूरा मामला ही बनावटी ठहरता है। मौलिक वैज्ञानिक चिन्तन का सहज विकास परस्पर सम्बन्धित है। भारत में भाषा को लेकर जो खतरनाक खेल जारी है, वह देश की मेधा की मौलिकता को खत्म कर रहा है। विज्ञान की भाषा काव्य की भाषा से सरल होती है, किन्तु उसमें सांकेतिक चिह्न होते हैं जिनमें चिन्तन की गूढ़ता अनुस्यूत होती है। मातृभाषा में मौलिक चिन्तन सहजता से अभिव्यक्त होता है। आधुनिक भारतीय विज्ञान के पिछड़ेपन का एक यह भी कारण रहा है। हिन्दी में विज्ञान का प्रस्तुतीकरण प्रभावकारी ढंग से हो सकता है।

अंग्रेजी की बैसाखी के सहारे देश में द्वितीय श्रेणी की प्रतिभा का वर्चस्व जीवन के हर क्षेत्र में स्थापित होता जा रहा है। इस तरह के तर्कों को बेमानी समझना चाहिए जो देश के नेता, प्रशासक, भाषा के योजनाकार देते रहे हैं। आजादी के बाद भारत में नेताओं, नीतिनियामकों और प्रशासकों की चिन्ता जल्द-से-जल्द देश को विकास के सोपान पर ऊँचा उठाने की थी। इसके लिए देश में एक तरफ तो साधनों का अभाव था और दूसरी ओर समय का भी। परिणामस्वरूप इन लोगों

ने जल्दबाजी में अंग्रेजी भाषा में उपलब्ध सामग्री को ज्यों-का-त्यों अपना लेने के विचार को ही महत्त्व दिया।

उचित तो यह होता कि भारतीय भाषाओं को स्वतंत्र रूप से ज्ञान-विज्ञान को विकसित करने का अवसर दिया जाता। इसी संदर्भ में भारतीय भाषाओं को उच्च-शिक्षा का माध्यम बनाने की आवश्यकता थी, हमारे सामने विश्व में नव-स्वतंत्र तथा नवगठित ऐसे राष्ट्रों के अनेक उदाहरण हैं, जिन्होंने अपने यहाँ की राष्ट्रभाषाओं को स्वतंत्र रूप से विकसित तथा सक्षम बनाया। जो लोग भारत में अंग्रेजी भाषा को अनिवार्य बताते हैं उन्हें व्यापक राष्ट्रहित का ध्यान नहीं होता। इसलिए ऐसे लोगों को टर्की, इजराइल, और जापान जैसे अपने बलबूते पर भाषा और राष्ट्र का नवनिर्माण करनेवाले देश भी कोई सबक नहीं दे पाते।

भाषा का निकष होता है व्यवहार। तथाकथित तकनीकी भाषा का निर्माण करके जनता द्वारा व्यवहृत भाषा के समानान्तर भाषा खड़ी की जा रही है। भाषा को सीमित किया जा रहा है। तकनीकी भाषा को अनुवाद की भाषा बनाया जा रहा है। और अनुवादक भी जैसे-तैसे नियुक्त किए जा रहे हैं। राष्ट्रीय धन तो खर्च हो रहा है पर परिणाम राष्ट्रहित के अनुकूल नहीं, प्रतिकूल ही आ रहा है। इस प्रकृति के कारण एक खिचड़ी भाषा (हिन्दी+अंग्रेजी) तेजी से फैलती जा रही है जिसे संचार माध्यमों से हवा मिल रही है। अंग्रेजी मानसिकता ने देशी दिमाग को दयनीय बना दिया है। भारतीय भाषाओं के मुकाबले में अंग्रेजी के दैत्य को खड़ा करके उसे महान् ताकतवर सिद्ध किया जा रहा है। शब्दों और भाषा के स्तरी या मानकीकरण को लेकर चिन्तित होने की जरूरत नहीं क्योंकि प्रचलन में आने पर शब्दों का स्वतः चुनाव हो जाता है। हिन्दी में वैज्ञानिक-तकनीकी शब्दावली का निर्माण दो बातों को ध्यान में रखकर किया जा रहा है। शब्दों के व्याकरणिक रूप को ध्यान में रखकर तथा विभिन्न भाषा के शब्द समूहों को पारस्परिक अर्थ की दृष्टि से ध्यान में रखकर।

1. व्याकरण के आधार पर अनेक विदेशी शब्दों का हिन्दीकरण किया गया है—जैसे—गैसीय, कोडीकरण, रजिस्ट्रीकृत, बोमाकृत आदि।
2. उपसर्ग लगाकर ऐसे शब्द निर्मित किये गये हैं—विच्छेदन, अमूर्त, अपचय, अपहरण, अनुलेप, अनुवर्त्ती, अधिवक्ता, अभिभाषण, अभिगमन, अभि-कर्त्ता, अतिक्रमण, अतिरंजन, समतुल्य, प्ररूप, परिशीलन, पराबैंगनी, अवरोह, प्रतिकार, प्रतिघात आदि।
3. प्रत्यय लगाकर बनाये गये शब्द यथा—अनुकूलन, विस्फोटन, (क्रिया-बोधक 'sion')। सजातीय (ईय—il) संतुलक, विस्फोटक (अक) जनित्र (-इत्र) वानिकी-(-इकी), वाचिक (-इक), सम्पुटित, वलयित (इ-त) आदि।

4. समास के आधार पर बनाये गये शब्द—

सूक्ष्मदर्शी, तापमापी, पृथक्कारी, संवेदनशीलता, विकृतिकारक, परजीवी, तापरोधी, रोगाणुनाशी, ज्यामिति, सूचकांक, स्थिरांक (+अंक) आदि।

हिन्दी का विज्ञान लेखन जनता से दूर क्यों इस प्रश्न से घनिष्ठ रूप से जुड़ा सवाल है कि विज्ञान जन-जीवन से दूर क्यों है? एक तो भारत में विज्ञान की व्यवस्था या पद्धति (System) ही ऐसी है। दूसरे इसे परभाषा (अंग्रेजी) के माध्यम से सीमित वर्ग के लिए, प्रस्तुत किया जाता है। इस प्रकार जनभाषा और ज्ञान के बीच की दूरी निरन्तर बढ़ती ही जाती है। विज्ञान को अगर जनसुलभ बनाना है तो लोकप्रिय भाषा में उसे प्रस्तुत करना होगा। वैज्ञानिक विषय की दुरूहता को भी भाषा की सहजता के द्वारा कम किया जा सकता है। यह कार्य विज्ञान की पत्र-पत्रिकाएँ कर सकती हैं। शोध-पत्रों के लिखने में भी शब्दावली की उपयुक्तता एवं व्यावहारिक उपयोग की बातों को ध्यान में रखना चाहिए। भाषा की प्रवाहमयता को केवल साहित्यिक रूपों तक सीमित रखना नहीं, मानविकी, समाजविज्ञान एवं प्राकृतिक विज्ञानों के लिए भी इसकी आवश्यकता उतनी ही है। सरकारी क्षेत्र में तथा अनुदानों से जो विज्ञान लेखन हो रहा है, वह औपचारिक अधिक है तथा व्यावहारिक कम। इस सीमा को दूर करने की दिशा में सरकारी तथा व्यक्तिगत संस्थाओं को कार्य करना चाहिए। हिन्दी में वैज्ञानिक शोध, पाठ्य पुस्तकें तथा सामान्य लोकप्रिय पुस्तकें मात्रा की दृष्टि से भी बहुत नहीं हैं। चूँकि हिन्दी के प्रकाशकों की इस दिशा में दिलचस्पी नहीं दिखाई पड़ती, अतः यह चुनौती-भरा कार्य सरकारी एवं स्वैच्छिक संस्थाओं को करना चाहिए।

तकनीकी भाषा को भी अपने सांकेतिक और विवरणात्मक दोनों प्रकारों में स्वीकृत, प्रचलित एवं व्यावहारिक होना चाहिए। गणितीय संकेत अक्सर विश्व-व्यापी रूप से स्वीकृत होते हैं अतः उन्हें ज्यों-का-त्यों स्वीकार करना ही उचित है। इस तरह के संकेत और रेखाचित्र क्षेत्रीय नहीं होते और विश्व के हर भूभाग के वैज्ञानिक इनका समान रूप से उपयोग करते हैं। अतः इनका अनुवाद (अथवा हिन्दीकरण) उचित नहीं, लेकिन समीकरणों को हल करने में तर्कों और विचारों की सहायता ली जाती है। ये विवरण और विवेचन की अपेक्षा रखते हैं। इस स्तर पर विदेशी भाषा कठिनाइयाँ उत्पन्न करती हैं। मौलिक विचारों की गति विदेशी भाषा के कारण मन्द हो सकती है। अतः हिन्दी अथवा स्वदेशी भाषाओं का प्रयोग ही तकनीकी चिन्तन के लिए होना लाजिमी है, क्योंकि इससे सहजता और गति प्राप्त होती है। बोलचाल की हिन्दी भाषा में बहुत से विदेशी शब्द रच-पच गये हैं। अतः उनका प्रयोग किये जाने में कोई हर्ज नहीं है। रॉकेट, कम्प्यूटर, एण्टिना, मशीन, टेलीप्रिंटर आदि सैकड़ों ऐसे शब्द हैं। आधुनिक विज्ञान की अनेक अव-धारणाओं के लिए उपयुक्त शब्द हिन्दी तथा अन्य भारतीय भाषाओं में नहीं है।

ऐसे शब्दों को यथावत् अंग्रेजी अथवा विदेशी भाषाओं से अपना लेने में कोई हर्ज नहीं होना चाहिए ।

भारतीय समाज में अंग्रेजी खास वर्ग की सम्पत्ति जैसे बनकर रह गयी है। देशी भाषाएँ जन-सम्पत्ति होती हैं। अतः वैज्ञानिक और तकनीकी लेखन को अगर अंग्रेजी में ही प्रस्तुत किया जाता रहा तो विज्ञान और तकनीकी भी एक खास वर्ग तक ही सीमित रह जाएँगे। तकनीकी और प्रयोजनमूलक (Technical & Functional) भाषा के बीच एक अनदेखी दूरी जैसे पैदा हो रही है। जिसे मिटाने की कोशिश होनी चाहिए। अंग्रेजी की शब्दावली को हिन्दी अनुवाद में जिस तरह से संस्कृतीकृत एवं क्लिष्ट रूप दिया जाता रहा है, उससे भी छात्रों के दिमाग पर एक प्रकार का भारी बोझ पड़ता है। ऐसी शब्दावली को सीखने में उनके श्रम का बड़ा हिस्सा लग जाता है। चिंतन एवं शोध की नयी दिशाओं के संदर्भ में विदेशी भाषा की भाँति ही क्लिष्ट भाषा भी बाधक बनती है। भारत में नयी वैज्ञानिक और प्रौद्योगिकी प्रगति अंग्रेजी भाषा से जुड़ी रही है। अतः जनता से इसका अलगाव भी स्पष्ट रहा है। वैज्ञानिक, तकनीकी शिक्षा देशभाषा में सुलभ होने से ही उनकी उपलब्धियाँ भी जनता तक पहुँच सकती हैं। अभी देश में वैज्ञानिक, तकनीकी शिक्षा का जो स्वरूप है उसमें छात्रों की चेतना में एक प्रकार की दरार पैदा हो जाती है। ये छात्र शिक्षा और ज्ञान तो अंग्रेजी (विदेशी) भाषा के माध्यम से प्राप्त करते हैं। फलस्वरूप विषय की पकड़ से लेकर ज्ञान की उपयोगिता आदि के मामले में वे खासी उलझन में रहते हैं।

भारतीय जनजीवन से इस शिक्षा और ज्ञान को जोड़कर देखने में वे असफल रहते हैं। फलस्वरूप शिक्षा और ज्ञान केवल उनके अपने निजी कैरियर से सम्बन्धित होकर रह जाता है और वे जनजीवन के संदर्भ में न तो स्वयं को जोड़कर देखते हैं, न अपनी शिक्षा और ज्ञान को।

तकनीकी शब्दावली और बोलचाल की भाषा में किंचित फर्क का होना अस्वाभाविक नहीं है। बोलचाल के बहुत से शब्द पारिभाषिक शब्दावली के रूप में विशिष्ट अर्थ और संदर्भ को व्यक्त करते हैं। उदाहरण के लिए 'शून्य' शब्द के गणित, दर्शन, काव्य में विभिन्न विशिष्ट अर्थ-संदर्भ होते हैं। विज्ञान और तकनीकी में प्रयुक्त होनेवाले शब्द एकार्थक और निश्चित होते हैं। साहित्य और विज्ञान में शब्दों का आपसी आदान-प्रदान भी होता रहता है। यद्यपि अर्थ-बोध में भिन्नता हो सकती है। फिर ज्ञान-विज्ञान और तकनीकी की प्रगति के साथ-साथ नये-नये शब्दों का निर्माण और गठन भी होता है। ऐसे शब्द प्रयोगों और व्यवहारों में आकर प्रासंगिक और परिचित होते जाते हैं। हिन्दी में ऐसे शब्द-निर्माण और गठन की पर्याप्त क्षमता है जो सहज सम्प्रेषणीय है। केवल इस क्षेत्र में पूरे आत्मविश्वास के साथ कार्य करने की जरूरत है। सामान्य बोलचाल की

हिन्दी भाषा के शब्दों का प्रयोग वैज्ञानिक और तकनीकी क्षेत्रों में प्रभावकारी ढंग से हो सकता है। सामान्य भाषा की प्रवृत्ति से मेल खाते हुए नये पारिभाषिक शब्दों का निर्माण भी संभव है जो सरल, उपयोगी और लचीले हों। यह बात गलत है (हालाँकि आम तौर से प्रचलित है) कि विज्ञान की भाषा जटिल और क्लिष्ट होती ही है। वस्तुतः विज्ञान और तकनीकी की भाषा को सरल-सुगम होना चाहिए क्योंकि इनका सम्बन्ध देश के औद्योगिक, व्यावसायिक विभाग से घनिष्ठ रूप से जुड़ा होता है। भारत के पिछड़ेपन का एक कारण भाषिक रूप, विज्ञान और तकनीकी के क्षेत्र में उसकी अंग्रेजी की परमुखापेक्षिता भी है। अंग्रेजी के कारण हम सीमित संख्या में विशेषज्ञ बना पा रहे हैं। हिन्दी तथा देश की अन्य भाषाओं के उपयोग से इनकी संख्या सैकड़ों गुणा बढ़ सकती हैं। आमतौर पर देश की अशिक्षा, गरीबी, अंधविश्वास आदि को दूर करने और समाज में परिवर्तनकारी वैज्ञानिक चेतना और समझ पैदा करने में देशी भाषाओं को वैज्ञानिक तकनीकी शिक्षा का माध्यम बनाना आवश्यक है। बैंक, प्रशासन, वाणिज्य-व्यापार आदि की भाँति ही विज्ञान और प्रौद्योगिक का भाषा माध्यम हिन्दी तथा अन्य देशी भाषाएँ होनी चाहिए।

अंग्रेजी भाषा के वर्चस्व का परिणाम है कि हमारे देश में उच्च अध्ययन संस्थाओं का क्षेत्रीय अथवा राष्ट्रीय चरित्र ही विकसित नहीं हो पाया है। ऐसा तभी संभव हो सकता है जब हिन्दी तथा प्रान्तीय भाषाओं को शिक्षा माध्यम बनाया जाये। ऐसा होने से एक ओर हिन्दी तथा अन्य भारतीय भाषाएँ पुष्ट, सक्रिय तथा गतिशील हो सकेंगी तथा हमारे संस्थानों का चरित्र भी भारतीय बन सकेगा। इसके साथ एक और महत्त्व की बात यह होगी कि हिन्दी से अन्य भारतीय भाषाओं का आवागमन तथा आत्मीय सम्पर्क के मध्य भाषान्तरण का कार्य सरल होता है। क्योंकि भारतीय भाषाओं का इतिहास समान है। समान ऐतिहासिक, सांस्कृतिक परम्परा से जुड़े होने के कारण (अंग्रेजी के कारण उनमें दूरी आयी है) उनके बीच और भी अंतरंगता तथा आत्मीयता पैदा हो सकती है।

इस दिशा में निष्ठा और संकल्प के सहारे बढ़कर सफलता पायी जा सकती है। जो लोग अंग्रेजी को अपरिहार्य मान बैठे हैं, उन्हें समझना चाहिए कि अंग्रेजो आने से पूर्व देश ने जो ज्ञान-विज्ञान के क्षेत्र में विश्व को मौलिक एवं ठोस कार्यों का योगदान किया था, वह भारतीय भाषा के माध्यम से ही। अंग्रेजी से पूर्व देश के सम्पर्क की भाषा भी कोई तो अवश्य ही रही थी। हाँ, अंग्रेजी के आने से देश का मौलिक चिंतन अवश्य ही बाधित हुआ है। इसमें कोई संदेह नहीं, अंग्रेजी थोपी गयी भाषा रही है अतः उसमें सहज स्वाभाविक भारतीय प्रतिभा का विकास संभव नहीं है।

आज वैज्ञानिक और तकनीकी प्रगति के फलस्वरूप पुराने-जमाने की अपेक्षा बड़ी तेजी से परिवर्तन हो रहा है। इस तेजी को पाने के लिए भारत जैसे उपनिवेशवाद के शिकार अनेक देशों ने अंग्रेजी को अन्तर्राष्ट्रीय भाषा मानकर उसका दामन थाम लिया। इतिहास गवाह है कि सभ्यता के विकास के दर्म्यान भारत, चीन, अरब आदि देशों ने अपनी-अपनी भाषाओं के माध्यम से पर्याप्त मौलिक ज्ञान उपलब्ध किया था। और उन्हें किसी तथाकथित अन्तर्राष्ट्रीय भाषा की बैसाखी की जरूरत नहीं महसूस हुई थी। किन्तु आज के जमाने में अंग्रेजी की छत्रछाया में भारत, पाकिस्तान, श्रीलंका, बंगलादेश, म्यानमार (बर्मा) जैसे देश पनपने की कोशिश में और भी पीले होते जा रहे हैं। विदेशी भाषा के अनावश्यक दबाव तथा अनुवाद की द्वितीय कोटि की जिन्दगी से छुटकारा पाने के लिए हमें हिन्दी तथा देश की अन्य प्रान्तीय भाषाओं पर विश्वास करना चाहिए, क्योंकि हमारे देश की विभिन्न भाषाओं में चिकित्साशास्त्र (आयुर्वेद), गणित, खगोलशास्त्र, भाषाविज्ञान, अर्थशास्त्र, रसायनशास्त्र आदि का समृद्ध भण्डार है। कोई कारण नहीं कि इन भाषाओं में आधुनिक ज्ञान-विज्ञान की प्रगति को उपस्थित नहीं किया जा सके। यह कार्य के मौलिक लेखन एवं अनुवाद दोनों ही रूपों में सफलतापूर्वक किया जा सकता है। हाँ, अनुवाद में शब्द बोधगम्य तथा लोकप्रचलित होने चाहिए। कृत्रिम रूप से कठिन शब्द बनाने से बेहतर है कि विदेशी भाषा के प्रचलित शब्दों को ही अपना लिया जाए।

वैज्ञानिक-तकनीकी शब्दावली के निर्माण अथवा अनुवाद के सम्बन्ध में सारी समस्याएँ शुद्ध भाषागत नहीं हैं अपितु कई महत्त्वपूर्ण और प्राथमिक समस्याएँ भाषा से इतर व्यवस्था की हैं। अंग्रेजी शिक्षित हमारे नवयुवकों का देश और जनता से लगाव नहीं होता। तो इसमें क्या आश्चर्य ? प्रतिभा पलायन का एक प्रमुख कारण अंग्रेजी का शिक्षा माध्यम बना रहना भी है। व्यवस्था को अगर इसमें सुविधा प्रतीत हो कि जनता को चीजों की सही जानकारी न मिल सके तो वैसी हालत में अंग्रेजी का वर्चस्व उसे अनिवार्य प्रतीत होगा। हिन्दी तथा भारतीय भाषाओं में ऐसे साहित्य को प्रस्तुत करना जो विदेशी भाषा से भी दुरूह हो—इसी प्रकार की दुष्ट इच्छा का परिणाम हो सकता है। अगर अच्छा, सरल, लोकप्रिय लेखक हिन्दी और भारतीय भाषाओं में हुआ भी हो तो उसे सर्व सुगम नहीं बनने देना भी इस दुरभिसंधि का परिणाम हो सकता है।

जो लोग किसी भी भाषा को अक्षम और समक्ष मानते हैं वे भाषा की प्रकृति को नहीं समझते। वास्तव में हर भाषा में जीवन और जगत् के बारे में प्राचीन अथवा नवीन अवधारणाएँ और ज्ञान व्यक्त हो सकते हैं। भाषा एक तरह से मुक्त द्वार है जिसमें सब कुछ का प्रवेश संभव है। उसकी असीमित संभावनाएँ होती हैं।

भाषा को निरपेक्षत: विकसित-अविकसित मानना गलत है। ऐसा इसलिए होता है क्योंकि देशी भाषा में विदेशी भाषा के प्रभुत्व के कारण मौलिक लेखन का निरादर होता है तथा विदेशी भाषा से अनुवाद करते समय विषय तथा भाषाओं के सही जानकार को नियुक्त नहीं किया जाता। संवेदनहीन, भ्रष्ट अनुवाद किसी भी भाषा की अक्षमता के द्योतक हैं। वैज्ञानिक, तकनीकी शब्दावली निर्माण के लिए साहित्यिक के साथ लोकभाषा की सहायता यथावसर ली जा सकती है। क्योंकि लोकभाषाएँ और साहित्यिक भाषा परस्पर संबद्ध होती हैं। भाषा का काम है सम्प्रेषण की पूर्णता प्राप्त करना और उद्देश्य जिस तरीके और पद्धति से प्राप्त किया जा सके वह उचित है। हिन्दी में अन्य भाषाओं से शब्दों को ग्रहण और अनुकूलित करने की अपार क्षमता है। यह विभिन्न वैज्ञानिक एवं तकनीकी विषयों से सम्बन्धित हिन्दी में 3-4 लाख शब्द हैं, हजारों पुस्तकें हैं। कोई साढ़े तीन सौ के लगभग हिन्दी में विज्ञान, चिकित्सा, कृषि, यांत्रिकी, भूगोल, गणित आदि से सम्बन्धित पत्रिकाएँ हैं। प्रयोजन-प्रधान या व्यावहारिक हिन्दी एवं अनुवाद कला / विज्ञान (?) से सम्बन्धित भी सैकड़ों पुस्तकें हिन्दी में प्रकाशित हैं। अवश्य ही इनकी सीमाएँ और समस्याएं हैं, किन्तु इनकी उपलब्धियों को न्यून करके देखना अनुचित है। भारतवासी स्वभाव से बहुभाषी होता है अत: भारतीय भाषाओं के आपसी पर्याय ज्यादा मौजूं होते हैं।

हिन्दी को विज्ञान एवं तकनीकी उच्चशिक्षा का माध्यम बनाने के संदर्भ में समस्याएँ स्पष्ट हैं। हिन्दी शब्दावली निर्माण कार्य पर अतिरिक्त बल दिया गया किन्तु हिन्दी में कार्य करने पर नहीं। विभिन्न सरकारी-अर्ध-सरकारी संस्थानो में जिस प्रकार हिन्दी सेल खुले और अनाप-शनाप हिन्दी अनुवादक तथा हिन्दी अधिकारी भर्ती किये गये, उसी प्रकार से हिन्दी में कार्य किये जाने को प्रोत्साहित नहीं किया गया। इसके बावजूद तस्वीर के कुछ उजले पहलू भी हैं। धीमे ही सही, कई क्षेत्रों में हिन्दी में कार्य होने लगा है। पंतनगर कृषि विश्वविद्यालय, रुड़की विश्वविद्यालय आदि में विज्ञान तथा तकनीकी क्षेत्रों में हिन्दी का प्रयोग अर्से से हो रहा है। हिन्दी माध्यम का अपनाया जाना आरम्भ हो चुका है। किन्तु अभी हिन्दी माध्यम को अंग्रेजी के पश्चात् अर्थात् दोयम दर्जा ही मिला हुआ है। अंग्रेजी माध्यमवाले को नामांकन से लेकर नौकरी तक में प्राथमिकता मिली हुई है। हिन्दी में टेलीप्रिंटर, कम्प्यूटर आदि का विकास हो चुका है। यद्यपि इसका प्रचलन अंग्रेजी की अपेक्षा कम है और वह भी बड़े शहरों तक ही सीमित है।

भारत में विकास की कई अवस्थाएँ भिन्न-भिन्न क्षेत्रों में एक ही साथ देखने को मिलती हैं। गाँव सबसे अभागे रहे हैं, जहाँ सामान्य प्राथमिक सुविधाएँ भी नहीं हैं। वैज्ञानिक एवं तकनीकी प्रगति बड़े शहरों के ऊँचे वर्ग को ही सुलभ है।

भाषा के क्षेत्र में भी इसी प्रकार हिन्दी-सहित देशी भाषाएँ अभागिन साबित हुई हैं और अंग्रेजीदां नागरिकों के ऊँचे तबके को सारे सुख प्राप्त हैं। यहाँ तुर्की या इजराइल के समान अचानक एक रोज किसी भाषा विशेष को शासन की भाषा घोषित करना संभव नहीं प्रतीत होता। वे देश छोटे थे। अपनी सामाजिक, सांस्कृतिक, ऐतिहासिक अस्मिता की प्राप्ति के लिए कटिबद्ध थे। हमारे देश में कुछ लोगों को उपनिवेशवादी अवशेषों ने कायर, पराश्रित बना रखा है। किन्तु देश की जनता स्वयं अपनी सम्पर्क भाषा के रूप में हिन्दी को पहचान चुकी है। अतः हिन्दी का विकास कोई अवरुद्ध नहीं कर सकता।

भारत के पास अपना राष्ट्रीय झंडा, राष्ट्रगीत, राष्ट्रचिह्न यहाँ तक कि राष्ट्रीय पशु-पक्षी तक हैं, पर राष्ट्रभाषा नहीं है। गांधीजी ने कहा था कि 'अपनी भाषा जिसके पास नहीं वह राष्ट्र गूँगा है।' इसमें यह भी जोड़ने की बात है कि परायी यानी विदेशी भाषा में काम करनेवाला राष्ट्र अपमान को पी गया होता है यानी उसके पास स्वाभिमान नहीं होता। फलस्वरूप भारत की अपनी पहचान कम हुई है। इसी ओर संयुक्त राष्ट्र संघ की सुरक्षा परिषद के स्थायी सदस्य देश अपनी-अपनी भाषा में ही काम करते हैं और इस तरह संयुक्त राष्ट्र संघ का कारोबार पाँच भाषाओं में एक साथ चलाना पड़ता है।

अतः हिन्दी माध्यम तथा/अथवा देश की प्रान्तीय भाषा का माध्यम शिक्षा तथा अन्य क्षेत्रों में हो—इसका कोई अन्य विकल्प नहीं हो सकता। हिन्दी में विज्ञान तथा प्रौद्योगिकी के क्षेत्र में मौलिक तथा अनुवादित लेखन-कार्य गति पकड़ने लगा है। यद्यपि उसे अब भी पर्याप्त नहीं कहा जा सकता। इसके लिए सरकार की ओर से आवश्यकता ही नहीं महसूस की जा रही है और न पर्याप्त और सही प्रोत्साहन ही दिया जा रहा है। उल्टे ऐसे प्रयत्नों को उपहास का पात्र बनाया जाता है।

हिन्दी में तकनीकी प्रयुक्ति (Register) क्षेत्र में भी व्यापक शब्द-भण्डार उपलब्ध है किन्तु उसके प्रयोग के अवसरों की कमी है, जिसे सरकार ही प्रदान कर सकती है। सही भाषा-प्रयोक्ता विज्ञान और प्रौद्योगिकी के क्षेत्र में उच्चस्तर का कार्य कर सकता है। ऐसे अनुवादकों का एक केन्द्रीय संस्थान बनाने की आवश्यकता भी है।

कोई भी भाषा निरन्तर प्रयोग के द्वारा ही जीवन्त और प्रखर बनी रहती है। हिन्दी में यदि लगातार चिंतन, लेखन, अनुवाद कार्य होते रहें तो हिन्दी की वास्तविक ऊर्जा का परिचय हमें मिल सकेगा। इसके लिए वैज्ञानिक में साहित्यकार की संवेदना तथा साहित्यकार में वैज्ञानिक चेतना का होना सोने में सुहागा होगा। विज्ञान और तकनीकी क्षेत्रों में कार्यरत लोगों की भाषा के प्रति मानसिकता बदलने की आवश्यकता है। शब्दावली-निर्माण का सम्बन्ध सिर्फ

अकादमिक ज्ञान से नहीं बल्कि व्यावहारिक क्षेत्रों से होना चाहिए। अपढ़ कामगार मजदूर, मिस्त्री आदि जिन शब्दों का इस्तेमाल करते हैं उन्हें कोशकार को स्वीकार करने में आपत्ति नहीं होनी चाहिए। विज्ञान और तकनीकी ज्ञान स्वभाषा के माध्यम से सहजता से प्राप्त किया जा सकता है और साथ ही व्यक्त भी किया जा सकता है।

नगर, रेल, सिनेमा और हिन्दी

पहले जमाने में विभिन्न धार्मिक अनुष्ठानों, विश्वासों, व्यावसायिक यात्राओं, तीर्थाटनों आदि ने संस्कृत भाषा को व्यापकत्व प्रदान किया था। देश के विभिन्न हिस्से के निवासियों के लिए शिक्षा-माध्यम के रूप में संस्कृत सर्वोपरि थी। संस्कृत इस तरह आसेतु हिमालय भारतीयों की एकता की भाषा थी और भौतिक दूरी को मिटाती या कम करती थी। पहले आवागमन के साधन स्वल्प थे और लोगों को दूर के स्थानों पर जाने के लिए इसीलिए अवसर भी कम मिलते थे। अतः संस्कृत के भारत-व्यापी भाषा बनने और सदियों तक बने रहने में आनेवाली कठिनाइयों और बाधाओं की कल्पना सहज ही की जा सकती है।

उन्नीसवीं सदी के उत्तरार्ध में भारत में रेलों का चलना आरम्भ हुआ। पहले माल की ढुलाई के लिए, फिर यात्रियों के लिए। देखते-देखते देश-भर में रेलों का जाल बिछ गया। अंग्रेजों को दरअसल भारत से सस्ते दर पर, और जल्दी, कच्चा माल ब्रिटेन ले जाना था और वहाँ का तैयार माल भारत के विभिन्न क्षेत्रों (बाजारों) में पहुँचाना था। इसी शुद्ध व्यावसायिक मुनाफे के लिए बिछाये गये रेलों के जाल से भारतीयों का आर्थिक शोषण भले ही तीव्रतर हो गया पर अंग्रेजों के अनचाहे कुछ निकटवर्ती और दूरगामी लाभ भी मिले। रेलों के द्वारा देश के पहले से अनजान और कटे हुए हिस्से अब आपस में जुड़ने लगे। तीर्थाटन, जीविका, व्यवसाय आदि के संदर्भ में रेलों का व्यवहार खुलकर होने लगा। पहले कलकत्ता से लखनऊ पहुँचने में तेज-से-तेज घुड़सवार को कम-से-कम दो सप्ताह लग सकते थे, पर अब केवल दो दिन लगते। यात्रा की अन्य सुविधाओं की बात न भी करें तो केवल समय की दृष्टि से बहुत बड़ी बचत थी।

आरम्भ से ही हिन्दी देश के बड़े भूभाग की भाषा थी जिसे रेलों तथा यातायात के दूसरे साधनों ने और भी फैलने में मदद की। रेलों की भारत के औद्योगीकरण तथा शहरीकरण में भी महत्त्वपूर्ण भूमिका रही है। भारतीय समाज में आधुनिकीकरण की प्रक्रिया को रेलों से गति मिली है। उद्योगों, कल-कारखानों की स्थापना से विभिन्न प्रदेशों के लोग बड़ी संख्या में एक जगह इकट्ठे हुए जिनके

बीच भाषिक सम्पर्क सूत्र का काम हिन्दी ने सहज ही सँभाल लिया। बीसवीं सदी में भारत में बड़े शहरों और महानगरों की संख्या में पर्याप्त वृद्धि हुई। इस दृष्टि से मद्रास को छोड़कर लगभग सभी बड़े शहरों और महानगरों में विभाषियों के बीच सम्पर्क भाषा का काम हिन्दी ने सँभाल लिया। यह अवश्य है कि हिन्दी भाषियों के व्यवहार के रूप में हिन्दी में पर्याप्त परिवर्तन भी दिखायी दिये। इसलिए कलकत्ते की हिन्दी से हैदराबाद और बम्बई की हिन्दी का पार्थक्य आसानी से महसूस किया जा सकता है।

महानगरों और बड़े शहरों की कोस्मोपालिटन जिन्दगी में भाषा की बड़ी अहम भूमिका होती है। विभिन्न मातृभाषा-भाषी लोगों का उच्चशिक्षित वर्ग कार्यालयों एवं सीमित व्यवहारों में अंग्रेजी से भले काम चला लेता हो लेकिन नगर निवासियों का बड़ा तबका, जिसमें अन्य शिक्षितों एवं अशिक्षितों की बड़ी संख्या होती है, हिन्दी में चाहे वह व्याकरणिक दृष्टि से टूटी-फूटी ही क्यों न हो — आपसी व्यवहार सम्पन्न करता दिखायी देता है। कश्मीर से कन्याकुमारी तक हर बड़े शहरो में हिन्दी लोगों के परस्पर व्यवहार की स्वाभाविक भाषा बनी हुई है। ऐसी आज से नहीं, बहुत पहले से चली आ रही स्थिति है। कश्मीर से कन्याकुमारी तथा कच्छ से कामरूप तक के विशाल भूभाग में सैकड़ों भाषाएँ और बोलियाँ व्यवहार में रही हैं, किन्तु इस सम्पूर्ण क्षेत्र में ब्रजभाषा, सधुक्कड़ी, खड़ी-बोली, दक्खनी, हिन्दुस्तानी आदि विभिन्न नामों से हिन्दी ही अनौपचारिक तौर पर सम्पर्क की भाषा जनता के बीच बनी रही है। जितने भी घुमक्कड़ और भ्रमणकारी लोगों ने संस्मरण लिखे हैं वे सब इस बात के सबूत हैं। केवल हिन्दी की जानकारी के बल पर कोई भी यात्री इस देश की यात्रा करने की हिम्मत कर सकता है और हिन्दी भाषा उसे सहूलियत प्रदान करती है। भारत ही क्यों, विदेशों में भी भारतवासियों के बीच की आपसी सम्पर्क भाषा सहज ही हिन्द्री बन जाती है। गांधीजी ने 'यंग इंडिया' (16 जून, 1920) में लिखा था कि दक्षिण अफ्रीका में रहनेवाले तमिल-तेलुगु भाषी लोग आपस में बखूबी हिन्दी में बातचीत कर लेते थे। वहीं गांधीजी ने यह भी लिखा था कि द्रविड़ भाषाओं के भाषी लोग आसानी से हिन्दी सीख लेते थे। लेकिन अंग्रेजी ने जबर्दस्ती मातृभाषाओं का और हिन्दी का भी स्वाभाविक अधिकार छीन लिया और स्वतंत्र भारत को विभाजन, साम्प्रदायिकता, कश्मीर तथा अन्य कई समस्याओं के साथ स्थायी रूप से भाषा-समस्या भी विरासत में सौंपी, जिसका हल करने में राजनीतिज्ञ बुरी तरह असफल रहे। इस संदर्भ में अनेक आधारहीन अफवाहें लगातार फैलायी जाती रहीं हैं। खासतौर पर तमिलनाडु में हिन्दी की स्थिति को लेकर दक्षिण के लोग यह अच्छी तरह समझते हैं कि हिन्दी-भाषियों के लिए द्रविड़ भाषाएँ सीखने की वैसी अनिवार्यता नहीं है, जितनी दक्षिण के लोगों को हिन्दी की जरूरत होती है।

तमिलनाडु में सारे काम अंग्रेजी में नहीं होते। रेलों तथा कई अन्य महत्त्वपूर्ण सार्वजनिक जगहों में हिन्दी का व्यवहार तमिलभाषी करते हैं। रेल यात्रियों का यह अपना अनुभव है। स्वयं मद्रास में जो गांधीजी द्वारा संस्थापित दक्षिण भारत हिन्दी प्रचार सभा है, उसकी विभिन्न कक्षाओं और उपाधियों की परीक्षाओं में हर वर्ष पचासों हजार तमिलभाषी उपस्थित होते रहते हैं।

हिन्दी के महत्त्व को भारतीय रेलों में आरम्भ से ही, अंग्रेजों के शासनकाल से ही, समझ लिया गया था और हिन्दी का प्रयोग रेल-टिकट, स्टेशनों के नाम तथा सूचनापटों, समय-सारिणी आदि में किया जाने लगा था। अंग्रेजों ने ऐसा करके हिन्दी पर उपकार किया हो ऐसी बात नहीं थी, बल्कि ऐसा उन्हें अनिवार्य मजबूरी के तहत करना पड़ा था। यह हिन्दी का अपना मनोवैज्ञानिक तथा नैतिक दबाव था, जिसकी उपेक्षा अंग्रेज भी नहीं कर सकते थे। आज भारतीय रेल सेवा देश का सबसे व्यापक, सबसे बड़ा और सबसे अधिक प्रत्यक्ष उपयोग में आनेवाला उद्योग बन गयी है। इसका फैलाद पैंसठ-सत्तर हजार किलोमीटर क्षेत्र में हो गया है और रोजाना करोड़ों यात्री इसका प्रयोग करते हैं, जिनके आपसी व्यवहार की सबसे व्यापक भाषा हिन्दी है। वास्तव में हिन्दी रेल विभाग की लिंग्वा-फ्रांका है। इस प्रकार रेलों के माध्यम से भारतीय जन-सम्पर्क और एकता की भाषा हिन्दी अपने आप बन गयी है। फलस्वरूप रेलों के कामकाज की भाषा उत्तरोत्तर हिन्दी होने लगी है। रेल व्यवस्था के संदर्भ में हिन्दी में बहुत से शब्द जनता की जुबान के माध्यम से निर्मित, विकसित और प्रचलित हो रहे हैं। मालबाबू, टिकटबाबू, बड़े बाबू, छोटे बाबू, पटरियाँ, मालगाड़ी, शयनयान, आरक्षण, प्रतीक्षालय आदि सैकड़ों शब्द रेल-प्रतिष्ठान के कारण विशेष रूप से प्रयुक्त होने लगे हैं। रेलवे का अपना अलग बजट इसकी महत्ता का स्वयं प्रमाण है। लगभग ग्यारह हजार गाड़ियाँ आठ-नौ हजार रेलवे स्टेशनों को रोजाना छूती हैं। रेल विभाग की नियमावलियाँ हजारों पुस्तकों में निबद्ध हैं और लाखों की संख्या में इसके विभिन्न फार्म प्रयोग में लाये जाते हैं जिनका हिन्दी में प्रस्तुतीकरण धीरे-धीरे किया जा रहा है। इसके अतिरिक्त रेल विभाग से सम्बन्धित स्कूल, कॉलेज, कारखाने, प्रशिक्षण विद्यालय तथा अन्यान्य कार्यालय भी हैं जिनमें हिन्दी का प्रयोग होने लगा है। कुल मिलाकर रेल विभाग में बीस लाख से भी अधिक कर्मचारी कार्यरत हैं, जिनमें से अधिकांश ने हिन्दी का कार्य-साधक ज्ञान प्राप्त कर लिया है। दक्षिण भारत के कर्मचारियों को हिन्दी सिखाने की योजना रेल विभाग ने बनायी है और इस पर अमल होना शुरू हो गया है। यह आवश्यक भी है क्योंकि दक्षिण भारत में स्थित तीर्थस्थानों की यात्रा पर हजारों यात्री आते रहते हैं। पूर्वोत्तर रेलवे, मध्य रेलवे, उत्तर रेलवे तथा पश्चिम रेलवे में अधिकांश कार्य हिन्दी में ही होते हैं। पूर्व रेलवे, दक्षिणपूर्व रेलवे, दक्षिण-मध्य रेलवे आदि में भी हिन्दी में कार्य होते हैं। अहिन्दी भाषी क्षेत्रों

में भी अनौपचारिक रूप से सम्पर्क भाषा के रूप में हिन्दी का प्रयोग लक्षित किया जा सकता है। रेल मंत्रालय अन्य सभी मंत्रालयों की अपेक्षा सबसे बड़ा मंत्रालय है। अतः इसमें हिन्दी के व्यापक प्रचलन का अपना ही महत्त्व है। पिछले बीस वर्षों में रेलवे में हिन्दी के संदर्भ में प्रशंसनीय प्रयास हुए हैं जो जारी हैं। यह प्रगति प्रसन्नता की बात है।

रेल के अतिरिक्त अन्य आवागमन के साधनों जैसे बसों, ट्रामों, विमानों, स्टीमरों आदि में भी हिन्दी के स्वाभाविक प्रचलन को महसूस किया जा सकता है। इस हिन्दी-व्यवहार को अहिन्दी प्रदेशों के बड़े शहरों में सहज ही प्राथमिकता मिली हुई है। यह अवश्य है कि हिन्दी के रूप पर स्थानिक प्रभाव स्पष्ट परिलक्षित होते हैं। कलकत्ता, दार्जिलिंग, खड़गपुर, वर्धमान, आसनसोल की सामान्य प्रचलित हिन्दी पर बंगला के किंचित् प्रभाव को लक्ष्य करना कठिन नहीं। इसी प्रकार भुवनेश्वर, पुरी, विशाखापटनम, विजयवाड़ा, हैदराबाद, नागपुर, पुणे, बम्बई, बंगलोर, कोच्चि, तिरुवनंतपुरम, कन्याकुमारी, गोआ आदि की जन-व्यवहार की हिन्दी पर ओड़िया, तेलुगु, मराठी, कन्नड़, मलयालम, कोंकणी आदि भाषाओं का अथवा उनकी उच्चारण-पद्धति का प्रभाव मिलता है जो अस्वाभाविक नहीं। वैसे हैदराबाद से औरंगाबाद और बम्बई तक हिन्दी का एक रूप दक्खिनी हिन्दी व्यापक रूप से प्रचलन में मिलता है।

हिन्दी को व्यापकता प्रदान करने में हिन्दी फिल्मों का अनजाने ही प्रभावी योगदान रहा है। भारत में हर वर्ष सैकड़ों की संख्या में फिल्में बनती हैं जिनमें आधे से अधिक हिन्दी में होती हैं। हिन्दी फिल्में आरम्भ से ही कलकत्ता, बम्बई और मद्रास जैसी अहिन्दी भाषी जगहों में बनती रही हैं और उनका अखिल भारतीय प्रदर्शन होता है। हिन्दी फिल्में अहिन्दी भाषी जनता द्वारा बड़े पैमाने पर देखी और सराही जाती रही हैं। हिन्दी फिल्मों के दर्शक वैसे लोग भी बहुतायत में हैं जो हिन्दी बोल नहीं सकते पर समझते हैं। अवश्य ही इसमें हिन्दी फिल्मों की अतिशय सरलता तथा उसके संगीत पक्ष का बड़ा हाथ रहा है। हिन्दी के गाने सरसता और लयात्मकता के कारण अहिन्दी भाषियों के होंठों पर भी रच-बस जाते हैं। यहाँ तक कि विदेशों में भी जहाँ भारतीय बड़ी जनसंख्या में रहते हैं हिन्दी फिल्में विशेष रूप से लोकप्रिय होती हैं। रेलों और फिल्मों ने हिन्दी को लोकप्रियता दिलायी है—बल्कि यह कहना भी अनुचित नहीं होगा कि हिन्दी ने भी इन्हें लोकप्रिय बनाया है।

विभिन्न नगरों में निवास करनेवालों, रेल तथा अन्य वाहनों का इस्तेमाल करनेवालों तथा फिल्मों के दर्शकों में बड़ी संख्या मजदूरों की होती है। यह इतिहास का विषय है कि किस तरह से उत्तर प्रदेश, बिहार आदि हिन्दी-भाषी क्षेत्रों के गिरमिटिया मजदूर मॉरीशस, फिजी, सूरिनाम, ब्रिटिशगायाना आदि

दूरदराज के देशों तक पहुँचे तथा वहाँ अपनी भाषा को जिलाये रखा। आज भी इनमें से कुछ देशों में हिन्दी बोलनेवालों की जनसंख्या वहाँ की जनसंख्या के आधे से अधिक है। हिन्दी-भाषी क्षेत्रों से कलकत्ते और बम्बई जैसे शहरों में जानेवाले मजदूरों की बड़ी जनसंख्या है। ये हिन्दी क्षेत्रों के मजदूर हिन्दी के प्रचलन को निरन्तर व्यापकता प्रदान करते रहे हैं। हिन्दी क्षेत्रों में इन मजदूरों की स्थिति को लेकर, उन्हें अपनी जन्मभूमि से दूर करनेवाली रेल को लेकर, अनेक लोकगीत आदि कला और संस्कृति के क्षेत्र में बन गए हैं।

हिन्दी प्रयोग के संदर्भ में भारतीय सेना की भूमिका को नजरअन्दाज नहीं किया जा सकता। भारत में लाखों की संख्या में सैनिक हैं जो विभिन्न भाषा-भाषी क्षेत्रों से आते हैं। देश के विभिन्न हिस्सों में सैनिकों की छावनियाँ हैं जहाँ आम सैनिकों के आपसी व्यवहार की भाषा हिन्दी बन गयी है। हिन्दी की एक शैली उर्दू का तो मतलब ही 'छावनी की भाषा' है। आज आम सैनिकों के प्रशिक्षण की साधन-भाषा हिन्दी है तथा उनके कमांड आदि उन्हें हिन्दी में दिए जाते हैं। उनका मनोरंजन हिन्दी फिल्मों, हिन्दी गानों, भजनों आदि के द्वारा होता है। सैनिकों तथा देश की जनता के बीच का आपसी व्यवहार प्रमुखतः हिन्दी भाषा के द्वारा होता है।

आज भारत के विभिन्न प्रदेशों में जो शहरीकरण हुआ है उसका रूप कोस्मोपोलिटन बना है। सरकारी, अर्ध-सरकारी या निजी संस्थाओं के कर्मचारी देश के विभिन्न भागों से आकर शहर में एकत्रित होते तथा निवास करते हैं। दैनिक जीवन की आवश्यकताओं के संदर्भ में उन्हें परस्पर जो सम्पर्क रखना पड़ता है उसकी सम्पर्क भाषा प्रमुखतः हिन्दी होती है।

विज्ञापन और हिन्दी

समाज और शासन को आवश्यक सूचनाओं और विज्ञापनों की आवश्यकता सदा से रही है, किन्तु पूंजीवाद के आगमन तथा स्पर्धामूलक बाजार के कायम होने से अचानक जीवन विज्ञापनों से आच्छादित होने लगा है। प्राचीन काल में न तो बड़े पैमाने पर उत्पादन होते थे, न बाजारों का इतना विकास हुआ था, न जन-संचार के माध्यमों की ही इतनी सुविधा थी। अतः उस काल के विज्ञापनों का स्वरूप भी भिन्न तथा सीमित था।

किसी वस्तु के विषय में विशेष रूप से जानकारी प्रस्तुत करना, उस वस्तु के बारे में ज्ञान बढ़ाना, उस वस्तु की ओर लोगों का ध्यान आकृष्ट करना ही विज्ञापन का शाब्दिक अर्थ है। आधुनिक उपभोक्ता संस्कृति के कारण विज्ञापन का अर्थ वस्तुतः किसी तैयार माल अथवा तैयार होनेवाले माल को खरीदने के लिए खरीदारों को तैयार करना तथा इसके लिए उन्हें उत्तेजित-उत्प्रेरित करना है। आज के जमाने में जन-संचार के सैकड़ों माध्यम मिलते हैं और विज्ञापन के तो हजारों रास्ते निकाल लिये गए हैं। अखबार, पत्र-पत्रिकाएँ, पुस्तकें, फिल्में, गीत-संगीत के रेकार्ड तथा टेप, वीडियो, दूरदर्शन (टेलीविजन) ऑडियो-विजुअल कैसेट्स, आकाशवाणी (रेडियो), जहाज और हवाई जहाज, स्टीमर, ट्रेन, ट्रक, बसों, कारों आदि के द्वारा ही नहीं, बल्कि चारदीवारी, मकान की दीवारों और पैंट-कमीज तक पर विज्ञापनों का बोलबाला पाते हैं। इस आधार पर विज्ञापनों के कई प्रकार-भेद किये जा सकते हैं, यथा—श्रव्य, दृश्य और दृश्य-श्रव्य। श्रव्य के अन्तर्गत रेडियो, रेकार्ड, टेप आदि से प्रसारित विज्ञापन तथा मेलों तथा शहरों के नुक्कड़ों पर लाउड स्पीकर के प्रयोग द्वारा ध्वनि का उपयोग करनेवाले विज्ञापन मिलते हैं। दृश्य के अन्तर्गत लेखन एवं चित्र आते हैं। दीवारों, बोर्डों आदि पर लिखे हुए विज्ञापनों से लेकर अखबारों, पत्र-पत्रिकाओं और पुस्तकों आदि के विज्ञापनों को जिन्हें देखा और पढ़ा जाता है, इस कोटि में रखा जाएगा। नोटिस, पैम्पलेट, इश्तहार, फेस्टून, वस्त्रों, गाड़ियों आदि पर लिखे गए विज्ञापन ऐसे ही हैं। दृश्य-श्रव्य के अन्तर्गत वीडियो, फिल्म, टेलीविजन आदि से प्रसारित

विज्ञापन आते हैं।

विज्ञापन के लिए जिन चीजों की आवश्यकता है वे हैं—1. विक्रय की वस्तु, 2. विज्ञापन का माध्यम, 3. संभावित क्रेता और 4. उस क्रेता को आकर्षित-उत्प्रेरित करने का लक्ष्य। अलग-अलग विज्ञापनों में इनकी अलग-अलग स्थितियाँ होती हैं। जैसे शहर के किसी हिस्से में आयोजित किसी सभा या भाषण, मैच, नाटक, सांस्कृतिक कार्यक्रम आदि से सम्बन्धित विज्ञापनों में कोई ठोस 'वस्तु' 'बिक्री' के लिए नहीं होती तथा लक्ष्य कोई ग्राहक नहीं, अपितु श्रोता या दर्शक होता है। यही श्रोता या दर्शक 'ग्राहक' भी होता है, यदि उक्त कार्यक्रमों के लिए टिकट-बिक्री की व्यवस्था हो। विज्ञापनों के लिए जरूरी नहीं कि वे केवल ग्राहक तैयार करें। राजनीतिक दलों, बुद्धिजीवियों, साहित्यकारों-कलाकारों आदि के द्वारा विज्ञापन, पोस्टर, पैम्पलेट, अखबारों-पत्रों आदि में प्रकाशित ध्यानाकर्षक सूचनाओं के द्वारा लक्ष्य-पाठकों अथवा श्रोताओं का रैली में भाग लेने अथवा किसी खास मुद्दे पर सोचने और सक्रिय होने के लिए आह्वान किया जाता है। इसी प्रकार विज्ञापन व्यक्तिगत-पारिवारिक, सार्वजनिक, वाणिज्यिक-व्यापारिक, रोजगार के अवसरों को प्रदान करने या प्राप्त करने तथा प्रतिष्ठा-प्रसिद्धि के निमित्त दिए जानेवाले प्रकारों में भी वर्गीकृत किए जा सकते हैं।

विज्ञापन में जो बात सबसे अधिक और सबसे पहले नजर में आती है, वह है उसकी सूचनात्मकता अर्थात् इसके माध्यम से लक्ष्य-व्यक्ति अथवा व्यक्तियों तक कोई सन्देश पहुँचाया जाता है। इसके द्वारा कभी-कभी प्रत्यक्ष अथवा अप्रत्यक्ष रूप से अनुरोध (या अपील) भी किया जाता है। दूसरी बात यह है कि विज्ञापन में गहरी मनोवैज्ञानिकता अन्तर्निहित होती है। मनुष्य की विभिन्न प्रकार की वृत्तियों को विज्ञापन के माध्यम से किसी निश्चित दिशा में उदबुद्ध, उत्तेजित और उत्प्रेरित किया जाता है। मनुष्य की जिज्ञासा तथा उत्सुकता को जाग्रत तथा शमित करने की दिशा में विज्ञापन के कथ्य को सक्रिय किया जाता है। मनुष्य की सुरक्षा वृत्ति, सुख-सुविधा वृत्ति, खाद्य-वस्त्रादि के प्रति लोभ-मोह की वृत्ति, साहसिकता-वृत्ति, संचय-वृत्ति, खेल-वृत्ति आदि का मनोवैज्ञानिक स्तर पर विज्ञापन अच्छी तरह से दोहन करते हैं। विज्ञापन का सम्बन्ध विशेष रूप से मनुष्य के चक्षुरिन्द्रिय एवं कर्णेन्द्रिय से होता है। शब्दों (लिखित एवं ध्वनित) तथा छवियों (चित्रों-श्वेत-श्याम तथा रंगीन) की विज्ञापन में सर्वप्रमुख भूमिका होती है। अतः यहाँ भाषा का सर्वोपरि कारगर एवं रचनात्मक उपयोग किया जाता है।

भाषा-विज्ञान की एक महत्वपूर्ण शाखा 'मनोभाषिकी' (Psycho-linguistics) है और इसको समाजशास्त्र के सन्दर्भ से जोड़कर एक और शाखा 'समाज-मनोभाषिकी' (Socio-psycho-linguistics) भी बनी है। विज्ञापनों का इस भाषाशास्त्रीय शाखा के आधार पर अच्छा विश्लेषण करना संभव है। भाषा का

सामाजिक व्यवहारों में जो यथार्थ रूप मिलता है, विज्ञापनों की भाषा उसके निकटतम जाने की कोशिश करती है। भाषा मनुष्य के द्वारा और मनुष्य के लिए है। अतः उसके प्रकार्य मनुष्यों के आचरण को बेतरह प्रभावित करते हैं। मनुष्य चाहे सच बोलता है अथवा झूठ, अपने सही रूप को प्रकट करता है अथवा छद्म रूप को—ये सारी बातें भाषा के द्वारा अभिव्यक्त होती हैं। इस सन्दर्भ में चार प्रकार के भाषिक व्यवहार हमें दिखाई पड़ते हैं—1. सच को सच कहना, 2. झूठ को झूठ कहना, 3. सच को झूठ कहना और 4. झूठ को सच कहना। इन स्थितियों को सामाजिक एवं मनोवैज्ञानिक आधार पर तथा भाषा को तत्सम्बन्धी संरचना के द्वारा समझा जा सकता है।

भाषा के अतिबौद्धिक, वैज्ञानिक, तकनीकी तथा कृत्रिम रूप विज्ञापन के लिए उपयोगी नहीं होते। विज्ञापन बहुसंख्यक जनता के लिए होते हैं, जिनमें शिक्षित-अशिक्षित, साक्षर-निरक्षर सभी प्रकार के लोग होते हैं। अतः विज्ञापन की भाषा सबकी समझ में आनेवाली सरल-सुबोध, स्पष्ट तथा आम बोलचाल की भाषा हुआ करती है। आज के जीवन में व्यक्ति को सुबह सोकर उठने से लेकर रात्रि में सोने जाने तक हजारों विज्ञापनों का सामना करना पड़ता है। अतः समान विषय से सम्बन्धित विज्ञापनों को एक-दूसरे से प्रतिस्पर्धा भी करनी पड़ती है। एक दूसरे से अधिक प्रभावकारी बनने की होड़ में विज्ञापन शब्दों एवं अभिव्यक्तियों का रोचक, सक्षम तथा बेधक प्रयोग करते हैं। इस सिलसिले में उन्हें विज्ञापित वस्तुओं के विषय में अधिक से अधिक (और अक्सर बढ़ा-चढ़ाकर) सूचनाएँ देनी पड़ती हैं, तथा भाषा के द्वारा लक्ष्य श्रोता या पाठक या दर्शक को सम्मोहित करना पड़ता है। विभिन्न संचार-माध्यमों में भाषा के प्रयोग भी भिन्नता के साथ उपस्थित होते हैं। उदाहरण के लिए अखबार (पाठ्य), रेडियो (श्रव्य) तथा टेलीविजन (दृश्य-श्रव्य) में एक ही भाषा के तीन भिन्न-भिन्न रूप मिलते हैं। वाक्य-विन्यास, शब्दोच्चारण आदि की भंगिमाएँ इनमें अलग-अलग मिलती हैं। इस तरह भाषा और विज्ञापन का द्विविध सम्बन्ध होता है—1. भाषा की उच्चारणगत, प्रतीकात्मक, संरचनागत विशेषताओं से विज्ञापन प्रभावित होते हैं यानी उनका प्रभावकारी उपयोग करते हैं तथा 2. विज्ञापनों के द्वारा प्रयुक्त भाषा-रूपों में कभी-कभी तीव्र सांकेतिकता और मौलिकता दिखाई देती हैं जिनसे भाषा भी अन्तर्बाह्य दोनों ही रूपों में प्रभावित होती है।

भाषा और विज्ञापन के इस घनिष्ठ सम्बन्ध को देखते हुए हमें पता चलता है कि विज्ञापन की भाषा की कुछ अपनी निजी विशेषताएँ होती हैं। भाषा की दृष्टि से विज्ञापन के गठन को देखना भी रोचक है। विज्ञापन के चार गठनमूलक अंग दिखायी पड़ते हैं—शीर्षक, मुख्य कथन, विस्तार तथा संकेतक पंक्ति। शीर्षक आकर्षक तथा संक्षिप्त होता है। कभी-कभी विज्ञापनों में उपशीर्षकों का भी

सहारा लिया जाता है। शीर्षक मूल वस्तु से सम्बद्ध केन्द्रीय भाव को व्यक्त करने-वाला भी होता है। विज्ञापन के मुख्य कथनवाले अंश में केन्द्रीय संप्रेषित भाव को अच्छी तरह अभिव्यक्त किया जाता है। वाणिज्यिक-व्यापारिक विज्ञापनों में विज्ञापित वस्तु के कार्य, गुण एवं महत्त्व को प्रकट किया जाता है। विस्तारवाले अंश में मुख्य कथन से सम्बन्धित बातों का ब्यौरेवार वर्णन, विवेचन तथा विश्लेषण होता है। उत्पादित वस्तु के सन्दर्भ में उसकी विशेषताओं के साथ उपयोग-विधि आदि भी बतायी जाती है। विज्ञापन के अन्तिम हिस्से में कोई ऐसी आकर्षक संकेतक पंक्ति रखी जाती है जो अपने संकेत, उच्चारण, लयात्मकता आदि के कारण सहज ही जिह्वा पर स्थापित तथा मन में अंकित हो जाए।

इस तरह हम पाते हैं कि विज्ञापन के कलेवर में, वास्तव में, भाषा के अनेक गुणों का समन्वय किया जाता है। विज्ञापन की भाषा में मिलनेवाली कुछ विशेषताओं को इस प्रकार रखा जा सकता है :

1. **सुगम-सुबोध भाषा** : विज्ञापन की भाषा अगर लिखित है तो उसमें पठनीयता होनी चाहिए अर्थात् कठिन (संयुक्ताक्षरोंवाले तथा शब्दकोश की अपेक्षा रखनेवाले) शब्दों का प्रयोग नहीं होना चाहिए। वाक्य छोटे और बोल-चाल की भाषा में आमतौर पर व्यवहृत होनेवाले हों। अगर विज्ञापन की भाषा मौखिक है तो उसे सुनते ही समझ में आ जाना चाहिए।

2. **ध्यानाकर्षक भाषा** : विज्ञापन की भाषा रचनात्मक तथा शैली-प्रधान होती है। लोकप्रिय तथा प्रचलित उपमा, रूपक, यमक, श्लेष जैसे अलंकारों, मुहावरों, कहावतों आदि के प्रयोग से इसे आकर्षक बनाया जाता है। भाषा के रूप को विचलन (Deviation), प्रमुखन (Foregrounding) आदि तत्त्वों के द्वारा सुन्दर और ध्यानाकर्षक बनाकर प्रस्तुत किया जाता है। अक्सर अक्षर-लेखक को भी आकर्षक तरीके से प्रस्तुत किया जाता है।

3. **स्मरणीय भाषा**—भाषा का जो रूप विज्ञापनों में प्रस्तुत किया जाता है, वह अक्सर चुस्त, संक्षिप्त तथा सूत्रात्मक वाक्यवाला होता है। अक्सर भाषा में पद्य और तुकान्त मिल जाते हैं। ऐसी भाषा आसानी से जिह्वा पर चढ़ जाती है और पाठक अथवा श्रोता को याद हो जाती है जिसे वह बार-बार दुहराता या गुन-गुनाता रहता है।

4. **नाटकीयता**—शुष्क निबन्धात्मकता से विज्ञापन की भाषा मुक्त होती है। इस भाषा में चल एवं सक्रिय बिम्बात्मक शब्द प्रयुक्त होते हैं। श्रव्य तथा दृश्य-श्रव्य विज्ञापनों में संवादों की नियोजना होती है तथा उनमें अभिनेयता का तीव्र गुण विद्यमान होता है। शब्दों में उच्चारण के उतार-चढ़ाव, ठहराव, मोड़, झटके आदि से उनकी नाटकीयता का पता चलता है। लिखित विज्ञापनों में भी अक्सर प्रश्नोत्तर अथवा संवादोंवाला शिल्प दिखायी देता है। लिखित विज्ञापनों में जहाँ

सीधे पाठकों को सम्बोधित किया जाता है वहाँ भी नाटकीयता महसूस की जा सकती है।

5. **लक्ष्योन्मुखता**—विज्ञापनों की भाषा बहुत लम्बी नहीं होती। यहाँ बहुत थोड़े-से शब्दों में ही लम्बी भूमिका बाँधने का कौशल मिलता है। तुरन्त मूल कथ्य पर कूद पड़ने की कुशलता भी इस भाषा की विशेषता है। कम-से-कम स्थान में अधिक-से-अधिक भाव और अर्थ को व्यंजित करने की सामर्थ्य इस भाषा को प्राप्त होती है। विज्ञापन का लक्ष्य होता है यथाशीघ्र पाठक, श्रोता एवं दर्शक को पूर्ण निश्चित तथा निर्धारित दिशा में प्रभावकारी ढंग से ले चलना। अतः विज्ञापन की भाषा को आरम्भ से ही लक्ष्योन्मुख होना पड़ता है।

भारत में फिलहाल जो भाषायी स्थिति तथा सरकारी नीति है उसका स्पष्ट प्रभाव विज्ञापन के भाषागत स्वरूप पर दिखायी पड़ता है। सरकारी विज्ञापन प्रायः द्विभाषा और त्रिभाषा फार्मूले का निर्वाह करते हैं अर्थात् अंग्रेजी, हिन्दी तथा (यथा अवसर) सम्बन्धित राज्य की संविधान-स्वीकृत भाषा का प्रयोग वहाँ दिखायी पड़ता है। आज संचार-माध्यम पूरे देश में व्यापक रूप से फैले हैं। अतः देशव्यापी पहुँच के लिए जहाँ तक संभव हो अधिक-से-अधिक भाषाओं के द्वारा बहुसंख्यक जनता तक पहुँचा जाए, स्वाभाविक रूप से विज्ञापनदाताओं की ऐसी कोशिश होती है। फलस्वरूप विज्ञापनों का निर्माण करनेवाली कम्पनियाँ किसी एक ही भाषा में विज्ञापन तैयार करके उनके, विभिन्न भाषाओं में, अनुवाद प्रस्तुत कर देती हैं। अक्सर यह मूल भाषा अंग्रेजी होती है क्योंकि प्रशासन, शिक्षा, वाणिज्य सब में आज भी अंग्रेजी का ही बोलबाला है। परिणामस्वरूप विज्ञापनों के हिन्दी तथा अन्य भारतीय भाषाओं में अनुवाद अक्सर अनाकर्षक, भूलों-भरे तथा लद्धड़ दिखायी पड़ते हैं। प्रायः ऐसा होता है कि अनुवादक हिन्दी में अंग्रेजी का प्रतिवर्त्ती शब्द, शब्दकोश में से ढूँढ़ता है लेकिन उसका चयन औचित्यपूर्ण नहीं होता। अक्सर ऐसे अनुवाद कार्य हिन्दी की प्रकृति से नावाकिफ लोग करते हैं जिससे विज्ञापन की हिन्दी बुरी तरह प्रभावित और क्षतिग्रस्त होती है। जहाँ विज्ञापन मूल हिन्दी में होते हैं वहाँ हिन्दी का रूप अनुवाद की हिन्दी से बेहतर मिलता है।

किसी भी जीवन्त भाषा के समान हिन्दी के कई रूप प्राप्त होते हैं, यथा—बोलचाल की, साहित्यिक, तकनीकी, उच्च हिन्दी (High Hindi) आदि। विज्ञापनों में उच्च हिन्दी अथवा तकनीकी हिन्दी के प्रयोग से क्लिष्टता आयेगी तथा उसका अधिकतम जनसंख्या तक पहुँचने का लक्ष्य बाधित हो जाएगा। अतः हिन्दी का बोलचालवाला रूप ही विज्ञापनों में रखना बेहतर है।

विज्ञापन एक कला और विज्ञान है। अतः विज्ञापन की भाषा को कलात्मक और वैज्ञानिक रूप मिलना चाहिए। मनुष्य, समाज तथा भाषा के स्वभाव से जो

व्यक्ति अच्छी तरह परिचित है वही अच्छा विज्ञापन प्रस्तुत कर सकता है।

विज्ञापन एक प्रकार से सामाजिक जीवनधारा का दर्पण होते हैं। जीवन के प्रति लोगों की सामान्य दृष्टि को विज्ञापनों में प्रतिबिम्बित देखा जा सकता है। विज्ञापित वस्तुओं का सम्बन्ध समाज के वर्ग-विशेष से होता है अतः ऐसे विज्ञापनों से उस वर्ग की मानसिकता का पता चलता है। विज्ञापन गरीबों के लिए शायद ही होते हैं। विज्ञापनों का अधिकांश उपभोक्ता वर्ग के लिए होता है और मध्य तथा उच्च वर्ग के लोग ही विशेषकर उपभोक्ता होते हैं। अलबत्ता परिवार-नियोजन, साक्षरता आदि से सम्बन्धित विरल विज्ञापन ही अभावग्रस्त लोगों को अपना लक्ष्य बनाते हैं। विज्ञापनों की प्रवृत्ति होती है कि वे पूंजीवादी प्रवृत्ति के अनुरूप मुनाफे को अपना अन्तर्निहित उद्देश्य मानकर उसके लिए अपेक्षित भाषा-प्रयोग करें। इस संदर्भ में विलासिता की वस्तु को अनिवार्य आवश्यकता बताना, हानिकारक वस्तु को लाभदायक बताना, भोगवादी जीवन-दर्शन को स्थापित करना विज्ञापनों के लिए बाएँ हाथ के खेल हैं। झूठ और छद्म का विज्ञापन के क्षेत्र में खुला खेल होता है, अतः विज्ञापन की भाषा का अध्ययन अपने आप में बड़ा ही दिलचस्प विषय है जिसके भाषाविज्ञान, मनोविज्ञान, अर्थशास्त्र, समाजशास्त्र, राजनीति, साहित्य, कला, संस्कृति आदि से सम्बन्धित तत्त्वों के कई आयाम दिखाई देते हैं। आज जनजीवन पर उपभोक्ता संस्कृति के प्रभाव से विज्ञापनों का निरन्तर आक्रमण हो रहा है। परिणामस्वरूप अखबारों, पत्र-पत्रिकाओं, रेडियो, टेलीविजन, शहर की दीवारों, विज्ञापन-पटों, बसों आदि हर जगह विज्ञापन-ही-विज्ञापन देखने को मिल रहे हैं। इस युग में विज्ञापनों की बाढ़ आयी हुई है। पढ़ने-सुनने की सामग्री कम और विज्ञापन अधिक दिखायी दे रहे हैं।

हिन्दी के अखबारों, पत्र-पत्रिकाओं आदि में विज्ञापनों के ऐतिहासिक विकास को देखने से विस्मय होता है कि हिन्दी भाषा में विज्ञापन कहाँ-से-कहाँ पहुँच गया है। हिन्दी के अखबारों और पत्र-पत्रिकाओं में आरम्भ में विज्ञापन के जो रूप मिलते हैं वे विज्ञापन के स्तर के साथ ही हिन्दी भाषा के स्तर पर भी एक ही साथ टिप्पणी प्रतीत होते हैं। भारतेन्दु युग (उन्नीसवीं सदी के उत्तरार्ध) में विज्ञापन मात्र किसी वस्तु की सूचना हुआ करते थे और इस सूचना की भाषा अनगढ़ और व्याकरण की दृष्टि से अशुद्ध भी होती थी। यह स्वाभाविक भी था क्योंकि उन दिनों खड़ी बोली का कोई व्याकरण नहीं था और भाषा अनस्थिर थी। इसके लिए एक ही उदाहरण काफी होगा जो 17 मई, 1875 के 'भारत मित्र' में प्रकाशित एक विज्ञापन से जाहिर हो जाता है, "...पुराने बुखार की दवाई बहोत बढ़िया, बुखार वाले को बिगर खिलाए मालूम नहीं होगा, बहोत जल्दि निरोग होगा।" हालाँकि इस भाषा में भी बल सम्बन्धित दवा की बिक्री पर है, किन्तु वर्णन सीधा-सादा, इतिवृत्तात्मक और अनाकर्षक है। भाषा में संक्षिप्ति का गुण भी नहीं है। लेकिन

धीरे-धीरे हिन्दी विज्ञापनों की भाषा में स्थिरीकरण, शुद्धता और निखार आता गया। शीर्षक, उपशीर्षक, मुख्य कथन, संकेतक आदि चुस्त और आकर्षक बनने लगे। अलंकारों, मुहावरों, कहावतों, तुकों आदि का पर्याप्त उपयोग होने लगा। फलस्वरूप उपभोक्ता को आकर्षित करने की क्षमता ऐसे विज्ञापनों की भाषा में आ गयी। भाषा में संवादात्मकता, नाटकीयता आदि का प्रचुर मात्रा में प्रयोग होने लगा।

विचलन, प्रमुखन आदि शैलीगत तत्त्वों के इस्तेमाल से विज्ञापन-भाषा की चमक बढ़ गयी। सामान्य भाषा से अलग किन्तु बोलचाल की भाषा, प्रयुक्तियों से भिन्न किन्तु अर्थ की सुबोधगम्यता विज्ञापन-भाषा की विशेषताएँ हैं। विचलन, प्रमुखन, शब्दार्थ की नयी भंगिमा, ध्वनि संकेत, लयात्मकता आदि के द्वारा यह विज्ञापन-भाषा कम शब्दों में अधिक-से-अधिक रोचक, सौन्दर्यपूर्ण तथा प्रभावकारी ढंग से कथ्य को अभिव्यक्त करती है। सीधी-सादी बात को भी विज्ञापन की भाषा अपनी इसी गुणवत्ता के कारण विशेष बना देती है। यहाँ कथन की अपेक्षा कथन-ढंग महत्त्वपूर्ण होता है। प्रभावशाली कथन-ढंग के लिए विशेष शब्दों पर विशेषण आदि के द्वारा बल, कुछ शब्दों, पदों अथवा पदबन्धों की पुनरावृत्ति अथवा विरोधाभासी कथन (समानान्तरता) अप्रस्तुत-विधान तथा अलंकारों का प्रयोग, पद्यात्मक-तुकान्त एवं लयात्मक भाषा का प्रयोग आदि महत्त्वपूर्ण होते हैं। कतिपय विज्ञापन तो मानो कविता में ही प्रस्तुत किये जाते हैं। उदाहरण के लिए निम्नलिखित विज्ञापन (सियाराम सूटिंग्स) में कविता की संवेदना झलकती है :

"सोचा था कभी सपने में कि
जाएँगे इस शोरगुल और
छल कपट की
दुनिया से दूर।
उस दुनिया में
जहाँ हो अपनापन।
सिर्फ मासूमियत और प्यार।
आकर आज यहाँ लगता है
मानो लिया है नया जनम।
अगर ये सिर्फ सपना है
तो न जगाना मुझे
रहने देना नींद में चूर।"

तुकबन्दी और लयात्मकता का पंखे के इस विज्ञापन में उपयोग किया गया है :

"ठंडी हवाएँ, लहरा के आएँ
ऑरटम— शीतल शक्ति।"

'शीतल शक्ति' में अनुप्रास के साथ विरोध का आभास भी कराया गया है क्योंकि शक्ति का सम्बन्ध ऊर्जा-ऊष्मा से जुड़ता है, शीतलता से नहीं। पद्यात्मकता और तुकबन्दी से भरे विज्ञापन खूब प्रचार पाते हैं। ऐसे कुछ उदाहरण देखे जा सकते हैं :

"खुशी-भरा त्योहार मनाओ
देश का प्यारा रेफ्रीजरेटर ले आओ !"

यहाँ त्योहार के अवसर का लाभ उठाने का प्रयास जाहिर है। लोग त्योहार के अवसर पर कुछ कीमती चीजें खरीदने की योजना बनाते हैं। मध्यवर्ग के नौकरी पेशा अधिसंख्यक लोगों को बोनस, अग्रिम वेतन आदि मिलता है। उत्पादक इस मौके को चूकना नहीं चाहता।

"दीवानी प्यास
मस्तानी प्यास
लिम्का—प्यासी पसन्द"

'प्यासी पसन्द' में अनुप्रास तो है ही, साथ ही विशेषण-विपर्यय तथा भाव का मानवीकरण भी हुआ है जो ध्यानाकर्षक है।

"रोज का साथ
या रोगों से मुलाकात ?
डाबर च्यवनप्राश
भीतरी शक्ति का विकास"

यहाँ प्रश्नवाची वाक्य के द्वारा दो विकल्पों में से सही विकल्प चुनने की ओर संकेत दिया गया है तथा दवा की विशेषता बता दी गयी है कि यह बाहर से आरोपित नहीं, शरीर की ही शक्ति को विकसित करती है।

"जान से भी बढ़कर जानदार
नयी आसाम गोल्ड चाय—सीधे बागान से आयी,
दमदार स्वाद लायी।"

तथा

"वाह ! क्या कड़क ज़ायका,
जवाब नहीं इस चाय का !"

ये विज्ञापन तुकबन्दी के सही इस्तेमाल के अच्छे उदाहरण हैं। जान से भी जानदार में अनुप्रास, अतिशयोक्ति आदि अलंकार हैं और सम्बन्धित ब्राण्ड की चाय की ताजगी पर विशेष बल दिया गया है। दूसरे उदाहरण में ज़ायका विशेषण 'कड़क' वह विशेषता है जिसे सभी लोग चाय में खोजते हैं। दूसरी पंक्ति में परोक्ष

रूप से अन्य ब्राण्डों की चाय को हीन बता दिया गया है। इसी तरह से, अप्रत्यक्ष रूप से अनेक प्रकार के संकेतों को ध्वनित एवं व्यंजित करनेवाली भाषा का प्रयोग आज के विज्ञापनों में हो रहा है। यथा :

"रात की सुस्ती दूर
दिन में चुस्ती भरपूर
Curl-on गद्दे Kurlopillo तकिये
भारत में सबसे अधिक बिकनेवाला जोड़ा।"

'रात की सुस्ती', 'जोड़ा' जैसे शब्दों के द्वारा अतिरिक्त ध्वनि-संकेतित करने का प्रयास यहाँ परिलक्षित होता है। 'भारत में सबसे अधिक बिकनेवाला' जैसे शब्द आत्मश्लाघा को व्यक्त करते हैं जो समकालीन विज्ञापनों की मानो पहचान ही बन गयी है। बिना किसी सांख्यिकी प्रमाण के ऐसी बातों को महत्त्व और लोग चाहे दें न दें किन्तु ग्राहक ऐसे बड़बोलेपन से अवश्य प्रभावित होता है ऐसी विज्ञापनकर्त्ता की धारणा प्रतीत होती है। उपभोक्ता ऐसी बातों के जाल में अक्सर फँस जाया भी करता है। लेकिन कल्पनाशील विज्ञापन का यह उदाहरण द्रष्टव्य है :

"कौन
कहता है
आप के बालों
की समस्याओं का
समाधान केवल
बिग या डाई
ही है?
सैनी हेयर सेंटर"

यह सवाल गंजे अथवा सफेद बालवाले लोगों से सीधे मुखातिब है और विज्ञापनकर्त्ता उन्हें स्थायी और आसान समाधान का आश्वासन देता है।

विज्ञापनों में अलंकारिक भाषा का प्रयोग आमतौर पर किया जाता है। हाल के वर्षों में देश में कपड़ों की धुलाई के साबुनों और पाउडरों की बाढ़-सी आयी हुई है और नहाने के साबुनों की भी। टूथब्रश तथा टूथपेस्ट के विज्ञापनों की भरमार है। पूंजीवादी उत्पादन-पद्धति की विशेषता होती है कि विलास-प्रसाधनों का उत्पादन खूब किया जाता है और साथ ही उनके लिए बाजारों और उपभोक्ताओं की खोज की जाती है। उपभोक्ताओं को तरह-तरह के प्रलोभनों के द्वारा आकर्षित किया जाता है। उपमा तथा अन्य अलंकारों की विज्ञापनों में झड़ी लगा दी जाती है। मसलन :

"दूध-सी सफेदी
निरमा से आये।"

अथवा :

"प्रीमियम
सुन्दर सुगन्धित साबुन
प्रीमियम
कोमलता
अपनी त्वचा से कीजिए
कोमलता का ये वादा···रोजाना।"

पहले उदाहरण में उपमा की छटा है और दूसरे में अनुप्रास तथा श्लेष का (प्रीमियम, कोमलता)। समान वस्तुओं के उत्पादकों के बीच परस्पर स्पर्धा के कारण विज्ञापनों में दूसरों के उत्पादन को घटिया और अपने उत्पादन को सर्वश्रेष्ठ बताने की प्रवृत्ति भी खूब दिखायी देती है। प्राय: टूथपेस्ट ज्यादा और बेहतर झाग के दावे, फ्लोराइड होने का बखान करते हैं। इस संदर्भ में संकेत करते हुए एक दंत-मंजन तथा टूथपेस्ट का विज्ञापन कहता है :

"सिर्फ चॉकलेट्स को ही
क्यों दोषी ठहराया जाय
ये तो ज्यादा झाग पैदा करनेवाला
घटक है जो दाँत की बीमारियों
के द्वार खोलता है।···
विको उत्पाद : कुदरती---इसलिए बेहतर भी।"

ग्राहक की खुशामद, भरोसा तथा उसे महत्त्वपूर्ण बताते हुए अपने उत्पादन को खरीदने के लिए उत्साहित करना विज्ञापनों की विशेषता प्रतीत होती है। इसके लिए संभावित ग्राहक की मानसिकता को गुदगुदानेवाली भाषा का इस्तेमाल किया जाता है। सुन्दर गाड़ी, बंगला और अच्छी-खासी नौकरी---इस मध्यवर्गीय सपना का विज्ञापनकर्त्ताओं के द्वारा खूब फायदा उठाया जाता है। स्कूटर, कार, मकान और ऊँची नौकरी से जुड़ी हुई कुछ और उच्च मध्यवर्गीय तथा उच्चवर्गीय चीजें होती हैं आन-बान-शानवाली। अच्छे वस्त्र, जूते, सिगरेट आदि के विज्ञापन मध्य-वर्गीय झूठी शानवाली मानसिकता का दोहन करनेवाली भाषा का प्रयोग करते हैं। इसमें मध्यवर्गीय कृत्रिम संकरभाषा (अंग्रेजी-हिन्दी मिश्रित) का भी प्रयोग विज्ञापनों में होता है। एक जूते की कम्पनी का विज्ञापन है :

"कोका कोला
कम्पनी का चीफ एक्सीक्यूटिव
चुने जाने की
सुखद संभावना !

Fortune from liberty.
शान बढ़ायें, आराम दिलायें !"

इस विज्ञापन में अनुप्रास, तुकान्त पद्यात्मकता तथा श्लेष (Fortune, liberty) ध्यान खींचते हैं, पर साथ ही संकेत भी करते हैं कि जूतों से व्यक्तित्व में निखार आयेगा—ऐसी कि ऊँची नौकरी मिल जाए। नव-धनिक वर्ग में बंगले बनाने की प्रवृत्ति को देखते हुए ऐसे विज्ञापन सामने आते हैं—

"आपके कमरे से कम सुन्दर नहीं आपका बाथरूम
(सेनिटरी वेयर)"

यहाँ तक कि फैशनेबुल सिगरेट पीनेवाले लोगों को विज्ञापन आश्वासन देता है :

"सच्चे लोग
सच्चा आनंद
रेड एण्ड ह्वाइट"

कपड़े तो फैशन की खास पहचान ही होते हैं। विज्ञापन ग्राहक को इन शब्दों से लुभाता है :

"जब हर बात हो लाजवाब···
अन्दाज हो तो जे सी टी (फैब्रिक्स)"

नवधनिक वर्ग में सांस्कृतिक जड़ों की (भले वह कृत्रिम ही क्यों न हो) खोज करके उससे अपने को जोड़ने के मनोविज्ञान को विज्ञापनों ने भी हवा दी। 'एंटीक' के प्रति नवधनिक वर्ग की यह लालसा शुद्ध व्यापार की चीज को भी संस्कृति की चीज बताती है। शॉलों का एक विज्ञापन इस प्रकार है :

"शॉलें जिनमें छलके मुगलों की आन बान
सदियों की शान और प्राकृतिक उद्‌भुतता !
आहूजा संस जिनके लिए शॉल कोई व्यापारिक वस्तु नहीं हैं
बल्कि एक गौरवपूर्ण परम्परा है।"

मध्यवर्गीय व्यक्ति सुन्दर-टिकाऊ और किफायती चीजें चाहता है। एक स्कूटर के विज्ञापन की भाषा का शीर्षक इन तीनों गुणों की घोषणा संक्षिप्त शब्दावली में इस प्रकार करता है :

"हमारा बजाज
फायदे की बात
बरसों"

भारत में बनी चीजों की गुणवत्ता को अक्सर सन्देह की दृष्टि से देखा जाता है। नकली वस्तुओं के उत्पादन के लिए भारत स्वयं भारतवासियों की नजरों में बदनाम है। परिणामस्वरूप विज्ञापनों की भाषा में बार-बार 'असली', 'शुद्ध',

'विशुद्ध', 'अन्तर्राष्ट्रीय स्तर', 'इम्पोर्टेड-जैसा', 'नक्कालों से सावधान'—जैसे शब्द और वाक्यांश व्यवहृत होते हैं। एक घड़ी का विज्ञापन है :

"टाइटन
क्वार्ट्ज
अन्तर्राष्ट्रीय शान की पहचान"

इसी तरह एक कार-टायर कम्पनी का कहना है—

"जेके स्टील रेडियल
असली रेडियल
सर्वश्रेष्ठ भारतीय मोटरों के लिए···
हम अन्तर्राष्ट्रीय स्तर के स्टील रेडियल टायर
बनाते हैं
इसीलिए
मारूति ने अपनी
अन्तर्राष्ट्रीय स्तर की
कार 'जेन' के लिए
केवल जेके ही चुने"

बहुत-सी सार्वजनिक एवं निजी कम्पनियाँ मूल अंग्रेजी में विज्ञापन तैयार करवाती हैं तथा उनका अनुवाद हिन्दी में करवाती हैं। उनका अनुवादित रूप सहज नहीं होने पर तुरन्त पहचान में आ जाता है। 'इंडियन ऑयल कारपोरेशन लिमिटेड' का एक विज्ञापन हिन्दी में इस प्रकार है :

"हम स्वीकार करते हैं कि
हमारे
उच्च कार्य निष्पादन ऑयल
सर्वश्रेष्ठ हैं
हर मामले में···
सिर्फ एक के सिवाय
वो है दाम"

विज्ञापन के क्षेत्र में हिन्दी की विभिन्न प्रयुक्तियों (रजिस्टर) का प्रयोग मिलता है। इनमें तकनीकी गैर तकनीकी दोनों प्रकार की प्रयुक्तियों का व्यवहार मिलता है। तकनीकी प्रयुक्तियों के दो उदाहरण प्रस्तुत हैं :

1. "अनेकों साईज में/सबकी पसंद/हर जगह माइक्रो ओवन से 53% अधिक जल्दी पकाता है यूनाइटेड प्रेशर कुकर एवं प्रेशर पॉन।"
2. "वही क्रान्ति, अब छोटे पैमाने पर नया बी० पी० एल० 230 लिटर रेफ्रीजरेटर सिस्टम्स वही क्रान्तिकारी खूबियाँ अब 2 सुगठित डिजाइनों में···"

गैर-तकनीकी प्रयुक्तियों के भी क्षेत्र, विषय और शैली (फील्ड, मोड, स्टाइल) के आधार पर अनेकानेक भेद किये जा सकते हैं। विज्ञापन की भाषा में लिपि तथा लेखन पद्धति के प्रयोगों का भी अपना ही महत्त्व है। छोटे-बड़े, आड़े-तिरछे, रंगीन आदि अनेक रूपों में लिपि के द्वारा ध्यानाकर्षण की प्रवृत्ति भी विज्ञापनों में अक्सर दिखायी देती है। कभी-कभार ध्यानाकर्षण के लिए हिज्जे अथवा व्याकरण-सम्बन्धी अन्य भूलें जान-बूझकर भी कर दी जाती हैं। भाषा में स्वाभाविकता लाने के लिए भी बोलचाल के व्याकरण-असम्मत शब्दों या वाक्यों का भी प्रयोग किया जाता है। विज्ञापनों में स्त्रियों के रूप का हमारे देश में व्यापक उपयोग-दुरूपयोग होता है और इधर बच्चों के भोलेपन को भी व्यापारिक वस्तु में ढाला जा रहा है। फलस्वरूप स्त्रियों और बच्चों की मानसिकता से जुड़ी भाषा का प्रयोग भी विज्ञापनों में खूब हो रहा है।

कुल मिलाकर यही कहा जा सकता है कि विज्ञापन की हिन्दी वस्तुतः हमारे भारतीय जीवन में हिन्दी की वास्तविक स्थिति की ही प्रतिच्छवि प्रस्तुत करती है।

मातृभाषा और द्वितीय भाषा

भाषा ज्ञान-प्राप्ति का अत्यन्त महत्त्वपूर्ण साधन और माध्यम है। इसके द्वारा अनुभव व्यक्त ही नहीं होता अपितु उसे 'रूप' भी मिलता है। यह सम्प्रेषण का अत्यन्त व्यापक और कारगर माध्यम है। भाषा के कार्य पर ध्यान दें तो हम पाएँगे कि यह मनुष्य को समाज से जोड़ती है, उसे सामाजिक बनाती है। इसीलिए भाषा मनुष्य के लिए एक प्रकार से सामाजिक व्यक्तित्व की प्राप्ति है। यह एक सच्चाई है कि समाज में किसी भी व्यक्ति को किसी भी भाषा का सम्पूर्ण ज्ञान नहीं होता—मातृभाषा का भी नहीं। यह भाषाज्ञान सापेक्षिक रूप से लोगों में कम या अधिक मिलता है। समाज में अधिकांश लोग ऐसे होते हैं जो भाषा से नियन्त्रित होते हैं। किन्तु 'भाषा को नियन्त्रित' करना ही वस्तुतः सही भाषिक संप्राप्ति है। अपनी संवेदनाओं और जीवनानुभवों को रचनात्मक स्तर पर अभिव्यक्त और संप्रेषित करने के लिए भाषा की साधना होती है।

जन्म के बाद मनुष्य को जो पारिवारिक भाषिक परिवेश मिलता है वह उसकी मातृभाषा का जगत होता है, जिसे जन्मभाषा, प्रथमभाषा, स्रोतभाषा आदि नामों से भी अभिहित किया जाता है। मातृभाषा के द्वारा व्यक्ति अपने सांस्कृतिक परिवेश से जुड़ता और समाज में अपने लिए जगह बनाता है। इस प्रकार मातृभाषा व्यक्ति की अपनी अस्मिता का ज्ञान है। उसकी बुद्धि के विकास में मातृभाषा की पहली भूमिका होती है। मातृभाषा की खूबी यह है कि यह सहज ढंग से सीखी जाती है। बच्चा ज्ञान, अनुभव और भाषा साथ-साथ सीखता है और यह आयास-साध्य नहीं प्रतीत होता। किन्तु उम्र बढ़ने के साथ मातृभाषा से इतर अन्य भाषा सीखना क्रमश. कठिन होता जाता है। इसका एक महत्त्वपूर्ण कारण यह है कि शिशु का मन-मस्तिष्क खाली स्लेट की तरह होता है जहाँ प्रथम भाषा के अक्षर अच्छी तरह अंकित हो जाते हैं। मगर इसके पश्चात् दूसरी भाषा की शिक्षा लिखे हुए स्लेट पर पुनः लिखने के समान कठिन होता है।

यहाँ हमें यह नहीं भूलना चाहिए कि भाषा व्यक्ति की अर्जित सम्पत्ति होती है और प्रयोग के अभाव में इसका क्षय भी होता है। जिस प्रकार मनुष्य कोई भी

भाषा सीखकर प्राप्त करता है वैसे ही उसे भूलकर गँवा भी सकता है, चाहे वह उसकी मातृभाषा ही क्यों न हो। गोआ के प्रसिद्ध क्रांतिकारी मोहन रानाडे तेरह वर्षों तक पुर्तगाली जेलों में बन्द रहने के बाद जब स्वदेश लौटे थे तो मातृभाषा पूरी तरह भूल चुके थे।

मनुष्य के व्यक्तित्व-निर्माण और विकास में मातृभाषा का बड़ा हाथ होता है और इसी तथ्य की हमारे देश में जबर्दस्त उपेक्षा होती रही है। एनी बेसेण्ट के इस कथन में बहुत दम है कि "मातृभाषा द्वारा शिक्षा के अभाव ने भारत को निश्चय ही विश्व के सभ्य देशों में अत्यंत अज्ञानी बना दिया है।" ज्ञान की मौलिक ताजगी जो अपनी भाषा से मिल सकती है वह परायी अनुवादजीवी भाषा के द्वारा कहाँ ? यद्यपि भारत जैसे विशाल और विविध भाषा-समृद्ध देश में, जहाँ निरक्षरता का विशाल साम्राज्य है, पहले साक्षरता जरूरी चीज है। शिक्षा का माध्यम समस्त मातृभाषाओं को करना उचित होते हुए भी कठिन है। फिर भी चुनी हुई मातृभाषाओं को शिक्षा का माध्यम बनाया गया है। उच्च-शिक्षा के लिए शिक्षा का माध्यम देश की सामान्य भाषा अपेक्षाकृत अधिक प्रचलित भाषा को होना चाहिए। मातृभाषा हमें एक निश्चित और सीमित संसार में रखती है—यह उसकी सीमा है। अन्य भाषा के ज्ञान से हमारी दृष्टि में खुलापन आता है और चीजों को हम नये नजरिये से देखने लगते हैं। मातृभाषा से आगे बढ़कर हम द्वितीय भाषा और फिर तृतीय भाषा तक पहुँचते हैं जिनके लिए अन्यभाषा, परभाषा, लक्ष्यभाषा आदि संज्ञाएँ दी गई हैं।

भाषा का सम्बन्ध मनुष्य और उसके परिवेश से होता है—उसके मन और सामाजिक तथा मानवीय व्यवहार से होता है। अतः भाषा सिर्फ शिक्षक और शिक्षार्थी के बीच यांत्रिक वस्तु नहीं होती, संस्कृति की जीवन्त वाहिका भी होता है और इस तरह से मनोविज्ञान, समाजशास्त्र, भाषाविज्ञान, व्याकरण, कलाएँ भूगोल, इतिहास, साहित्य सबसे जुड़ती है। भाषा-शिक्षण की योजना के अन्तर्गत भाषा की इस व्यापक प्रकृति को स्थान मिलना चाहिए, न कि उसके लक्ष्य को संकुचित करना चाहिए। द्वितीय भाषा शिक्षार्थी के मन और व्यक्तित्व में उसके दृष्टिकोण में गुणात्मक परिवर्तन ला देती है।

द्वितीय भाषा की संकल्पना यद्यपि मातृभाषा शिक्षण के विरोध में दिखाई देती हैं किन्तु यह मातृभाषा के साथ योजित होनेवाली बड़े भाषाई समुदाय की भाषा होती है और उसके सदस्य सभी मातृभाषाओं के प्रयोक्ता होते हैं। यह द्वितीय भाषा मानो प्रयोक्ता को सांस्कृतिक अभिव्यक्ति का एक व्यापक विकल्प देती है। इसी तरह तीसरी भाषा के रूप में विदेशी भाषा अपने से भिन्न दूसरे देश की संस्कृति को समझने की सुविधा देती है, यद्यपि इसको सीखने के लिए कोई सामाजिक बाध्यता या दबाव नहीं होते। द्वितीय भाषा सीखने के लिए

सामाजिक दबाव प्रेरणा का काम करता है, साथ ही द्वितीय भाषा मातृभाषा के समान्तर और कभी-कभी समान भाषा-परिवार की होने के कारण उतनी अपरिचित नहीं होती जितनी विदेशी भाषा। मगर भारत के संदर्भ में थोड़ी अनोखी स्थिति है जहाँ विदेशी भाषा अंग्रेजी ने ऐतिहासिक-राजनैतिक दबाव से दूसरी भाषा का दरजा पा लिया है। किसी भी विदेशी भाषा में रचनात्मक प्रयोग की योग्यता पा लेना अत्यन्त कठिन होता है, जबकि द्वितीय भाषा का प्रयोगाकर्त्ता द्वितीय भाषा में अपनी सक्रियता और रचनात्मकता अच्छी तरह प्रदर्शित कर सकता है, बशर्ते द्वितीय भाषा विदेशी भाषा न हो। भारतीय परि-प्रेक्ष्य में फिलहाल दो भाषाएँ द्वितीय भाषा के रूप में अवस्थित हैं—एक तो विजातीय भाषा अंग्रेजी और दूसरी हिन्दी जो स्वजातीय भाषा है। भारतवर्ष की समस्त भाषाओं की भाँति हिन्दी भी समान जीवन-मूल्य और ऐतिहासिक परम्पराओं का वहन करने के कारण देश की भाषाओं के निकट है। देश के भीतर महानगरों, तीर्थस्थानों, औद्योगिक क्षेत्रों, रेल, बस-अड्डों आदि जगहों पर हिन्दी की सम्पर्क तथा द्वितीय भाषा के रूप में लोकस्वीकृति सहज ही दिखायी पड़ती है। इसके साथ ही अलग भाषाई क्षेत्रों में स्थानिक मातृभाषाओं के प्रभाव के कारण स्वयं द्वितीय भाषा हिन्दी के रूप में अनेक परिवर्तन होने लगे हैं। कलकत्ते की हिन्दी, बम्बई की हिन्दी और हैदराबाद की हिन्दी—ये वास्तविक परिवर्तन हैं। इसके चलते हिन्दी के अनेकों अवमिश्रित रूप बन रहे हैं, जिन्हें हिन्दी-भाषी अच्छी नजरों से नहीं देखता।

भाषा चाहे कोई भी हो, उसे सीखने का कुछ-न-कुछ प्रयोजन अवश्य होता है। भाषा-शिक्षण के संदर्भ में पहली मुख्य बात उन लक्ष्यों और प्रयोजनों का स्पष्ट निर्धारण है जिनकी लक्ष्य भाषा पूर्ति करती है। मातृभाषेतर भाषाओं के चार रूप होते हैं—1. सहायक (ऑक्सिलियरी) या पुस्तकालीय भाषा जिसका व्यवहार समाज में मौखिक स्तर पर नहीं किया जाता, बल्कि ज्ञान प्राप्ति के लिए इसे स्वीकार किया जाता है। 2. सम्पूरक या सप्लीमेंट्री भाषाएँ जिनका प्रयोग पर्यटन आदि सरीखे अस्थायी संदर्भों में किया जाता है। 3. परिपूरक या काम्प्लीमेंट्री भाषा जो निर्धारित सामाजिक संदर्भों में मातृभाषा की पूरक बनकर व्यवहृत होती है। जैसे अहिन्दी भाषी जगहों में हिन्दी और हिन्दी-भाषी जगहों में अंग्रेजी। इसे हम द्वितीय भाषा कह सकते हैं। राजभाषा के रूप में हिन्दी अन्य भारतीय भाषाओं के लिए परिपूरक ही है। 4. समतुल्य या इक्वेटिव भाषा जो मातृभाषा के समान ही प्रयोज्य होती है। द्विभाषिक शिक्षा-पद्धति की भाषाएँ ऐसी ही होती हैं। सहायक तथा सम्पूरक भाषाओं का ज्ञान विदेशी भाषा-शिक्षण की पद्धति कराती है। द्वितीय भाषा-शिक्षण पद्धति परिपूरक भाषा की माँगों को पूरा करती है।

मातृभाषा-शिक्षा और द्वितीय भाषा-शिक्षा के बीच की पद्धति द्विभाषिक शिक्षा है। मातृभाषा-शिक्षा में मातृभाषा ही समस्त विषयों का माध्यम होती है। द्वितीय भाषा-शिक्षण में केवल द्वितीय भाषा का अध्ययन होता है अर्थात् उसे अन्य विषयों का माध्यम नहीं बनाया जाता। किन्तु मातृभाषा और द्वितीय भाषा-शिक्षण के अतिरिक्त, और दोनों की मध्यवर्ती शिक्षण पद्धति के रूप में द्विभाषिक शिक्षा अवस्थित होती है जहाँ दो भाषाएँ विभिन्न विषयों की माध्यम भाषा होती हैं। केन्द्रीय विद्यालय संस्थान के अनेक स्कूलों में समाजशास्त्र तथा कला-सम्बन्धी विषयों की माध्यम-भाषा हिन्दी होती है, किन्तु विज्ञान तकनीकी विषयों की माध्मम भाषा अंग्रेजी। हमारे देश के लिए आदर्श स्थिति मातृभाषा तथा द्वितीय भाषा हिन्दी दोनों को माध्यम बनाने से होगी।

अभी अंग्रेजी के प्रभुत्व के कारण हमारे देश की मातृभाषाओं और द्वितीय भाषा हिन्दी दोनों की प्रतिष्ठा खतरे में पड़ी हुई है। एक विदेशी भाषा होने के बावजूद अंग्रेजी उच्च शिक्षा की एकमात्र माध्यम भाषा बनकर रह गयी है। उसने मातृभाषाओं को गौण बनाकर शिक्षा क्षेत्र से उनका सम्बन्ध काट दिया है। शिक्षार्थी अंग्रेजी सीखने के फेर में अपनी मातृभाषा से दूर हो जाता है। अगर भारत में मातृभाषा तथा द्वितीय भाषा हिन्दी की द्विभाषिक पद्धति को अपना लिया जाए तो शिक्षार्थी में ऐसी भाषाई क्षमता विकसित होगी कि वह मातृभाषा और हिन्दी दोनों में बगैर अनुवाद का सहारा लिए स्वतंत्र विचार, अनुभव और सम्प्रेषण कर सकता है। इस संदर्भ में सोवियत रूस के अनुभव काफी प्रेरक सिद्ध हो सकते हैं जहाँ मातृभाषाओं और समान द्वितीय भाषा रूसी के सहारे शत-प्रतिशत साक्षरता की उपलब्धि के साथ भाषा-समस्या का स्थायी हल भी निकाल लिया गया है। वहाँ आरम्भिक शिक्षा का माध्यम मातृभाषा, किन्तु उच्चशिक्षा का माध्यम रूसी है।

द्वितीय भाषा शिक्षण में मातृभाषा और द्वितीय भाषा में से कोई एक ही भाषा माध्यम होती है। यहाँ अनुभव तथा चिन्तन करने का माध्यम कोई एक ही—या तो मातृभाषा होती है या द्वितीय भाषा और यहाँ अनुवाद के सहारे शिक्षा-प्रक्रिया पूरी होती है। फलतः अगर मातृभाषा माध्यम भाषा है तो द्वितीय भाषा कमजोर रह जा सकती है और अगर माध्यम-भाषा भाषा-2 (द्वितीय) है तो मातृभाषा कमजोर हो जा सकती है। यहाँ भाषा-1 और भाषा-2 एक ही संस्कृति की दो भिन्न अभिव्यक्तियाँ बनकर आती हैं।

हमारा देश बहुभाषा-भाषी है किन्तु इसका अर्थ यह नहीं कि यहाँ के निवासी मातृभाषा के अतिरिक्त अन्यभाषा भी जानते ही हैं। भारत में संघ की दो राजभाषाएँ हैं—हिन्दी और अंग्रेजी और यह तथ्य है कि भारत के अनेक निवासी इनमें से कोई भाषा नहीं जानते। स्विट्जरलैण्ड को भी बहुभाषा-भाषी

देश कहा जाता है किन्तु उसके अधिकांश निवासी एक से अधिक भाषा नहीं जानते। किन्तु अशिक्षितों अथवा शिक्षा-क्षेत्र से अलग रहनेवालों के बीच जब दो भिन्न भाषाओं का सम्पर्क होता है तो अवमिश्रित भाषा (पिजिन) के रूप में बाहरी भाषा ढलने लगती है। हैदराबाद की दकनी हिन्दी को उदाहरण के रूप में रखा जा सकता है। इसी तरह मराठी-भाषियों ने 'बम्बइया-हिन्दी' और बंगला-भाषियों ने 'कलकतिया हिन्दी' का निर्माण कर डाला है, जिन्हें हिन्दी भाषा-भाषी प्रायः 'बाजारू हिन्दी' कहकर क्षोभ व्यक्त करते हैं। किन्तु अशिक्षित और अर्द्धशिक्षित जनता की पाठशाला, बाजार, प्टलेफॉर्म, कारखाने आदि ही हैं। दूसरी तरफ सम्भ्रांत राजभाषा हिन्दी के रूप को किस प्रकार से कठिन बनाया गया है यह लगभग सर्वविदित है। कुछ पहले तक सरकारी सहायता लेकर अनुवाद कार्य करनेवालों के लिए रघुवीरी शब्दकोश के इस्तेमाल की बाध्यता थी।

व्यक्ति और समुदाय क्रमशः अपनी रुचि और आवश्यकता के अनुसार द्वितीय भाषा को अपनाता है। आज देश में हिन्दी सीखने की जो आवश्यकता दिखायी दे रही है वह हमारे सामाजिक संदर्भों से उपजी माँग है और अहिन्दी भाषियों द्वारा हिन्दी को 'राजभाषा' रूप में ग्रहण करना उनकी राष्ट्रीय चेतना को भी व्यक्त करता है। यह ग्रहण कहीं सीमित रूप में मिलता है तो कहीं समग्र रूप में भी।

भाषा कौशल में वास्तविक दक्षता भाषा के हर प्रकार के व्यवहार—बोलने-सुनने-लिखने-पढ़ने से सम्बन्धित है। मातृभाषा के अतिरिक्त दूसरी भाषा देश के भीतर और देश के बाहर सम्पर्क का काम करती है। द्वितीय भाषा के रूप में हिन्दी राष्ट्रीय और सांस्कृतिक मूल्यों की भी संवाहिका बनी है। शिक्षा आयोग (1964-66) ने स्कूल पाठ्यक्रम में इस प्रकार से भाषाओं को रखने की संशोधित त्रिभाषा नीति अपनायी थी—

1. दस वर्षों तक मातृभाषा या प्रादेशिक भाषा।
2. पाँचवीं कक्षा से दसवीं कक्षा तक संघ की राजभाषा हिन्दी अथवा जब तक स्थिति बनी हुई है, संघ की सहयोगी राजभाषा अंग्रेजी।
3. आठवीं से दसवीं कक्षा में तीन वर्ष के लिए आधुनिक भारतीय भाषा अथवा विदेशी भाषा जो ऊपर की श्रेणी में न आती हो और न शिक्षा की माध्यम भाषा हो।

इस प्रकार कक्षा 1 से 4 तक केवल भाषा-1 अनिवार्य है। फिर दो भाषाएँ कक्षा 5-7 में भाषा-1 तथा भाषा-2 (हिन्दी या अंग्रेजी)। कक्षा 8-10 में इन दो के अलावा एक और ऐसी भाषा भी अपेक्षित है जो 5 से 7 कक्षा तक न ली गयी हो। कक्षा 11-12 तथा बाद में कोई भाषा अनिवार्य नहीं।

द्वितीय भाषा-शिक्षण की पद्धति का अवलम्बन इस बात पर निर्भर है कि हम द्वितीय भाषा के रूप में हिन्दी को एक विषय के रूप में पढ़ना-पढ़ाना चाहते हैं या माध्यम भाषा के रूप में। केवल एक विषय के रूप में भाषा का अध्ययन बहुत कुछ साध्य हो जाता है। इस स्थिति में हिन्दी का अध्ययन शुद्ध भाषा वैज्ञानिक दृष्टि से किया जा सकता है। किन्तु शैक्षिक भाषा तो स्वयं में साध्य न होकर अन्य विषयों की माध्यम भाषा या साधन बनती है, जिसमें परम्परागत जीवन मूल्य तथा समकालीन जीवन और समाज की धड़कनें होती हैं। अतः केवल शुद्ध भाषा वैज्ञानिक दृष्टि से उसे नहीं पढ़ाया जा सकता है।

भारत जैसे बहुभाषी देश में द्वितीय भाषा के रूप में हिन्दी सीखने की आवश्यकता के पीछे प्रभूत व्यक्तिगत और सामाजिक कारण हैं। आज हिन्दी की लोकप्रियता अहिन्दी भाषी क्षेत्रों में कई दृष्टियों से बढ़ रही है। सरकारी, स्वायत्त तथा स्वैच्छिक संस्थाएँ हिन्दी के प्रचार-प्रसार में योगदान कर रही हैं। भारत में प्राचीनकाल से ही एकाधिक भाषाओं की जानकारी सम्मानप्रद समझी जाती रही है। यहाँ धर्म और पूजा के लिए एक भाषा तथा सामाजिक व्यवहार के लिए दूसरी भाषा का चलन बहुत दिनों से रहा है। यहाँ भाषाओं के आपसी सम्पर्क और संघर्ष के कारण भी एक भाषा के शब्द दूसरी में किसी-न-किसी परिमाण और रूप में मौजूद है। जब दो भाषाएँ आपसी सम्पर्क में आती हैं तो उनमें परस्पर लेन-देन होता ही है।

द्वितीय भाषा-शिक्षण एक संश्लिष्ट प्रक्रिया है जिसमें भाषाविज्ञान, मनोविज्ञान, समाजशास्त्र, शिक्षाशास्त्र से सम्बन्धित बातें अन्तर्भुक्त होती हैं। भाषा सीखने का मतलब ध्वनि और अर्थ के सहसम्बन्ध का प्रयोग करना जान लेना है। व्याकरण के प्रवेश द्वार से गुजरते हुए समाजभाषा विज्ञान के क्षेत्र में जाना होता है। निश्चित उद्देश्य को हर वक्त सामने रखकर द्वितीय भाषा की आधारभूत शब्दावली तथा भाषा-प्रयोगों (स्टाइल्स) का चुनाव अपेक्षित है। द्वितीय भाषा के रोजमर्रे की भाषा (एवरीडे लैंग्वेज) वाले रूप को सिखाना आवश्यक है, क्योंकि तटस्थ भाषा (न्यूट्रल लैंग्वेज) का प्रयोग शिक्षार्थी के लिए कठिन होता है।

भाषा-शिक्षण में कोई बीसेक भाषा वैज्ञानिक पद्धतियों का नाम गिनाया जाता है यथा—प्रत्यक्ष पद्धति, ध्वनिमूलक पद्धति, व्याकरण पद्धति, अनुवाद पद्धति, व्याकरण-अनुवाद पद्धति, पठन पद्धति, सम्भाषण पद्धति, वाक्-श्रवण पद्धति, सहजात पद्धति, संदर्भ पद्धति, द्विभाषा पद्धति, प्राकृतिक विधि, भाषा नियंत्रण विधि, सरलीकरण विधि, वार्तालाप विधि, चलचित्र विधि, प्रयोगशाला विधि, सम्मिश्रण पद्धति आदि। प्रत्यक्ष पद्धति, ध्वनिमूलक पद्धति, सम्भाषण तथा वाक्-श्रवण पद्धति के प्रयोग से, मातृभाषा को बगैर ध्यान में रखे, सीधे लक्ष्यभाषा का ज्ञान लेखन, वाचन, सम्भाषण आदि योग्यताओं की उपलब्धि के लिए कराया जाता है। द्विभाषा

पद्धति तथा सहजात पद्धति स्रोतभाषा तथा लक्ष्यभाषा की असमानता तथा समानता को भाषा-शिक्षण का आधार बनाती हैं। वास्तव में ये विविध पद्धतियाँ अपने-आप में पूर्ण नहीं हैं और इसीलिए 'सम्मिश्रण पद्धति' का प्रचलन हुआ। यद्यपि सम्पूर्णता में भाषा को सिखा पाना असम्भव है, फिर भी यथासम्भव स्पष्ट और निर्भ्रान्त शिक्षण अपेक्षित पद्धतियों के चुनाव के द्वारा दिया जाना चाहिए। हिन्दी के मौखिक तथा लिखित दोनों के मानक रूपों के व्यवहार की सक्रिय कुशलता के लिए छात्र के 'पूर्वभाषा ज्ञान' को 'क्या सीखना है' से जोड़ना आवश्यक है।

शिक्षार्थी के पास पहले से प्रथम भाषा के माध्यम से भाषा की संरचना, शब्दावली, प्रयोगविधि आदि से सम्बन्धित थोड़ा-बहुत सामान्य ज्ञान मौजूद रहता है। यहीं पर मातृभाषा का ज्ञान द्वितीय भाषा शिक्षण के संदर्भ में बाधक और साधक दोनों ही बनकर आता है। अतः बहुतेरे भाषाविद् मानते हैं कि भाषा-2 को भाषा-1 के माध्यम तथा प्रक्रिया से पढ़ाना गलत है। अत: भाषा-2 या भाषा-3 को भाषा-1 की तरह व्यवहार में लाने के प्रयास देखने को मिलते हैं। लक्ष्यभाषा के शिक्षण में मातृभाषा का ज्ञान बाधक नहीं बने इसके लिए मातृभाषा को निष्क्रिय बनाकर लक्ष्यभाषा में ही समस्त भाषिक व्यवहार करने की कोशिशें अंग्रेजी माध्यम के अधिकांश मिशनरी स्कूल हमारे देश में करते रहे हैं। द्वितीय भाषा का शिक्षण प्रथम भाषा सीखने से काफी अलग होता है। प्रथम भाषा की नींव पर द्वितीय भाषा की संरचना खड़ी करना खतरों-भरा होता है। एक बच्चे के लिए द्वितीय भाषा सीखना कष्टप्रद नहीं होता क्योंकि भाषा-1 की आदतें उसमें बद्धमूल नहीं हो पातीं। चूँकि वयस्क में भाषा-1 का ज्ञान परिपक्व हो जाता है अत: वह भाषा-2 सीखने के मार्ग में कठिनाई उत्पन्न करता है। चूँकि वयस्क छात्र के मस्तिष्क में भाषा-1 का पूर्वाग्रह होता है अत: वह भाषा-1 के नियम को अनावश्यक रूप से भाषा-2 में लागू करने लगता है। उदाहरण के लिए पंजाबी में 'मैंनूं जाणा है' तथा हरियाणवी में 'मन्ने जाणा सै' कहते हैं। हिन्दी सीखते वक्त इसी से पंजाबी और हरियाणवी भाषी 'मुझे जाना है' न कहकर 'मैंने जाना है' कहते हैं जो मानक हिन्दी नहीं।

दूसरे विश्व युद्ध के समय अमेरिकी सेना में भर्ती किये जानेवाले सैनिकों को, जिनकी मातृभाषा अंग्रेजी नहीं थी, अंग्रेजी सिखाते वक्त यह सोचा गया कि क्यों न भाषा-1 और भाषा-2 की समानता-असमानता का पता लगाकर, सम्भावित कठिनाइयों का पूर्वानुमान करते हुए इस प्रकार से भाषा-शिक्षा का कार्यक्रम बनाया जाए कि शिक्षार्थी भाषा-2 सीखते वक्त भाषा-1 के कारण गलतियाँ न करें। फ्राइज (C.C. Fries) ने 1945 में 'टीचिंग अण्ड लर्निंग इंग्लिश एज ए फॉरेन लैंग्वेज' में भाषा-1 तथा भाषा-2 की तुलना पर बल दिया और कहा कि उत्कृष्ट भाषा-

शिक्षण सामग्री स्रोतभाषा तथा लक्ष्यभाषा की तुलना तथा व्यतिरेकी विश्लेषण के आधार पर ही तैयार की जा सकती है। 1957 में रॉबर्ट लाडो (R. Lado) ने 'लिंग्विस्टिक्स अक्रॉस कल्चर्स' में केवल भाषाओं की ही नहीं, संस्कृतियों की तुलना का भी प्रस्ताव रखा क्योंकि भाषा-2 में भाषा-1 की संरचना और संस्कृति दोनों का अंतरण (ट्रांसफर) होता है। लाडो के अनुसार भाषा 'आदतों का समुच्चय' है अर्थात् भाषा के द्वारा उसमें आचरण करने की सही आदतें सीखनी होती हैं। भाषा-1 और भाषा-2 की समान आदतों के अंतरण को धनात्मक या सकारात्मक अंतरण (पॉजिटिव ट्रांसफर) कहेंगे। किन्तु जब इन दोनों भाषाओं की आदतों में असमानता होती है तो भाषा-1 से भाषा-2 में नकारात्मक या ऋणात्मक अंतरण (निगेटिव ट्रांसफर) होता है, जिससे वास्तविक कठिनाई उत्पन्न होती है और इसे ही मातृभाषा के कारण द्वितीय भाषा शिक्षण में व्याघात कहा जाता है। शिक्षार्थी जब भाषा-2 पर भाषा-1 की आदतें आरोपित करने लगता है तो वास्तविक लक्ष्य भाषा में संरचनात्मक, ध्वन्यात्मक तथा संकल्पात्मक गतिरोध और व्यतिक्रम उपस्थित होते हैं।

भाषा-1 और भाषा-2 की समानताओं से कठिनाई नहीं पैदा होती किन्तु असमानताओं के अन्तरण की जटिलता व्याघात उत्पन्न करती है। इसलिए व्यतिरेकी भाषाविज्ञान, व्यतिरेकी व्याकरण और व्यतिरेकी विश्लेषण (कॉन्ट्रास्टिव लिंग्विस्टिक्स, ग्रामर, एनैलिसिस) के द्वारा भाषा-1 और भाषा-2 के विरोधी बिन्दुओं की पहचान और उनका समाधान किया जाता है। व्यतिरेकी विश्लेषण भाषा-1 की व्याकरणिक, स्वनिमिक तथा कोशीय संरचना की भाषा-2 की संरचनाओं से तुलना करके सम्भाव्य कठिनाइयों का पता लगाने और पूर्वानुभव से शिक्षण की सामग्री तथा विधियों में सुधार लाने का उपक्रम है।

1971 में ग्राउबर्ग ने अपने अध्ययन के निष्कर्ष में बताया था कि भाषा-1 द्वारा शब्दों में 25% तथा वाक्यों में 10% तक व्याघात (इंटरफीयरेंस) उपस्थित होता है। जे० सी० रिचर्ड्स ने 1971 में ही सिद्ध किया कि भाषा-1 के व्याघात के कारण भाषा-2 सीखने में 53% त्रुटियाँ होती हैं। यह व्याघात भाषा के चारों स्तरों—ध्वनि, रूप, वाक्य तथा अर्थ—से सम्बद्ध होता है, क्योंकि भाषा-2 की हर अपरिचित स्थिति में शिक्षार्थी भाषा-1 की परिचित स्थिति को ढूँढ़ता रहता है।

व्यतिरेकी विश्लेषणवादियों का एक वर्ग पूर्वानुमानवादी (प्रिडिक्शनिस्ट) कहलाया क्योंकि ये लोग पूर्वानुमान के आधार पर भाषा-शिक्षण की सामग्री, विधि, शिक्षा कार्य को योजनाबद्ध करते हैं। दूसरा वर्ग व्याख्यावादी कहलाया क्योंकि ये लोग भाषाओं के विरोधी बिन्दुओं से अलग किस्म के भाषा-दोषों के कारणों का पता लगाकर उनकी व्याख्या का प्रयास करते हैं। इस प्रकार दोनों वर्गों को मिलाकर भाषा-2 सीखने की समस्त कठिनाइयों के निराकरण का प्रयास

सम्भव बनाया जा सकता है।

एल० न्यूमार्क तथा डी० रेइबेल (L. Newmark & D. Reibel)—जैसे लोगों के अनुसार भाषा-1 के कारण भाषा-2 सीखने में त्रुटियाँ नहीं होतीं—असल कारण तो भाषा-2 की भाषिक संरचना का अज्ञान होता है। इस मत से सहमत होना इसलिए कठिन है क्योंकि मातृभाषा की संरचना से अनजान रहने के बावजूद उसे सहजता से सीखा जाता है जबकि भाषा-2 सीखने में कठिनाई उससे अनेक गुना अधिक होती है। हाँ, यह अवश्य है कि भाषा-2 सीखने के मार्ग में एकमात्र बाधा मातृभाषा नहीं है और भी बाधाएँ हैं; जैसे शिक्षार्थी या/तथा शिक्षक की व्यक्तिगत अक्षमता, शिक्षण विधि की कमियाँ, उद्देश्य में विश्वास का अभाव आदि। किन्तु इसमें सन्देह नहीं कि भाषा-1 का व्याघात सबसे बड़ा है।

इसके लिए केवल भाषा-1 और भाषा-2 की तुलना के द्वारा विरोधों को जाहिर कर देना ही सब कुछ नहीं है, बल्कि जहाँ विरोध है वहाँ भाषा-1 के कथ्य को भाषा-2 में कैसे अभिव्यक्त किया जाए—इसका निदान भी आवश्यक है। इस संदर्भ में व्यतिरेकी विश्लेषण तथा भाषा-दोष विश्लेषण एक-दूसरे के पूरक हैं।

चॉम्सकी तथा हैरिस के रूपान्तरण व्याकरण (ट्रांसफोर्मेशनल ग्रामर) के विकास से यह धारणा सामने आयी कि भाषा 'नियमों का समुच्चय' है और नयी भाषा सीखने का अर्थ नये नियम सीखना होता है। इस परिभाषा ने विश्लेषण-वादियों की 'आदतों का समूह' धारणा को नकारा। बाद में प्रायोगिक रूपान्तरण व्याकरण और रूपान्तरण प्रजनन मूलक मॉडल सामने आए। किन्तु व्यतिरेकी विश्लेषण के अन्तर्गत शिक्षार्थी की भाषिक प्रक्रियाओं का अध्ययन करने में इनकी सफलता संदिग्ध रही। भाषा चाहे देशी हो अथवा विदेशी, केवल नियमों के आधार पर उसे सीखना असम्भव है। सम्भव है, भाषाशास्त्र इस सम्बन्ध में पूरी मदद न भी कर सके, किन्तु अनुभवी भाषा शिक्षक कठिनाइयों की जानकारी और उनके निराकरण के लिए अन्य उपायों का भी सहारा लेता है। अध्यापक को शिक्षार्थी की आयु, बुद्धि, शिक्षास्तर, रुचि, प्रवृत्ति का ध्यान रहना चाहिए। उसे भाषा-1 और भाषा-2 का अधिकारी ज्ञाता होना चाहिए। दोनों भाषाओं के भौगोलिक राज-नैतिक और सांस्कृतिक परिवेश तथा सम्बद्ध क्षेत्रीय बोलियों की यथासम्भव जानकारी सुविधाजनक होगी। जिन शिक्षकों की स्रोत-भाषा या लक्ष्यभाषा में से कोई भी मातृभाषा नहीं है उनके लिए तो व्यतिरेकी विश्लेषण वरदान ही है।

यह एक रोचक तथ्य है कि भाषा-1 और भाषा-2 में बिल्कुल ही साम्य नहीं हो तो केवल वैषम्य के अध्ययन से वैसी कठिनाई नहीं उत्पन्न होती, किन्तु भारतीय भाषाओं में—चाहे वे समान भाषा परिवार की हों अथवा भिन्न भाषा परिवार की—संस्कृत की शब्दावली, धातु, व्याकरण, साहित्य, संस्कृति आदि के कारण हिन्दी से उनकी समानता और वैषम्य दोनों हैं। यहाँ हम उदाहरण के तौर पर प्रथम

भाषा के रूप में बंगला को रखकर देखेंगे कि मातृभाषा ज्ञान के कारण हिन्दी सीखने में कैसे व्याघात (इंटरफीयरेंस) उत्पन्न होता है।

हिन्दी और बंगला एक ही भारतीय आर्य-भाषा परिवार की भाषाएँ हैं जिनमें साम्य-वैषम्य लिपि से लेकर उच्चारण, शब्द, वाक्य, व्याकरण—हर अंग में दिखायी पड़ते हैं। चूँकि प्रथम भाषा के रूप में बंगला शिक्षार्थी की रक्त-मांस-मज्जा और मानसिकता का अंग बन चुकी है अतः अपनी पूर्व आदतों और अभ्यासों को दूसरी भाषा में गाहे-ब-गाहे आरोपित करके वह बार-बार चूकता है।

हम लिपि से ही क्यों न आरम्भ करें? साम्य-वैषम्य बंगला और हिन्दी की लिपियों में मिलते हैं और बंगला लिपि के उच्चारण की आदत के कारण जब बंगला-भाषी हिन्दी सीखता है तो गलत उच्चारण करता है। दोनों लिपियों में वर्णमाला के अनेक साम्य स्पष्ट दृष्टिगोचर होते हैं जैसे—

हिन्दी : देवनागरी	-	अ	आ	क	घ	ज	ट	ठ	ड	ढ	थ	द
बंगला लिपि	-	অ	আ	ক	ঘ	জ	ট	ঠ	ড	ঢ	থ	দ

हिन्दी : देवनागरी :	-	ध	न	फ	ब	म	य	ल	व
बंगला लिपि	-	ধ	ন	ফ	ব	ম	য়	ল	ব

किन्तु हिन्दी की लिपि में जो दीर्घ 'ऊ' का चिह्न है (ू) वह बंगला में ह्रस्व उ के चिह्न के रूप में प्रयुक्त होता है और शिक्षार्थी यह गलती अक्सर करता है। दोनों लिपियों में विसर्ग-चिह्न तो समान (:) है, पर अनुस्वार का भेद है। बंगला संयुक्ताक्षरों में तो बेहद असमानता है। बंगला में "व" का उच्चारण हिन्दी जैसा नहीं होता। जावा, खावा, मवा और जवाहर के उच्चारण [illegible] जाओया, खाओया, मओया और जहर के रूप में बंगला-भाषी करता है। "य" का उच्चारण "ज" होता है, यथा-यवन को जवन बोला जाता है। "य" के लिए चिह्न "য়" होता है। ब और व दोनों के लिए बंगला में "ব" चिह्न है।

हिन्दी और बंगला में लिंग और वचन एक समान (दो) ही हैं, किन्तु बंगला वाक्यों में क्रिया का कर्त्ता या कर्म के साथ वैसा सम्बन्ध बिल्कुल नहीं होता जैसा हिन्दी में होता है। हिन्दी में सर्वनाम के लिंग-वचन का पता क्रिया से चल जाता है किन्तु बंगला में ऐसा नहीं होता। बंगला भाषी लिंगवचन प्रकरण में हिन्दी में सबसे अधिक गोलमाल करते हैं। बंगला में लिंग-विचार केवल संज्ञा—(जैसे नद-नदी, किशोर-किशोरी, छेले-मेये, देव-देवी, लेखक-लेखिका, नायक-नायिका) तथा एकाध विशेषण (सुन्दर-सुन्दरी) में किया जाता है। यहाँ तक हिन्दी से उसकी समानता है, किन्तु बंगला-भाषी क्रिया से सम्बन्धित लिंग के सम्मुख पहुँचकर

घबड़ा जाता है क्योंकि यह चीज बंगला में है ही नहीं। हिन्दी की तरह लिंगानुरूप विशेषण भी वहाँ नहीं। जैसे—

	हिन्दी	बंगला
लिंग	1. छोटा लड़का चलता है	छोटो छेले चले
	2. छोटी लड़की चलती है	छोटो मेये चले
वचन	3. छोटे लड़के चलते हैं	छोटो छेलेरा चले
	4. मैं चलता हूँ	आमि चलि
लिंग	5. मैं चलती हूँ	आमि चलि

हिन्दी-बंगला कारक विभक्तियों को लेकर भी पर्याप्त साम्य-वैषम्य दिखायी देता है। बंगला में करण तथा अपादान कारक के लिए कोई आधा-आधा दर्जन शब्द और चिह्न (जैसे ए, ते, दिया, कर्तृक, पूर्ब्बक, करिया, हइते, हैते, थेके, चेये आदि) हैं। बंगला-भाषी इन सबका पर्याय हिन्दी में ढूँढ़ता है और नहीं पाने पर झुंझलाता है। हिन्दी चिह्न 'से' को बंगला में अलग सन्दर्भ में अलग चिह्न द्वारा व्यक्त किया है जाता जैसे घर से लौटकर (बाड़ि थेके फिरे), तुम से वह बहुत अच्छा है (तोमार चेये से अनेक भालो), तुमने जो दवा दी उससे आँख में दर्द होता है (तुमि जे औषुध दिले ताहाते चक्षुते वेदना यह), जल से वाष्प होता है (जले वाष्प हय), इस प्रकार दोनों भाषाओं में होनेवाली अनुवाद की कठिनाई का थोड़ा अन्दाजा लग सकता है। बंगला में अधिकरण के लिए 'ए' और 'य' चिह्न हैं जो हिन्दी 'में' के समानार्थी हैं किन्तु उनका बंगला प्रयोग अनुवाद की समस्या उत्पन्न करता है—

बंगला	हिन्दी
1. जले माछ आछे।	मछली जल में है।
2. विद्याय अनुराग आछे।	विद्या में अनुराग है।
3. वृष्टि ठिक समये हइयाछे।	वर्षा ठीक समय पर हुई है।
4. निजेर कथाय थाक।	अपनी बात पर रहो।

किसी बंगला-भाषी अनुवादक से 'वर्षा ठीक समय में हुई" और 'अपनी बात में रहो' पढ़कर अचरज नहीं होना चाहिए।

सर्वनामों की दृष्टि से बंगला में हिन्दी की अपेक्षा कुछ अधिक ही रूप मिलते हैं। हिन्दी में अनादर सूचक 'तू' (बंगला 'तुइ') का बहुवचन नहीं होता जबकि बंगला में होता है ('तुइ' एकवचन, 'तोरा' बहुवचन)। हिन्दी में 'तुम' का एकवचन नहीं होता जबकि बंगला में होता है—

हिन्दी	बंगला
एकवचन (तुम खाता है) ×	तुमि खाओ/खाच्छो। ✓
बहुवचन तुम खाते हो। ✓	तोमरा खाओ/खाच्छो। ✓

एकवचन (तुम गया था) × तुमि गिये छिले। √
बहुवचन तुम गए थे। √ तोमरा गिये छिले। √

बंगला आदत के कारण बंगला-भाषी 'तुम खाता है', 'तुम गया था' का गलत प्रयोग धड़ल्ले से करते रहते हैं। बंगला संस्कृति में 'तुमि' का सम्बोधन परिवार में निकटतम सम्बन्धों के बीच (माता-पिता, पति-पत्नी, पिता-माता, पुत्र-पुत्री, भाई-बहन, मित्र) होता है। अगर कोई शिक्षक किसी छात्र को 'आप' कहकर सम्बोधित करे तो इसे दूरी का प्रतीक समझा और बुरा माना जाता है। हिन्दी में आदर सूचक 'आप' का एकवचन प्रयोग क्रिया-रूप की दृष्टि से नहीं होता पर बंगला में 'आपनि' के 'तुमि' की भाँति एकवचन, बहुवचन दोनों ही रूप मिलते हैं। फलतः बंगला-भाषी--'आप जाता है', 'आप गया था' जैसे भ्रान्त प्रयोग करता है। हिन्दी में कर्म और क्रिया विशेषण के आधार पर जो क्रिया का लिंग-वचन निर्धारित होता है, वह बंगला-भाषी के लिए समस्या पैदा करता है क्योंकि बंगला में क्रिया में कोई परिवर्तन नहीं होता।

	हिन्दी	बंगला
लिंग	1. मैं ने रोटी **खायी**	आमि रूटि खेयेछि
	2. मैंने भात **खाया**	आमि भात खेयेछि
वचन	3. मैंने **एक आम खाया**	आमि एकटि आम खेयेछि
	4. मैंने **बहुत से** आम खाये	आमि अनेक गुलि आम खेयेछि
क्रिया विशेषण	5. मोहन **दौड़ता आया**	मोहन दौड़ाइया आसिल
	6. कल्पना **दौड़ती आयी**	कल्पना दौड़ाइया आसिल
	7. वह **दौड़ता आया**	से दौड़ाइया आसिल
	8. वे **दौड़ते आये**	ताहारा दौड़ाइया आसिल

यही कारण है कि हिन्दी वाक्य रचना में बंगला की तरह एकरूपता पाने की उम्मीद में बंगला-भाषी कुछ इस तरह की गलतियाँ कर बैठता है—

वर्तमानकाल	भूतकाल
1. वह सोता है	वह सोया √
2. वह आता है	वह आया √
3. वह जाता है	वह जाया × (सही रूप—वह गया)
4. वह खाता है	वह खाया × (सही रूप—उसने खाया)

हिन्दी का कर्त्ता का 'ने' चिह्न बंगला-भाषियों के लिए एक अलग मुसीबत है और इसी के कारण उनकी हिन्दी हास्यास्पद हो उठती है। ऐसी ही हास्यास्पद स्थिति तब पैदा होती है जब बंगला-भाषी मातृभाषा की तरह हिन्दी उच्चारण

करने लगता है। उदाहरण के लिए हिन्दी में 'अ' स्वनिम सपाट है जबकि बंगला में वर्तुल। बंगला में 'क्ष' का उच्चारण 'ख' होता है। अनेक शब्दों में हिन्दी-बंगला वर्तनी समान होते हुए भी उनके उच्चारण में भिन्नता होती है। जैसे—

हिन्दी-बंगला	बंगला उच्चारण	हिन्दी-बंगला वर्तनी	बंगला उच्चारण
क्षमा	खोमा	सात	शात
पद्मा	पोद्दा	शेष	शेश
य, व, स	ज, ब, श	अजय	ओजोय
सत्य	शोत्तो	जल	जोल
हत्या	होत्ता	कलम	कोलोम
द्वारा	द्दारा	सब	शोब
संज्ञा	शोंग्गा	शहर	शोहोर
विज्ञान	बिग्गान	कमल	कोमोल

इसी से हिन्दी शब्दों में बंगला-भाषी का मातृभाषा के कारण उच्चारणपरक व्याघात बहुत खटकनेवाला होता है। कुछ शब्दों के अर्थ भी बंगला और हिन्दी में अलग-अलग हैं किन्तु बंगला-भाषी जब हिन्दी में उनका प्रयोग मातृभाषावाले अर्थ में करता है तो समस्या पैदा होती है। जैसे—

शब्द	हिन्दी में अर्थ	बंगला में अर्थ
दादा	पितामह	बड़ा भाई
बाड़ी	बगीचा	घर
घर	मकान	कमरा
शिक्षक	पढ़ानेवाला	स्कूल में पढ़ानेवाला
अध्यापक	पढ़ानेवाला	कॉलेज/वि० वि० में पढ़ानेवाला
आगे (आगे आओ = सामने) तोमाके आगेइ बोले छिलाम/ = पहले)		
राग	प्रेम	क्रोध, गुस्सा।

बंगला में चाय, सिगरेट आदि के साथ 'खाना' क्रिया का प्रयोग होता है और इसी आदत के तहत बंगला-भाषी अक्सर बोलता है, चाय खिलाओ, सिगरेट खिलाओ आदि।

द्वितीय भाषा-शिक्षण समय-सापेक्ष कार्य है और मातृभाषा के कारण इसमें बहुत-सी भूलें, (मिस्टेक्स) और त्रुटियाँ (एरर्स) होती रहती हैं। समान मातृभाषा-वाले शिक्षार्थियों की गलतियाँ भी लगभग समान होती हैं। इस सम्बन्ध में शिक्षक को यह ध्यान में रखना चाहिए कि भाषा व्यक्ति और समाज के बीच जीवन्त प्रक्रिया के रूप के प्रधानतः मौखिक होती है, अतः छात्रों को पहले मौखिक भाषा के बलाघात-अनुतान आदि से परिचित कराना चाहिए। जरूरी चीज भाषा-

प्रयोग की जानकारी है न कि केवल उसके नियमों की। भाषा का रूप उसके अपने बोलनेवालों (नेटिव स्पीकर्स) के द्वारा निर्धारित होता है, अतः भिन्न मातृभाषा-वाले का यह सवाल बेकार है कि उसे इस तरह होना चाहिए और इस तरह नहीं।

सच पूछा जाए तो हमारे देश में भाषिक व्याघात की तीन स्थितियाँ देखने को मिलती हैं यथा (1) भाषा-1 द्वारा भाषा-2 को दक्षता प्राप्ति में ऋणात्मक अंतरण के कारण व्याघात; (2) भाषा-1 की उपेक्षा के कारण मातृभाषा की दक्षता में व्याघात यथा (3) अंग्रेजी के अनावश्यक प्रभाव के दुष्परिणाम से भाषा-1 तथा भाषा-2 दोनों की दक्षता में व्याघात अर्थात् दुविधा में दोनों गये, माया मिली न राम ! जब तक अंग्रेजी का प्रभुत्व देश में है तब तक मातृभाषाओं तथा राजभाषा हिन्दी का विकास बाधित रहेगा। यह बाधा पिछले सौ वर्षों से तो मिलती ही रही है और अब भी कम नहीं हुई है। वास्तविकता यह है कि अंग्रेजी भाषा-2 के स्थान पर है तथा हिन्दी उससे कहीं पीछे रह रही है। इस संदर्भ में हमारा प्रस्ताव यह है कि छात्रों के पूरे शैक्षिक जीवन में शिक्षा का माध्यम या तो मातृभाषा हो या भाषा-2 हिन्दी अथवा दोनों। तृतीय अथवा अन्य विदेशी भाषा के रूप में अंग्रेजी, रूसी, फ्रेंच आदि को ऐच्छिक भाषा के रूप में शिक्षा के आरम्भिक वर्षों से ही सिखाने का प्रबन्ध होना चाहिए। अवश्य ही द्वितीय भाषा-शिक्षण को दिलचस्प बनाना होगा।

वैसे तो दुनिया में कोई साढ़े तीन हजार भाषाएँ हैं, भारत में पन्द्रह—किन्तु गरीबी और निरक्षरता के कारण हमारे देश में लिपिबद्ध या मौखिक भाषाओं की पहुँच जनता तक नहीं हो पाती। प्राथमिक कार्य तो जनता को साक्षर करने का है। हमारे लिए यह भी चिन्ता का विषय होना चाहिए कि बगैर मातृभाषा का भी पर्याप्त ज्ञान हासिल किये स्कूल छोड़नेवाले छात्रों का प्रतिशत बहुत अधिक है। उन पर दूसरी भाषाओं का बोझ क्या कुछ ज्यादा ही नहीं हो जाता ? हालाँकि यह सच है कि द्वितीय भाषा भी मातृभाषा के सीखने में व्याघात उपस्थित करती है किन्तु ऐसा सरकारी भाषा-नीति के कारण होता है। जहाँ केवल द्वितीय भाषा ही शिक्षा का माध्यम हो तथा मातृभाषा प्रयोग को निरादर मिलता हो वहाँ मातृ-भाषा में कमजोर रह जाना स्वाभाविक है। अंग्रेजी माध्यम से पढ़ाई करनेवाले अधिकांश शिक्षार्थी इसीलिए मातृभाषा में कमजोर रह जाते हैं।

हिन्दी गद्य-भाषा का विकास

रामस्वरूप चतुर्वेदी ने अपनी छोटी-सी पुस्तक 'गद्य की सत्ता' (1977) में एक सवाल उठाया था कि आधुनिक काल को 'गद्य काल' कहना साहित्य के इतिहास में गद्य का महत्त्व निर्धारित करना मात्र है या सचमुच गद्य को 'व्यावहारिक प्रतिष्ठा' भी मिली है? विद्वान आलोचक ने अपने चिन्तन-मनन के पश्चात् आखिरकार यही निष्कर्ष निकाला कि "गद्यकाल में भी हमारी दृष्टि मूलतः कवितावादी है।" कहना न होगा कि यह निष्कर्ष चतुर्वेदी जी का निजी है, यद्यपि उन्हें समानधर्मा चिन्तक भी मिल जा सकते हैं। हिन्दी गद्य से चतुर्वेदी जी गद्य की स्वायत्त सत्ता का अर्थ लगाते हैं जो विधा-निरपेक्ष हो। स्पष्ट ही वे गद्य के किसी वायवीय अस्तित्व की चर्चा नहीं करना चाहते होंगे। वे 'सूचनात्मक गद्य' अर्थात् फीके इतिवृत्त और बलात् लालित्य के बीच का 'अच्छा गद्य' चाहते हैं जो उन्हें दुर्लभ दिखाई देता है। वास्तविकता में हिन्दी गद्य की स्थिति वैसी निराशाजनक कतई नहीं, जैसी चतुर्वेदी जी बताते हैं।

भाषा साहित्य का माध्यम ही नहीं, व्यक्तित्व होती है। जीवन-यथार्थ की, दैनन्दिन बोलचाल की भाषा और साहित्य-भाषा में अन्तर होता है और साम्य भी, क्योंकि साहित्य में सामान्य बोलचाल की भाषा का ही सर्जनात्मक उपयोग होता है। साहित्य में भाषा के गद्य और पद्य ये दो रूप मिलते हैं लेकिन पद्य-रूप निरपवाद रूप से पूर्ण विश्व साहित्य में गद्य की अपेक्षा पहले से उपलब्ध होते हैं। इस बात से कतिपय विद्वान यह निष्कर्ष निकालते हैं कि पद्य का चलन जीवन-व्यवहार में भी गद्य से पहले से रहा होगा। लेकिन यह धारणा ठीक नहीं जान पड़ती कि पद्य का आरम्भ गद्य से पहले हुआ होगा। वस्तु-स्थिति इसके विपरीत रही होगी क्योंकि सामान्य अभिव्यक्ति, आपसी वार्तालाप आदि का स्वाभाविक माध्यम गद्य है न कि पद्य। गद्य अपेक्षाकृत सुगम तथा व्यापक होता है। गद्य का साहित्य में पहले समारम्भ होने का कारण छापेखाने के अभाव के सिवा कुछ नहीं जान पड़ता। पद्य स्मृति में संरक्षित किये जाने की दृष्टि से अवश्य उपयोगी हैं क्योंकि इनमें स्पष्ट छंदोबद्धता होती है, लेकिन अत्यन्त प्राचीन काल से दैनिक

लोक-व्यवहार में गद्य ही प्रयुक्त होता रहा है—इसमें संदेह की गुंजाइश नहीं जान पड़ती।

गद्य और पद्य के भाषिक रूपों में जो अन्तर दिखाई पड़ता है वह वास्तव में छंद का अन्तर है। मोटे तौर पर पद्य हमारी अनुभूतियों और संवेदनाओं की अभिव्यक्ति करता है जबकि गद्य हमारे तर्कयुक्त विचारों और चिंतन की। अगर हम पद्य को कविता की भाषा मान लें तो डी० डब्ल्यू० रेनी (D.W. Rennie) के शब्दों में कह सकते हैं कि कविता बौद्धिक सर्जना करती है और गद्य बौद्धिक निर्माण करता है (7 : 24 पर उद्धृत)। पद्य अर्थात् कविता की भाषा सांकेतिक होती है जबकि गद्य विवरणात्मक होता है। गद्य के द्वारा पाठक और श्रोता को लेखक और वक्ता के अभिप्रेत विचारों के अपेक्षाकृत निकटतर लाया जा सकता है।

गद्य 'गद्' धातु से बना है जिसका अर्थ है बोलना। अब 'गद्य' का अर्थ हुआ 'जो बोलने योग्य हो'। लेकिन समस्त गद्यात्मक अभिव्यक्तियाँ एक-जैसी प्रभावकारी नहीं होतीं। विचारों के कथन को लेकर सामान्यतः तीन स्थितियाँ दिखाई देती हैं। कभी तो अभिप्रेत शब्दों के बहुत प्रयोग के बावजूद कथ्य अनभिव्यक्त ही रह जाता है,[1] कभी साधारण रूप मे अभिव्यक्त हो पाता है और कभी उसकी विशिष्ट अभिव्यक्ति होती है। भारतीय मनीषा ने गद्य के इसी वैशिष्ट्य को कविता की भाषा अर्थात् पद्य से भी ऊपर रखते हुए कहा था, 'गद्य कवीनां निकषं वदन्ति।' यह गद्य विषयानुरूप बौद्धिक, भावनात्मक और सौन्दर्यविषयक होता है। फिर भी भाषा साधक ही है, साध्य नहीं। साध्य बनने पर उसमें से चमत्कार के सिवा कुछ हाथ नहीं आता। भाषा पाठक की ग्रहणशीलता को पूर्ण करने के लिए मनोभूमिका तैयार करती है। काव्य की भाँति गद्य में भी लय होती है जो शब्दों के उपयुक्त चुनाव और संघटन पर निर्भर करती है। नादगुण गद्य में भी होता है। शब्द और अर्थ का सम्बन्ध प्रसाद, माधुर्य और ओज गुणों से अच्छी तरह प्रकट होता है।

'हिन्दी भाषा का विकास' पुस्तक में डॉ० धीरेन्द्र वर्मा ने हिन्दी के विकासात्मक रूपों को तीन सरल अवस्थाओं में वर्गीकृत करके पहचानने की कोशिश की थी। उनके अनुसार (1) प्राचीनकाल (1100 से 1500 ई०) की हिन्दी पर अपभ्रंश-प्राकृत का गहरा प्रभाव था। (2) मध्यकाल (1500 से 1800 ई०) में हिन्दी की अवधी, ब्रज आदि बोलियों का स्वतंत्र विकास संभव

1. "Incurable dysentry of words"— F.L. Lucas.

तथा —"Words are like leaves where they most abound. Much fruits of sense beneath is rarely found."—Alexender Pope

हुआ। (3) आधुनिक काल (सन् 1800 ई० से) में गद्य (खड़ीबोली) की समग्र प्रगति दिखाई देने लगी।

सामाजिक दृष्टि से ललित मोहन अवस्थी ने इस विभाजन को और भी स्पष्ट करने का प्रयास करते हुए सामन्ती तथा पूँजीवादी युगों का वर्गीकरण किया। उनके अनुसार गद्य का आदिकाल या आरम्भिक काल (1000 ई० से 1200 ई०) हिन्दू शासन का युग था, पूर्व मध्यकाल या पूर्व मुगलकाल (1200 ई० से 1500 ई०) मुसलिम शासन का युग था। फिर उत्तर मध्यकाल (1500 ई० से 1800 ई० तक) मुगल साम्राज्य का काल था। पूँजीवादी युग के आरम्भ से आधुनिक काल (1800 ई० से 1947 ई०) की शुरुआत होती है और यह आंग्ल-शासन का जमाना था। श्री अवस्थी ने इसके भी कई उपविभाग किये हैं, जैसे— (क) पूर्व-भारतेन्दु युग (1800 ई० से 1850 ई०), (ख) भारतेन्दु युग (1850 ई० से 1900 ई०), (ग) द्विवेदी युग (1900 ई० से 1925 ई०), (घ) प्रेमचन्द युग या हिन्दुस्तानी युग (1925 ई० 1947 ई०) (ङ) वर्तमानकाल या स्वातंत्र्योत्तर युग (1947—)।

प्रायः सभी आधुनिक भारतीय आर्य भाषाओं की भाँति हिन्दी गद्य का विकास भी अप्रभ्रंश से हुआ, यद्यपि गद्य के प्राचीनतम उपलब्ध उदाहरण को लेकर भाषा के इतिहासकारों में मतवैभिन्य है। कोई रोडा नामक कवि की कृति 'राउलवेल' में गद्य का प्रथम उदाहरण पाते हैं जिसमें गद्य और पद्य दोनों हैं और जो रचना 11वीं शती के एक शिलालेख के रूप में उत्कीर्ण मिली है (5 : 3) तो कोई मानते हैं कि 1154 ई० के पूर्व गाहडवार राजा गोविन्द चन्द्र के सभापंडित दामोदर भट्ट-रचित 'उचित व्यक्ति प्रकरण' में बनारस के आसपास की देसी भाषा का गद्य सबसे प्राचीन उपलब्ध उदाहरण है। (7 : 137) वास्तव में देसी भाषाओं का यह सन्धिकाल था और गद्य की यह 'तरलावस्था' थी। गद्य के उदाहरण तो 8वीं-9वीं शती से उपलब्ध होते हैं। संभव है गद्य भाषा की शुरुआत इसके भी 3-4 शती पूर्व हो गई हो। अगर चन्द नाहटा ने अपने लेख 'हिन्दी भाषा की उत्पत्ति, स्थान व समय' (ब्रजभारती, सं० 2004 वि० अंक 6-7) में प्रसिद्ध अप्रभ्रंश ग्रंथ 'कुवलय माला' से प्राचीनतम हिन्दी गद्य का उदाहरण दिया है— 'णय-णीति-सन्धि, विग्गह पडुए बहु जंपिता पयतो ए। तेरे-मेरे-आडे तिजंपिरे मज्फदेस य।'

वास्तव में मध्यदेश की मध्यकालीन भाषा में भारत के विभिन्न क्षेत्र की भाषिक प्रवृत्तियाँ मिली-जुली थीं। संक्रांतिकालीन भाषा की तरलावस्था में असमिया, ओडिया, बंगला, मैथिली, ब्रज, अवधी, बुन्देलखंडी, गुजराती, मराठी आदि भाषाएँ अपना उत्स देख सकती हैं। विद्यापति को हिन्दी, नेपाली, मैथिली, असमिया, बंगला आदि भाषाओं का कवि माना जाना इस बात का प्रमाण है।

महाराष्ट्र-गुजरात में हिन्दी गद्य का रूप कवि सोमेश्वर 'सर्वज्ञभूप' की रचना 'मानसोल्लास' (1184 वि०) में मिलता है। "नन्द गोकुल जायो कान्ह जो गोरी जणे पडि हेली के नयणों जो दिया करणा भरआ बिनाह्वाणि हक्कारिआ कान्हाँ भरडा सो आह्वणा चितिआ देउ बुध रूपण जो दाणव पुरां वचाउणी वेद पुःरूपेण।" 15वीं शती के आरम्भ में विद्यापति की 'कीर्तिलता' (1403-1428) में बीच-बीच में गद्य भी है—"जैन्ने राएँ अतुलतर विक्रम विक्रमादित्य करेओं तुलनाएँ 1921 साहस साधि, पातसाहि आराधि, दुष्टा करेओं चूरेओं 1931" असमिया के शंकरदेव के "श्री राम विजय नाट" (अंकियानाट की ब्रजावलि भाषा 15-16वीं सदी) में परशुराम को ललकारते हुए राम कहते हैं—"अए दुष्ट द्विजाधम, क्षत्रिय सब मारि तुहू गरब करैवँ तोहार माता रेणुका के काटि पाप आचरल। सोहि कथा करिया। कि आमाक भीति देखाअ! रह-रह। आजु तुहू यमपुर देखवे।" इसके पूर्व 14वीं सदी में ज्योतिरीश्वर ठाकुर की गद्य कृति 'वर्ण रत्नाकर' साहित्य-शिक्षा का ग्रंथ है जो विषय-विवेचन सम्बन्धी शब्द सम्पदा से पर्याप्त समृद्ध है। गोरखनाथ के 'गोरखसार' में भी प्रचुर गद्य है। धार्मिक-साम्प्रदायिक गद्य में व्याख्यात्मक प्रवृत्ति मिलती है। गद्य नाटकों तथा वर्णनात्मक चरित कथाओं में भी उपलब्ध होता है। नाथों के गद्य का एक उदाहरण देखा जा सकता है—कहयां सुण्यां सूँ कैसा। गगन मंडल में ताली लागी। जोग पंथ है ऐसा।" इसकी तुलना अमीर खुसरो (1253-1325 ई०) की भाषा से की जा सकती है।

अपभ्रंशभास या प्राचीन हिन्दी के रूप में हिन्दी गद्य का आरम्भ 14वीं सदी से देखा जा सकता है जिसे आधुनिक शोध अविच्छिन परम्परा के रूप में प्रमाणित करते हैं। 14वीं सदी के आरम्भ से भक्ति आन्दोलन ने शास्त्रों और जनता का सम्बन्ध तत्सम-प्रधान भाषा से जोड़ा और वह प्रवृत्ति उर्दू को छोड़कर सभी आधुनिक भारतीय भाषाओं में मिलती है। जब भी संस्कृतगर्भिता के चलते दुरूहता बढ़ती लगी तो इसे जनभाषा के निकट लाया गया। शुक्ल जी के अनुसार सन् 1343 के आसपास ब्रजभाषा गद्य का नमूना मिलता है।

मध्ययुग में गद्य भाषा धार्मिक-साम्प्रदायिक सिद्धांतों-विचारों, टीकाओं और गद्य रूपवाली वचनिकाओं में मिलती है। सन् 1660 (सं० 1770) में लिखित 'राठोड़ रतन सिंघ जी की वचनिका' से एक उदाहरण देखा जा सकता है—"तिण सहर री पारवती सलिला सरोवर कमोद जल कमल संजुगत विराजमान दीसै छै 1:31 हंस मोती चुगि-चुगि क्रीडा करै छै 134।।" लगभग 1637 ई० में महाराजा जसवंतसिंह कृत 'प्रबोध चन्द्रोदय' के स्वतन्त्र अनुवाद से यह गद्य-उदाहरण है—"अहो यह अचिरज देखो कि देह में छेद करियै तो आतमा कहाँ पाइये तिनमें कहत है ए ब्राह्मण ए छत्री ए वैस ए सौद्र। यह परायी स्त्री है। यह

परायी धन है। पै हम तो यह भेद कछू न जान्यो। आतमा कहाँ है? मरिबौ ही मोष।"

डॉ० सत्येन्द्र ने अपनी पुस्तक 'हिन्दी गद्य का परिप्रेक्ष्य' में गद्यधारा की निरन्तर प्रवहमानता को दिखाते हुए कोई 86 ग्रंथों की सूची पेश की है जिनमें गोरखसार (गोरखनाथ—1400 ई०), शृंगार रसमंडन, यमुनाष्टक, नवरत्न (गोसाईं विट्ठलनाथ 1572-1642 ई०), चौरासी तथा दो सौ बावन वैष्णवन की वार्त्ता (गोसाईं गोकुलनाथ—17वीं सदी) चंद छंद बरनन की महिमा (गंग, संदिग्ध 1629 वि०), अष्टयाम (नाभादास—1657 ई०) बनारसी विलास (बनारसीदास जैन) जैसे जाने-पहचाने नाम शामिल हैं।

प्रश्न उठता है कि क्या ये समस्त खड़ीबोली हिन्दी के गद्य ग्रंथ हैं? उत्तर कठिन नहीं है क्योंकि "खड़ीबोली न तो ब्रजभाषा से और न उर्दू से विकसित हुई बल्कि कुरुदेशीय अपभ्रंश से विकसित यह एक सहज बोली थी जिसका बोलचाल के रूप में बहुत प्राचीन काल से व्यापक प्रचार था।...सच्ची बात तो यह है कि जिन लोगों के पास जनता के लिए कुछ संदेश था उन सभी लोगों ने जनसाधारण में प्रचलित इसी हिन्दी को अपनी अभिव्यक्ति का माध्यम बनाया चाहे वे दक्खिन और महाराष्ट्र के महानुभाव और वारकरी आदि पंथों के संत हों चाहे मध्य देश के नाथपंथी और कबीरपंथी संत हों अथवा पंजाब के सिक्ख गुरु हों। यहाँ तक कि मुसलमानों और ईसाइयो को भी जनसाधारण से कुछ कहना हुआ तो यही हिन्दी अपनायी गयी।" (1 : 30)

खड़ीबोली का खालिस रूप दक्खिनी भाषा में मिलता है जिसमें प्रथम गद्य ग्रंथ शेख बुरहानुद्दीन जानम (1582 ई०) का 'कलिमतुल हकाइक' बताया जाता है। (9 : 100) जानम के पूर्व ख्वाजा बन्दानवाज गेसूदराज (1442 ई० में रचित) की 'मेराजुल आशिकीनी' में भी गद्य के उदाहरण मिलते हैं, यथा—"नवी कहे तहजीब के दरमियान से सत्रह हजार परदे उजियाले के हौर अंधियारे के, अगर उसमें ते एकपरदा उठ जाये तो उसकी आँच से मैं जलूं।" मुल्ला वजही (1566-67) का 'सबरस' गद्यकाव्य कहला सकता है। उनकी 'ताजुल हकायक' में दार्शनिक बातें हैं। वजही अच्छे निबंधकार थे। उनके उद्यान वर्णन का एक उदाहरण देखा जा सकता है—"हैरान होकर देखने लाग्या। ज्यूं बाग में तो कलियाँ सब फूल कर फूल होकर त्यों रल्याँ। ठारें ठार। चारों तरफ झलकते हैं झलकार। झाड़ाँ ने सब ताजा किये हैं सिंगार।..." जानम की 'कलिमतुल हकाइक' का गद्य भी साफ है। उसमें भी तुकप्रियता झलकती है जो दक्खिनी का खास अन्दाज है—

"सहज-सहज सूं तेरा ठार व सहज हुआ भी तूज थे बार। जघाँ कुछ न था भी था तुहीं, दूजा शरीक कोई नहीं। ऐसा हाल समजना खुदा थे खुदा कूं, जिस

पर करम खुदा का होय।" शाह मीरन के बेटे बुरहानुद्दीन जानम का कहना था—"ऐब न राखे हिन्दी बोल।" खुद शाह मीरन फरमाते थे—"यह बोलूँ हिन्दी सब/इन अरथों के सबब।" शाह मलिक ने कहा—"दक्खिनी में बोल्या है सब।"

इस प्रकार हम पाते हैं कि कुरुदेशीय अपभ्रंश से विकसित खड़ीबोली भारत में प्राचीन समय में व्यापक रूप से प्रचलित थी। यह दक्खिनी के मुसलमान कवियों की स्वाभाविक भाषा थी। ब्रजभाषा धर्म का आश्रय लेकर साहित्य भाषा बनी थी, उर्दू राज्य का आश्रय लेकर साहित्य में आयी, मगर खड़ीबोली ने आरम्भ से ही लोकाश्रय में रहकर दैनिक बोलचाल और व्यवहार के द्वारा साहित्यिक भाषा का दर्जा पाया। अठारहवीं सदी के दक्खिनी रचनाकारों ने बहुत बार हिन्दी का नाम उल्लेख किया। 1705 ई० में काजी महमूद बहरी ने बताया था : "हिन्दी तो जबाँ है हमारी।" इन्हीं के समकालीन नबाजिदा अली खाँ शैदा का कहना था—"किताब इक तूँ बना हिन्दी जबाँ सूँ।"

1741 ई० में रामप्रसाद निरंजनी ने 'भाषा योग वाशिष्ठ' नामक गद्य ग्रथ लिखा, जिसमें खड़ीबोली गद्य का प्रांजल रूप दिखाई देता है; "प्रथम परब्रह्म परमात्मा को नमस्कार है जिससे सब भासते हैं और जिसमें सब लीन और स्थित होते हैं ... जिस आनन्द के समुद्र के कण से सम्पूर्ण विश्व आनन्दमय है, जिस आनन्द से सब जीव जीते हैं ... अगस्त मुनि बोले कि है ब्रह्मण्य ! केवल कर्म से मोक्ष नहीं होता और न केवल ज्ञान से मोक्ष होता है। मोक्ष दोनों से प्राप्त होता है।"

मुंशी सदासुख लाल 'सुखसागर' ने 1764-1824 के बीच 'सुरासुरनिर्णय' नामक निबन्ध संग्रह की रचना की थी जो अपनी गद्यभाषा के लिए इतिहासकारों का ध्यान आकृष्ट कर सकी थी।

गद्य का आधुनिक काल

इतिहासकारों ने सन् 1800 ई० से गद्य का आधुनिक काल माना है और यह केवल संयोग ही है कि इसी वर्ष 4 मई को कलकत्ता में फोर्ट विलियम कॉलेज की स्थापना हुई थी, जिससे हिन्दी के कई गद्यकार जुड़े हुए थे। गद्यक्षेत्र में एक प्रसिद्ध शैलीकार मुंशी इंशा अल्लाहखान 'इंशा' ने, जिनकी मृत्यु 1816 ई० में हुई सन् 1800 से 1808 के बीच अपनी लोकप्रिय कथा-रचना 'रानी केतकी की कहानी उर्फ उदयमान चरित' की थी। इंशा ने लिखा—"एक दिन बैठे-बैठे यह बात अपने ध्यान में चढ़ी कि कोई कहानी ऐसी कहिए कि जिसमें हिन्दी की छुट और किसी बोली का पुट न मिले, तब जाके मेरा जी फूल की कली के रूप से खिले। बाहर की बोली और गंवारी कुछ उसके बीच में नहीं। अपने मिलने-वालों में से एक कोई पढ़े-लिखे, पुराने-धुराने डाँग बूढ़े धाग यह खटराग लाए। सिर हिलाकर, मुँह धुधाकर, नाक-भौहें चढ़ाकर, आँखें फिराकर कहने लगे—यह

बात होते दिखायी नहीं देती। हिन्दवीपन भी न निकले और भाखापन भी न हो।" इंशा के गद्य में भाषा की कूदफाँद, लपट-झपट, चंचलता और चुलबुलाहट देखते ही बनती है। सन् 1800 ई० के आसपास तक खड़ीबोली गद्य का जो विकास हुआ उसमें भावप्रकाशन की क्षमता तो दिखायी पड़ती है किन्तु प्रौढ़ता का अभाव है।

'खड़ीबोली' शब्द का प्रथम प्रयोग 1803 में लल्लूलाल, सदल मिश्र और गिलक्रिस्ट-जैसे फोर्ट विलियम कॉलेज, कलकत्ता से जुड़े लोगों ने किया। इसे 'हिन्दुस्तानी' भी कहा गया। लल्लूलाल जी इसे 'दिल्ली आगरे की खड़ीबोली' ('प्रेमसागर') कहते थे। कुरु प्रदेश की यह बोली भारत के बड़े भू-भाग में समझी-बोली जाती थी। खड़ीबोली को गिलक्रिस्ट 'भारत की निर्मल बोली' (Sterling tongue of India) कहते थे। इसमें अरबी-फारसी के शब्द नहीं होते थे। उर्दू के समर्थक इसे 'गँवारु' समझते थे, जो, उनके विचार से, बुद्धिजीवियों, न्यायालयों और शिक्षा की भाषा नहीं बन सकती थी। टी० ग्राहम बेली ने जब 'गँवारु' आक्षेप का खण्डन किया तो उसमानिया विश्वविद्यालय के प्रोफेसर हक ने क्रोध से कहा था—"यह गजब है खड़ीबोली के माने हिन्दोस्तान में आम-तौर पर गँवारी बोली है जिसे हिन्दोस्तान का बच्चा-बच्चा जानता है, वह न कोई खास जबान है न उसकी कोई शाखा' (1 : 4) प्रोफेसर हक के कथन का अन्तर्विरोध अपने-आप में जाहिर है। 'जामह-उल-लुगता' में खड़ीबोली का अर्थ 'मर्दों की बोली' बताया गया है। (1 : 5) खड़ीबोली को दूसरी ओर सरल, आमफहम और लोकप्रिय भाषा माना गया। ग्राहम बेली 'खड़ी' को खड़ा का स्त्रीलिंग रूप मानते थे। कामताप्रसाद गुरु के अनुसार बुन्देलखण्डी में इसे 'ठाढ़ बोली' (ठाढ़ = खड़ा) कहते हैं। उर्दू के कुछ समर्थक 'नयी गढ़ी हुई शैली' मानते थे। 'खड़ी' को खरी मानकर इसे शुद्ध, परिष्कृत भाषा के रूप में भी देखा गया क्योंकि इसमें से अरबी-फारसी शब्दों को छाँट दिया गया था। डॉ० धीरेन्द्र वर्मा इसे 'ब्रजभाषा की अपेक्षा खड़ी-खड़ी' (रुखड़ी) मानते थे। बद्रीनारायण चौधरी 'प्रेमधन' इसे 'खरी' कहना पसन्द करते थे। इसे लोगों ने 'ठेठ हिन्दी' (सूखी हिन्दी) भी कहा। कुछ विद्वान ब्रज, गुजराती, राजस्थानी आदि को 'ओ' कारान्त होने के कारण 'पड़ी' मानते हुए उनकी तुलना में हिन्दी को 'आ' कारन्त होने के चलते 'खड़ी' बताते थे। अठारहवीं सदी में (सन् 1750 ई० के आसपास) 'तारीख गरीबी' का लेखक लिखता है—"लिखा निपटकर सीधी बोली। जो कुछ गठरी थी सो खोली।" अर्थात उर्दू की तुलना में जनता इसे सीधी या सरल बोली समझती थी।

ग्रियर्सन ने 'हिन्दुस्थानी' के दो भेद Vernacular Hindustani तथा Literary Hindustani (बोलचाल की तथा साहित्यिक हिन्दुस्तानी) किये। साहित्यिक हिन्दुस्तानी की उन्होंने चार शैलियाँ—उर्दू, रेखता, दक्खिनी और

हिन्दी मानी। वस्तुत: अंग्रेजों ने 'इंडिया' की प्रधान भाषा समझकर ही हिन्दी को (Indostani > Hindostani) कहना आरम्भ किया था। हिन्दी का मूलाधार खड़ीबोली है जो बहुत पहले से बातचीत की भाषा थी जिसमें ब्रजभाषा की मधुरता के साथ साहित्य-सर्जना हुई। इसमें अरबी-फारसी के शब्द मिलाकर ही उर्दू भाषा का निर्माण हुआ। इस प्रकार खड़ीबोली का ब्रजभाषा से द्वन्द्वात्मक सम्बन्ध बनता है। इसका ब्रजभाषा से नजदीकी रिश्ता भी है और खड़ीबोली के आगमन से ब्रजभाषा का साम्राज्य उखड़ने भी लगा।

उन्नीसवीं सदी के आरम्भ में रचा गया लल्लूजी लाल का 'प्रेमसागर' बड़ा ही लोकप्रिय ग्रंथ साबित हुआ। 1805, 1810, 1825, 1831 और 1842 ई० में इसके पाँच संस्करण प्रकाशित हुए। ईस्टविक द्वारा 'प्रेमसागर' का प्रामाणिक पाठ 1850 ई० में छपा। इसके दो अंग्रेजी अनुवाद भी हुए। अपने लेखन की प्रेरणा के विषय में लल्लूलाल जी ने लिखा है—"एक दिन साहब ने कहा कि 'ब्रज-भाषा में कोई अच्छी-सी कहानी हो उसे रेखते की बोली में कहो।' मैंने कहा, 'बहुत अच्छा, पर उसके लिए कोई फारसी लिखनेवाला दीजै, तो भली भाँति लिखी जाए।' " आदि। 'प्रेमसागर' के गद्य का नमूना कुछ इस प्रकार था, "इतना कह पुनि कुन्ती बोली कि कहो अक्रूर जी। जब सब कौरव यो बैर किए रहें तब ये मेरे बालक किसका मुँह चहैं और मीच से बच कैसे होयें सचाने—यही दुख बड़ा है हम क्या बखाने जो हरनी झुंड से बिछड़कर करती है त्रास तो मैं भी सदा रहती हूँ उदास। जिन्होंने कंसादिक असुर संहारे—सोई हैं मेरे रखवारे।" 'प्रेमसागर' के अतिरिक्त लल्लूलाल जी ने अनेक रचनाएँ कीं जिनमें सिंहासनबत्तीसी, बैताल-पच्चीसी, शकुन्तला नाटक (सभी 1801 ई०), माधव विलास (1817), लाल-चन्द्रिका (बिहारी सतसई की टीका, 1818) आदि प्रमुख हैं।

लल्लूलाल जी के समकालीन सदल मिश्र ने 1803 ई० में 'चन्द्रावती या नासिकेतोपाख्यान' लिखा और 'रामचरित्र' नाम से अध्यात्म रामायण का अनुवाद किया। अनुवाद के संदर्भ में उनका कहना था, "···अब इस पोथी के भाषा करने का कारण यह है कि मैं जो सदल मिश्र पंडित हूँ मुजको पाठशाला में जो साहब लोगों के लिए कलकत्ता में हुई संस्कृत की पोथियाँ भाषा करने को महाउदार सकल गुणनिधान मिस्तर जान गिलक्रिस्त साहब ने ठहराया और एक दिन आज्ञा की कि अध्यात्म रामायण को ऐसी बोली में करो जीसमें फारसी-अरबी न आवे तब मैं इसको खड़ीबोली में करने लगा।" सदल मिश्र की भाषा को, उनके समकालीन लेखकों की तुलना में, विद्वानों ने प्रांजल बताया है, यद्यपि उनकी रचनाओं में गद्य के विभिन्न स्तर मिलते हैं। 'नासिकेतोपाख्यान' की गद्य-भाषा बेहतर है, जैसे—"यह सुनते ही राजा चहुँक उठे। एक क्षण तो ईश्वर का ध्यान किया फिर बोले कि महारानी! शीघ्र कहो। क्या ऐसा अनर्थ हुआ कि जिससे इतनी घबरा रही

हो ? मैंने जीवनदान दिया। इसका कारण कहो ।" आदि ।

इंशा, लल्लूलाल और सदल मिश्र की गद्य-भाषा का एकांगी विकास नहीं हुआ, अर्थात् उनकी गद्य शैलियों में अन्तर तथा विविधता मिलती है। पत्रकारिता के द्वारा गद्य-भाषा का बहुआयामी विकास होने लगा क्योंकि साहित्य में विविध-विधाओं का आगमन हुआ। एक प्राकृतिक आवश्यकता के रूप में खड़ीबोली का प्रादुर्भाव हुआ था। खड़ीबोली शिष्ट समाज में हिन्दू-मुसलमान सबकी सामान्य भाषा के रूप में प्रचलित थी। साहित्यिक भाषा तब भी ब्रज थी किन्तु उसका गद्य अनियंत्रित, अस्पष्ट तथा भावों के प्रकाशन में पूर्ण सक्षम नहीं था। खड़ीबोली गद्य भी आरम्भ में अस्थिर था किन्तु धीरे-धीरे स्थिरता और दृढ़ता की ओर अग्रसर होने लगा था। इंशा अल्ला खाँ बहुभाषी थे। उनके गद्य में उनके व्यक्तित्व का आकर्षण और आत्मीय घनिष्ठता उतर आयी है। उनकी भाषा चमत्कारपूर्ण, आकर्षक, मस्तीभरी, रोचक और मुहावरेदार है। सदासुखलाल के गद्य की संस्कृत मिश्रित भाषा है जिसमें उनका पंडिताऊपन प्रकट होता है। लल्लूलाल जी की सरल सुबोध बोलचाल की भाषा है। कहीं-कहीं वह स्वतंत्र और निरंकुश भी है और संस्कृत, तद्भव, देशज, ब्रजभाषा, अरबी-फारसी के शब्दों के मिश्रण से खिचड़ी भी है। उसमें नियंत्रण, व्यवस्था और प्रौढ़ता का अभाव भी है। इन लेखकों की तुलना में सदल मिश्र व्यवस्थित, साफ-सुथरी और व्यावहारिक गद्य-भाषा का प्रयोग करते थे जो कहीं चुस्त भी है किन्तु सर्वत्र एक-जैसी नहीं।

खड़ीबोली में साहित्य-निर्माण हिन्दी साहित्य में एक महत्त्वपूर्ण घटना है। भक्ति आन्दोलन ने लोकभाषा को काव्यभाषा के रूप में प्रतिष्ठित किया था लेकिन रीतिकालीन रचनाकारों ने उसे कृत्रिम बना डाला। भारतेन्दु युग में लोक-भाषा खड़ीबोली को स्वाभाविकता और सहजता के साथ स्वच्छन्द विकास का अवसर मिला। भाव, विषय, शिल्प आदि दृष्टियों से जातीय गद्य की परम्परा का सूत्रपात नये सिरे से इस युग में हुआ। इस युग के लेखकों ने कोई नयी भाषा नहीं गढ़ी थी बल्कि हिन्दी में लोकभाषा के जनग्राह्य रूप को उन्होंने स्वीकार किया। इसका ऐतिहासिक महत्त्व है क्योंकि इस शुरुआत से हिन्दी का परवर्ती विकास सही दिशा में हुआ।

हालाँकि उन्नीसवीं सदी में कोर्ट, सरकारी कार्यालयों और शिक्षा संस्थाओं की भाषा उर्दू थी, इसके बावजूद हिन्दी साहित्यिक भाषा के रूप में विकसित होती रही। समाचार-पत्रों और सामाजिक, धार्मिक, राजनीतिक आन्दोलनों ने इस विकास की गति को तीव्रतर किया। आर्यसमाज, ब्रह्मसमाज के माध्यम से, और राष्ट्रीय आन्दोलनों की भाषा के रूप में, हिन्दी को पंजाब से बंगाल तथा महाराष्ट्र से बिहार तक अपनाया गया। भाषण, वाद-विवाद, खंडन-मंडन तथा शास्त्रार्थ से हिन्दी गद्य में बल आया। प्रसिद्ध धर्मसंस्थापक और प्रचारक स्वामी दयानंद

सरस्वती (1824-1883) ने 'सत्यार्थप्रकाश' नामक उत्कृष्ट गद्य-ग्रंथ की रचना की, जिसके एक उदाहरण से हिन्दी के चलताऊ रूप को देखा जा सकता है—"मैं कुछ दिन तक अकेला हृषिकेश में रहा। इस अवसर में एक ब्रह्मचारी और दो पहाड़ी साधु भी आ मिले। फिर हम सब के सब वहाँ से स्थान टेहरी को चले गये। यह स्थान विद्या की वृद्धि के कारण साधुओं और राजपंडितों से पूर्ण और प्रसिद्ध था।" दयानन्द सरस्वती की मातृभाषा गुजराती थी लेकिन उन्होंने लोक-व्यापी भाषा हिन्दी की पहचान कर उसे व्यवहार-योग्य ही नहीं बनाया बल्कि प्रवचनों की प्रभावशाली भाषा के रूप में प्रतिष्ठित भी किया। वे अशुद्ध भाषा के विरोधी थे। वे भावाभिव्यंजक, तर्कपूर्ण, नाटकीय, सबल, व्यंग्यात्मक और रुचिकर गद्य लिखते थे।

समाचार-पत्रों और पत्र-पत्रिकाओं ने सांस्कृतिक, सुधारवादी तथा राजनीतिक चेतना को हिन्दी गद्य के माध्यम से जनता तक पहुँचाने का यत्न किया। कलकत्ता से निकलनेवाले पत्रों पर बंगला वाक्य-विन्यास और उच्चारण का प्रभाव पड़ा था। उसके गद्य में बंगला भाषा की साहित्यिकता और कोमलता थी। सदानन्द मिश्र के सम्पादकत्व में निकलनेवाली पत्रिका 'सार सुधा निधि' के 18-4-1879 अंक से भाषा-सम्बन्धी एक बानगी देखी जा सकती है—"किन्तु उसके सुधामय सुधांशु विनिन्दित मुखमंडल को अब मानो निविड़ कुञ्झटिका जाल ने आछन्न कर लिया है, नवजलधर सदृश आलुलायित सुदीर्घ केश पीठकर अरु भ्रमर-सन्निभ अलकावली वदन कपोल अरु गंडस्थल पर लटककर कभी-कभी सुस्निग्ध वायु द्वारा ईषत् कम्पित अरु आन्दोलन हो रही है।"

भारतेन्दु के समय हिन्दी का कोई रूप स्थिर नहीं था, हिन्दी व्याकरण का भी अभाव था। उस जमाने में खड़ीबोली गद्य की तीन शैलियाँ थीं। एक तो उर्दू-बहुल भाषा थी जिसके कट्टर समर्थक राजा शिवप्रसाद 'सितारेहिन्द' थे। दूसरी राजा लक्ष्मण सिंह चौहान की संस्कृत-बहुल भाषा थी। इन दोनों का समन्वयात्मक रूप लेकर एक मध्यमार्गीय गद्य-भाषा भी विकसित हो रही थी, जिससे भारतेन्दु हरिश्चन्द्र तथा अन्य गद्यकार जुड़े हुए थे। इन लोगों ने वस्तुतः राजा लक्ष्मण सिंह के गद्य-रूप को ही परिष्कृत और साधु बनाया। सितारेहिन्द हिन्दी-उर्दू को नजदीक लाना चाहते थे। वे उर्दू-प्रधान बोलचाल की भाषा के हिमायती थे और इसमें उन्हें सरकारी समर्थन प्राप्त था। अतः भारतेन्दु का उनसे विरोध हिन्दी के स्वरूप और राष्ट्रीयता दोनों को लेकर था। सितारेहिन्द ने स्कूली पाठ्यक्रम के लिए भी अनेक पुस्तकें लिखीं। वे देवनागरी लिपि तो पसंद करते थे मगर हिन्दी को 'भाखा' या गँवारी बोली समझते थे। अरबी-फारसी शब्दों के वे कायल थे। उन्होंने 'इतिहास तिमिर नाशक' जैसी पुस्तक ही नहीं, 'भाषा का इतिहास' भी लिखा। उर्दू को मातृभाषावत् समझनेवाले सितारेहिन्द के गद्य का मुलाहिजा किया जा

सकता है—"साबित है, यहाँ के भूमिए इस मुल्क के हर हिस्से में जुदा-जुदा किस्म की बोलियाँ बोलते थे। इससे यह मतलब नहीं कि किस कदर-ब-कदर हटते हुए दक्खन को चले गये···।" ('भाषा का इतिहास' से)

लक्ष्मण सिंह (1826-1896) हिन्दी और उर्दू को 'न्यारी-न्यारी' भाषाएँ मानते थे। वे प्रवाहपूर्ण, शुद्ध तथा लालित्यमयी भाषा के आग्रही थे। उन्होंने 'शकुन्तला' नाटक का अच्छा अनुवाद किया था। उनके गद्य का एक नमूना पेश है—"याचक तो अपना-अपना वांछित पाकर प्रसन्नता से चल जाते हैं परन्तु जो राजा अपने अन्तःकरण से प्रजा का निर्धार करता है नित्य यह चिन्ता ही में रहता है। पहले तो राज बढ़ाने की कामना चित्त को खेदिय करती है फिर जो देश जीतकर वंश गए हैं उनकी प्रजा के प्रतिपालन का नियम दिन-रात मन को विकल रखता है जैसा बड़ा छत्र यद्यपि धाम से रक्षा करता है, परन्तु बोझ भी देता है।"

भारतेन्दु हरिश्चन्द्र (1850-1885) ने सितारेहिन्द और लक्ष्मण सिंह के बीच की राह पकड़ी और फारसी-संस्कृत दोनों भाषा-संस्कारों का सन्तुलित समन्वय किया। उन्होंने नाटक, निबन्ध आदि लिखने के साथ 'काश्मीर कुसुम' तथा 'बादशाह दर्पण' जैसी इतिहास-पुस्तकों की भी रचना की। भारतेन्दु ने अपने समय की गद्यभाषा को लक्षित करते हुए डायरी में लिखा था—"हिन्दी नयी चाल में ढली 1873 ई०।" उनके युग में खड़ीबोली को निश्चित दिशा प्रदान की गयी और उसे व्यापक साहित्यिक भाषा बनाया गया जिसमें अंग्रेजी, संस्कृत, फारसी, तुर्की सभी भाषाओं के शब्द पचाने की ताकत थी। हालांकि पुराने फैशन के शब्द, जैसे समझाय, बुझाय अभी छूटे नहीं थे फिर भी भाषा शहरी, सजीव, रोचक, मुहावरेदार, गतिशील बनी। भारतेन्दु ने यात्रावर्णन भी लिखे, जिनमें भाषा की रवानगी दिखाई देती है, यथा—"रें रें करके रात को बारह बजे बाद पहुँचे। चार बजे तक सरदी में वहीं टपे। पाँच बजे रेल फिर चली। घाट पर पहुँचे। वहाँ एक स्टीमर था। दरिद्र स्टीमर, जिसके सेकेण्ड क्लास में सिवा इस नाम के गुण कोई नहीं। बल्कि वहाँ बैठना भले आदमी के वास्ते एक शर्म की बात है। खैर वहीं बैठकर पार लगे। वहाँ से तिरहुत की रेल। वाह रे रेल। एक गाड़ी बालू में खड़ी थी उसी में तारघर और टिकट आफिस। तार दो-दो कैंचीदार बाँसों पर। सड़क आधे-औंधे गनेलों पर बालू में राम भरोसे। गाड़ी ऊँचे-नीचे पर छकड़ी की तरह लुड़कती-पुड़कती चलती थी।"

भारतेन्दु तीन प्रकार की भाषा मानते थे—घर में बोलने की भाषा, कविता की भाषा (ब्रजभाषा) और लिखने (गद्य) की भाषा अर्थात् खड़ीबोली हिन्दी। हिन्दी के अनेक रूपों की उन्होंने चर्चा की है, यथा संस्कृत-बहुल हिन्दी, फारसी-बहुल हिन्दी, काशी की देशी हिन्दी, बंगाली हिन्दी, अंग्रेजी हिन्दी आदि। भारतेन्दु की गद्यभाषा के अनेक स्तर मिलते हैं। कहीं तत्सम-प्रधान गद्य है, कहीं तद्भव-

देशज प्रधान, तो कहीं बोलचाल की हिन्दी, यथा—"पर प्रीतम अब तक घर न आये क्या उस देश में बरसात नहीं होती या किसी सौत के फन्द में पड़ गये कि इधर की सुधि ही भूल गए ।"

भारतेन्दु हरिश्चन्द्र ने निबन्ध और संस्मरण भी लिखे। 'एक अद्भुत अपूर्व स्वप्न', 'कुछ आप बीती कुछ जग बीती'—जैसी रचनाओं में उनके गद्य का आकर्षक पहलू है। स्वप्न-शैली में भारतेन्दु-युग के कई लेखकों ने निबन्ध लिखे जिनमें फैंटेसी के माध्यम से अपने समय की विडम्बनाओं को उभारा गया है। भारतेन्दु का 'एक अद्भुत अपूर्व स्वप्न', सितारेहिन्द का 'राजा भोज का सपना' तथा राधाचरण गोस्वामी (1858-1925) का 'यमलोक की यात्रा' में स्वैरकल्पना के चमत्कार से वास्तविकता की परतें उघारी गयी हैं। 'यमलोक की यात्रा' में 25 साल के नवयुवक को नादिर शाह जैसे यमदूत पकड़ ले जाते हैं। गोस्वामी बताते हैं—"यमपुर का बाज़ार जयपुर-सा, गलियाँ बनारस की-सी, इमारतें दिल्ली और आगरे की-सी हैं।" वहाँ भी काले-गोरे का भेद था। "गोरे जीव के आगे मेज-कुर्सी-टेबुल आदि लगी हुई और चाय, काफी, बिस्कुट धरा था। काले के वास्ते टाट और टूटी खाट और पुराना-धुराना हुक्का और कूंडे में रोटी।"

शिक्षा के प्रचार-प्रसार तथा छापेखानों के विस्तार से साहित्य का केन्द्र राज्याश्रय नहीं होकर लोकाश्रय अर्थात् शिक्षित जनता बनने लगी। जीवन-यथार्थ के प्रति लोगों का, लेखकों का, ध्यान केन्द्रित हुआ। यथार्थवाद का सम्बन्ध उपन्यास के जन्म से है। अतः इस दिशा में भी प्रयत्न हुए। वैज्ञानिक, बुद्धिवादी तथा भौतिकतावादी प्रकृतियों ने साहित्य को जीवन और समाज की वास्तविक समस्याओं से जोड़ दिया। पर्यवेक्षण और आत्मनिरीक्षण, परीक्षण और प्रयोग पर रचनाकारों ने बल देना आरम्भ किया। नवीन परिस्थितियों की अभिव्यक्ति के लिए गद्य-विद्या बहुत उपयोगी साबित हो रही थी। साथ ही अतीत-गौरव का भाव लोगों के मन में पैदा हो रहा था। आर्यसमाज ने वैदिकवाद और विवेकानन्द ने ब्रह्मवाद के द्वारा भारतीय सभ्यता और संस्कृति की महानता की ओर लोगों का ध्यान आकृष्ट किया।

क्या यह संयोग है कि भारतेन्दु युग के अनेक गद्यशैलीकार पत्रसम्पादक भी थे। स्वयं भारतेन्दु कविवचन सुधा, हरिश्चन्द्र मैगजीन आदि निकालते थे। प्रतापनारायण मिश्र (1856-1894) सिद्ध निबन्धकार तो थे ही, "ब्राह्मण" नामक पत्र का सम्पादन भी करते थे। बालकृष्ण भट्ट (1854-1914) 'हिन्दी प्रदीप' के सम्पादक थे। प्रेमधन (1855-1922) 'आनंदकादम्बिनी' निकालते थे। प्रतापनारायण मिश्र घरेलू किस्म का और किंचित्-कदाचित असंस्कृत गद्य लिखते थे। उन्होंने 'आप', 'दाँत', 'धोखा' जैसे अति साधारण विषयों पर रोचक तथा प्रभावकारी निबन्ध रच दिये, जिनमें शिक्षा और मनोरंजन का अद्भुत समन्वय

होता था। इनके माध्यम से ब्रजभाषा क्षेत्र से दूर पड़े पाठकों का भी मनोरंजन होता था। पत्र-पत्रिकाओं के प्रचलन से निबन्धों या गद्य मुक्तकों का तेजी से विकास हुआ, अन्यथा भारतेन्दु-पूर्व के लेखकों के लिए सिंहासन बत्तीसी, बेताल पच्चीसी, तोता मैना, रानी केतकी की कहानी—जैसी रचनाओं का प्रणयन ही स्वाभाविक था, जो पाठकों की मानसिकता, स्तर एवं आवश्यकताओं से अच्छी तरह परिचित नहीं होने के परिणामस्वरूप लिखी गयी थीं। सम्पादकों को अपने पाठकों का ठोस बिम्ब मानस-पटल पर रखना होता था। बालकृष्ण भट्ट की रीति-नीति तथा शासन-सम्पाद में प्रकाशित होनेवाला 'हिन्दी प्रदीप' अपने ढंग का अकेला पत्र था कि यह भारतेन्दु युग से चलकर द्विवेदी युग तक पहुँचा। 'हिन्दी प्रदीप' में तीन प्रकार की गद्य-शैलियाँ दृष्टिगत होती हैं। एक तो ग्राम्यत्व की ओर झुकाववाली सामान्य टिप्पणियाँ थीं, दूसरी तत्सम शब्दावली प्रधान विद्वत्तापूर्ण टिप्पणियाँ तथा तीसरी सरकारी पक्ष को सम्बोधित होनेवाली अरबी-फारसी-बहुल गद्यशैली थी। भाषा में नाटकीयता, रूपक का बँधान और आलोचनात्मक कथनों की भरमार होती थी। विषय-विवेचन का प्रयास भी इस युग की गद्य रचनाओं का वैशिष्ट्य है। बालकृष्ण भट्ट लिखते हैं—"कोई शूरवीर, जिसको रणचर्चा-मात्र सुन जोश आ जाता है और जो लड़ाई में गोली तथा बाण की वर्षा को फूल की वर्षा मानता है, वीरता की उमंग में भरा हुआ युद्ध यात्रा के लिए प्रस्थान करने को तैयार है···वीर और करुण ये दो विरोधी रस अपनी-अपनी ओर से उमड़-उमड़ देर तक उसे किंकर्तव्यतामूढ़ किए रहते हैं।" भाषा में व्याकरण सम्बन्धी, विशेषकर कारकीय अशुद्धियों का होना व्याकरण के अभाववाले उस युग में अस्वाभाविक नहीं था। सितम्बर 1878 के 'हिन्दी प्रदीप' में से एक वाक्य देखिए —"ऐसी उदार गवर्नमेण्ट जो अपने को प्रसिद्ध किये हैं कि हम न्याय का बाना बाँधे हैं वह जब अन्याय करने पर कमर कस लिया।" बालकृष्ण भट्ट और प्रतापनारायण मिश्र ने प्रसिद्ध अंग्रेजी गद्यकारों एडीसन और स्टील की भाँति हिन्दी गद्य क्षेत्र में महत्त्वपूर्ण कार्य किये। बालमुकुन्द गुप्त (1863-1907) की व्यावहारिक, सुरुचिपूर्ण, चलताऊ और व्यंग्यपूर्ण भाषा जो 'शिवशंभु के चिट्ठे' में है उससे कौन अभिभूत नहीं होगा।

प्रेमधन की गद्यशैली आलंकारिक थी। वाक्य-विन्यास लम्बा होता था जो जटिल और कभी-कभार दुरूह भी होता था। वे कोमल-मधुर शब्दों का सतर्कतापूर्वक चयन करते थे और उनमें तुकों का आग्रह भी था, जैसे—"ईश्वर का भी क्या खेल है कि कभी तो मनुष्य पर दुख की रेलपेल और कभी उस पर सुख की कुलेल है।" बात यह थी कि भारतेन्दु युग का लेखक मन की मौज में आकर लिखता था और अन्तःप्रेरणा से परिचालित था। अतः वहाँ कृत्रिमता नहीं, सहज स्वाभाविकता है। उनके गद्य में देशज शब्दों, मुहावरों, कहावतों की रोचकता

है। कभी-कभार यह गद्य आवेशपूर्ण है। जिन्दादिली और व्यंग्य की प्रवृत्ति तो इस युग के पूरे गद्य-परिदृश्य में है।

नवजागरण के साथ नाटक और उपन्यास का घना रिश्ता है। उपन्यास का सम्बन्ध पूँजीवाद और व्यक्तिवाद के उदय से है। राष्ट्रीयता और नवजागरण की चेतना से जुड़कर नाटक और उपन्यास भारतेन्दु युग में अनूदित और मौलिक रूपों में सामनेआये। लक्ष्मण सिंह, भारतेन्दु, लाला सीताराम आदि ने संस्कृत, बंगला और अंग्रेजी से नाटक अनूदित किये। भारतेन्दु ने अनेक मौलिक नाटक रचे। कथा साहित्य का जन्मकाल भी यही है, जब मौलिक कथा लेखन के अतिरिक्त मुख्यतः बंगला और अंग्रेजी से उपन्यास और कहानी अनूदित होने लगे। श्रद्धाराम फिल्लौरी ने 'भाग्यवती' (1877) और श्रीनिवास दास ने 'परीक्षा गुरु' (1882) उपन्यासों की रचना की। 'भाग्यवती' की भूमिका में फिल्लौरी जी लिखते हैं—"प्रसंग तो इसमें काशीवासी लोगों का है परन्तु वहाँ की बोली पूर्वी और कुछ कड़वी होने के कारण इस ग्रंथ में वह हिन्दी भाषा लिखी है जो कि दिल्ली और आगरा, सहारनपुर, अम्बाला के इरद-गिरद के हिन्दू लोगों में बोली जाती है और पंजाब के स्त्री-पुरुषों को भी समझना कठिन नहीं है।"

श्रीनिवास दास (1850-1897) की भाषा में सहजता और आडम्बरहीनता है। यह दिल्ली की बोलचाल की भाषा है, जैसे—"तुम ही मेरा वैभव हो और तुम ही मेरा सर्वस्व हो।" गोपालराम गहमरी (1856) के उपन्यासों की भाषा ठेठ देहाती मगर सजीव और प्रवाहमयी है। देवकीनन्दन खत्री (1861-1913) के दीर्घकाय उपन्यासों की पठनीयता के चलते अन्य भाषा-भाषियों ने हिन्दी सीखी थी। खत्री जी के तिलस्मी और ऐय्यारी के विषय के कारण ही नहीं, व्यावहारिक, चलती और रोचक भाषा के कारण भी व्यापक पाठक-वर्ग तैयार हुआ था। उनकी भाषा-सम्बन्धी मान्यता थी कि, "किसी दार्शनिक ग्रंथ अथवा पात्र की भाषा के लिए यदि किसी को कोश टटोलना पड़े तो कुछ परवाह नहीं, परन्तु साधारण विषयों की भाषा के लिए भी किसी को कोश की खोज करनी पड़े तो निःसन्देह दोष की बात है।"

भारतेन्दुयुगीन गद्यकारों का काम पाठकों को विषय से 'परिचित' कराना था अतः वहाँ 'क्या' पर बल था। द्विवेदीयुग व्याख्या-प्रधान था अतः विषय के संदर्भ में 'कैसा' पर जोर था। इसी को बढ़ाते हुए कहा जा सकता है कि आज के विश्लेषण-प्रधान युग में 'क्या' और 'कैसा' के अतिरिक्त 'क्यों' पर विशेष बल है। भारतेन्दु-युग में विकसित गद्य की भावुक आत्मीयता का द्विवेदी-युग में किंचित् ह्रास हुआ। द्विवेदी-युग में गद्य की 'व्यास शैली' बनी और 'बौद्धिक व्याख्यात्मकता' को प्रश्रय मिला। परवर्ती गद्य-परिदृश्य में सही समन्वय-सन्तुलन संभव हुआ। विचारक आधुनिक युग की आत्मा को ही गद्यात्मक मानते हैं। ढेरों उपयोगी

साहित्य, यथा—ज्ञान-विज्ञान, इतिहास, दर्शन, अनुवाद, व्याकरण, कोश आदि, का निर्माण व्यापक पैमाने पर होने लगा, इससे गद्य को विकसित और प्रौढ़ होने में सहूलियत हुई।

महावीरप्रसाद द्विवेदी (1870-1938) ने अपने युग के सर्वश्रेष्ठ पत्र 'सरस्वती' के माध्यम से हिन्दी गद्य की अभूतपूर्व ऐतिहासिक सेवा की। उन्होंने विषयानुरूप, सन्तुलित, प्रभावकारी और स्पष्ट भाषा का प्रयोग किया। 'कवि और कविता' शीर्षक निबंध से उद्धृत यह वाक्य ही चावल के एक दाने के समान उनके गद्य का प्रमाण उपस्थित करता है—"कविता पढ़ने या सुननेवाले को ऐसी साफ-सुथरी सड़क मिलनी चाहिए जिस पर कंकड़, पत्थर, टीले, खंदक, काँटों का नाम न हो।" गद्य साहित्य के संदर्भ में भी उनकी इसी प्रकार की मान्यता थी। उन्होंने अपने गद्य लेखन में श्लोकों, शेरों और कहावतों का भी प्रचुरता से प्रयोग किया।

अयोध्यासिंह उपाध्याय 'हरिऔध' (1855-1947) ने अपने कथा-साहित्य तथा गद्य अनुवादों में यथासंभव बोलचाल की भाषा का उपयोग किया। उन्होंने क्लिष्ट शब्दों का भी यत्र-तत्र प्रयोग किया है। 'अधखिला फूल' तथा 'ठेठ हिन्दी का ठाठ' में उनके गद्यलेखन की शक्ति दिखाई देती है। उनके गद्य में साहित्यिक तथा गल्प-भाषा के दो भिन्न स्तर दिखाई पड़ते हैं। हरिऔध एक प्रकार का पद्यात्मक गद्य लिखते थे। 'देवबाला की मृत्यु' रचना से एक उदाहरण प्रस्तुत है—"माँ-बाप जगन्नाथ जी गये, फिर न लौटे। रमानाथ कहते थे, वह दोनों एक दिन कलकत्ते में मर गये। क्यों एक के पीछे एक यह सब कलेजा कँपानेवाली बातें हो गयीं। और क्यों जब उसके दिन फिर फिरने को हुए तो वह आप ही चल बसी।"

किशोरीलाल गोस्वामी (1865-1932) तत्सम-प्रधान भाषा के पक्षधर थे। वे कथाकार भी थे, मगर उनका गद्य किंचित् अकलात्मक और असमान भी था जिसमें जगह-जगह शिथिल वाक्य-विन्यास मिलाते हैं।

इसके विपरीत पं० माधव मिश्र (1871-1907) गम्भीर, सतर्क और प्रौढ़-परिमार्जित गद्य लिखते थे। वे हृदयग्राही भावों को अपनी प्रवहमान भाषा में सफलतापूर्वक अभिव्यक्त कर सकते थे।

बाबू श्यामसुन्दर दास (1875-1945) के गद्य में सरलता और गम्भीरता विद्यमान है। उन्होंने सिद्धान्त-विवेचनपूर्ण इतिवृत्तात्मक भाषा भी लिखी और व्यावहारिक तथा व्यंजनापूर्ण भाषा थी। 'समाज और साहित्य' शीर्षक निबन्ध की यह पंक्ति उनके सामाजिक गद्य का एक लघु उदाहरण प्रस्तुत करता है—"सामाजिक मस्तिष्क अपने पोषण के लिए जो-जो भाव-सामग्री निकालकर समाज को सौंपता है उसके संचित भंडार का नाम साहित्य है।"

सरदार पूर्ण सिंह (1881-1931) ने बहुत थोड़े, संख्या में कुल तीन, निबंध लिखे किन्तु उनकी गद्यशैली अप्रतिम है। छोटे-छोटे सरल वाक्यों में उन्होंने अत्यन्त व्यंजनापूर्ण प्रौढ़ गद्य लिखा और इस तरह से 'मजदूरी और प्रेम', 'आचरण की सभ्यता' और 'सच्ची वीरता' हिन्दी निबन्ध साहित्य में मील का पत्थर बन गई रचनाएँ हैं। चन्द्रधर शर्मा गुलेरी (1883-1922) ने भी तीन कहानियों और कुछेक निबन्धों के माध्यम से ही विषयानुरूप अभिव्यंजक भाषा का मानक रूप उपस्थित कर दिया। पद्मसिंह शर्मा (1876-1932) की भाषा चटकीली, चमत्कारपूर्ण, व्यंजनात्मक और प्रवाहमयी थी।

आचार्य रामचन्द्र शुक्ल (1884-1941) का मानना था कि गद्य कवियों या लेखकों की कसौटी है तो निबन्ध गद्य की कसौटी है। वे स्वयं महान आलोचक, गद्यकार और निबन्धकार थे। निबन्ध में गद्यकार इसलिए भी पूरी तरह परीक्षित होता है कि वहाँ लेखक और पाठक बिल्कुल आमने-सामने होते हैं, अन्य विधाओं में शिल्प की आड़ होती है। निबन्धों में गद्य का वास्तविक सौन्दर्य फूटता है, अन्य विधाओं में घटना, पात्र, वातावरण आदि के कारण गद्य की निजी स्वतंत्रता पर थोड़े-बहुत दबाव होते हैं। शुक्ल जी के समय तक लिखे जानेवाले अधिकतर निबन्ध आवेग-प्रधान अनुभवों, आत्मिक निजी दृष्टिकोण तथा एक प्रकार की उदारवादी विनम्र मुद्रा के साथ लिखे जाते थे। शुक्ल जी ने आत्मविश्वास और आंतरिक दृढ़ता के साथ अनुभव-परिपक्व दृष्टि प्रस्तुत की। शुक्ल जी ने क्लासिकल गद्यलेखन किया। उनकी गद्यशैली गम्भीर, चुस्त, संश्लिष्ट, अर्थपूर्ण, व्यंजक, विश्लेषणात्मक तथा साहित्यिक है।

हिन्दी गद्य के क्षेत्र में प्रेमचन्द (1881-1936) तथा जयशंकर प्रसाद (1889-1937) दो महान व्यक्तित्व हैं। दोनों कथाकार थे, किन्तु प्रसाद कवि और नाटककार के रूप में भी बहुत विख्यात हुए। प्रेमचन्द की भाषा पर बहुत कुछ कहा जा चुका है लेकिन इसके व्यंजनापूर्ण और व्यंग्यात्मक रूप को समुचित रूप से कम ही आलोचक पहचान पाये हैं। डॉ० रामविलास शर्मा ने कबीर के बाद हिन्दी का सबसे बड़ा व्यंग्यकार प्रेमचन्द को बताया है जो बहुत ही गौर-तलब बात है। प्रेमचन्द और प्रसाद दो भिन्न गद्य शैलियों के प्रवर्तक थे—प्रेमचन्द की शैली गद्यात्मक है तो प्रसाद की काव्यात्मक। अपने कथा-साहित्य में आरम्भ में प्रेमचन्द वातावरण का चित्रण करने के लिए लम्बे विवरण देते थे। 'ईदगाह' कहानी का आरम्भिक अंश ऐसा ही है। यह एक प्रकार की भूमिका होती थी जिसके द्वारा कथाकार पाठक के लिए निश्चित मनोभूमिका तैयार करता था। लेकिन इससे रचना में अनावश्यक विस्तार भी आता था। बाद में प्रेमचन्द सूक्ष्म, संक्षिप्त तथा संकेतात्मक चित्रण के बीच कहानी के वातावरण को रचने लगे। प्रेमचन्द की भाषा में सरल अल्हड़ता है, चित्रमयता है। यहाँ कृत्रिमता का नाम

नहीं। फलस्वरूप शुरू में ही लेखक पाठक को अपने विश्वास में ले लेता है और इसी विश्वसनीयता के कारण पाठक स्वयं को लेखक के हाथों में वैसी ही निश्चिन्तता से सौंप देता है जैसे यात्री स्वयं को ड्रायवर के भरोसे सौंपकर निश्चिन्त होकर यात्रा करते हैं। स्वाभाविकता और हाजिरजवाबी से भरे संवाद तथा सक्रिय व्यंग्य से पूर्ण भाषा प्रेमचन्द की कहानियों की जान है। शतरंज के खिलाड़ी, नशा, सवासेर गेहूँ, आत्माराम, पूस की रात, कफन आदि इस बात के उत्कृष्ट प्रमाण हैं।

कथा में कथोपकथन पात्रों के व्यक्तित्व के साथ-साथ कौतूहल और जिज्ञासा-भाव को बढ़ाते हुए कथा-स्थिति को खोलने-बढ़ाने में मददगार होते हैं। प्रसाद की 'आकाशदीप' कहानी का आरम्भ ही चुस्त, नाटकीय और स्वाभाविक संवादों से होता है—"बन्दी।/ क्या है? सोने दो।/ मुक्त होना चाहे तो?/ अभी नहीं, निद्रा खुलने पर, चुप रहो।/ फिर अवसर न मिलेगा।/ बड़ी शीत है, कहीं से एक कम्बल डालकर कोई शीत से मुक्त करता।/ आंधी का संभावना है। यही अवसर है। आज मेरे बन्धन शिथिल हैं।/ तो क्या तुम भी बन्दी हो?/ हाँ, धीरे बोलो, इस नाव पर केवल दस नाविक और प्रहरी हैं।/ शस्त्र मिलेगा?/ मिल जाएगा। पोत से सम्बद्ध रज्जु काट सकोगे?/ हाँ।"

प्रसाद के नाटकों के संवाद काव्यात्मक गद्य में हैं और एकरस हैं। उनमें अक्सर दार्शनिक बोझिलता मिलती है। इस बात के लिए प्रसाद की काफी आलोचना भी हुई है। 'कामना' नाटक के पात्र विवेक के इस कथन में नाटकीयता की अपेक्षा सपाटता ही अधिक है—"खेल था और खेल ही रहेगा। रोकर खेलो चाहे हंसकर। इस विराट विश्व और विश्वात्मा की अभिन्नता, पिता और पुत्र, ईश्वर और सृष्टि सबको एक में मिलाकर देखने की सुखद क्रीड़ा भूल जाती है। होने लगता है विषमता का विषम द्वन्द्व। तब सिवा हाहाकार और रुदन के क्या फैलेगा। हंसने का काम भूल गये। पशुता का आतंक हो गया।" प्रसाद के नाटकों की भाषा के बचाव में यह तर्क प्रस्तुत किया जाता है कि सभी नाटक 'क्रिया नाटक' (एक्शन प्ले या अभिनय-योग्य संवादोंवाले) हों यह जरूरी नहीं, अतः प्रसाद के नाटकों को 'भाषा नाटक' (पठनीय नाटक) के रूप में देखने की जरूरत है। लेकिन पठनीयता के लिए भी प्रसंगों तथा पात्रों के अनुरूप स्वाभाविक संवाद-यजोना की आवश्यकता से इनकार नहीं किया जा सकता। वैसे प्रसाद के नाटकों को मंचित करने की दिशा में भी प्रयास हुए हैं। उनकी भाषा कुल मिलाकर गम्भीर, अर्थपूर्ण, प्रौढ़ और साहित्यिक है।

छायावादी आन्दोलन ने अपनी छाप गद्यभाषा पर भी छोड़ी। छायावादी गद्य में कल्पना की रंगीनी के साथ-साथ अमूर्त को अभिव्यक्त करने की सूक्ष्मशक्ति थी जिससे मनोवैज्ञानिक स्थितियों के चित्रण में सफलता मिली। सुमित्रानंदन पंत

ने 'पल्लव' की भूमिका में लिखा था, "आज हमें केवल मनोविनोद के लिए कविता की एक रंगीन और कृत्रिम भाषा नहीं चाहिए बल्कि हमें एक ऐसी राष्ट्रभाषा की आवश्यकता है जिसमें राष्ट्रीयता, नवीनता, आधुनिकता और विपुलता के लिए पूर्ण अवकाश हो। हमें पुस्तकों की नहीं, मनुष्यों की भाषा चाहिए। यह अत्यंत हास्यास्पद और लज्जास्पद हेत्वाभास है कि हम सोचें एक स्वर में और प्रकट करें दूसरे स्वर में, हमारे मन की वाणी मुँह की वाणी न हो। हमारे गद्य का कोष भिन्न, पद्य का भिन्न हो···हम इस ब्रज की जीर्ण-शीर्ण छिद्रों से भरी पुरानी छींट की चोली नहीं चाहते। इसकी संकीर्ण कारा में बन्दी हो हमारी आत्मा वायु की शून्यता के कारण सिसक उठती है। हमारे शरीर का विकास रुक जाता है।" पंत जी ने पाया था कि खड़ीबोली ही आधुनिक युग की आवश्यकताओं के अनुरूप थी क्योंकि इसमें अपेक्षित वस्तु तथा वर्ण-विन्यास-वैचित्र्य की व्यापकता और विस्तार निहित है।

खड़ीबोली हिन्दी आधुनिक काल में पढ़े-लिखे परिवारों में बोलचाल की भाषा के रूप में व्यवहृत हो रही है। इस व्यावहारिक भाषा में बोलियों के मेल से व्यंजनाक्षमता बढ़ी है, फलतः रचनात्मक वैविध्य भी देखने को मिलता है। हमें लेखन में सूचनात्मक-वर्णनात्मक गद्य और ललित गद्य पर्याप्त मात्रा में उपलब्ध होते हैं। वर्णन की भाषा तथा सर्जनात्मक भाषा ने आधुनिक गद्य को निखारा है। विभिन्न विधाओं के रूप में हमें विविध गद्य-रूप मिलते हैं। कहानी, उपन्यास जीवनी, आत्मकथा, संस्मरण, रेखाचित्र, रिपोर्ताज आदि विधाओं ने पर्याप्त उन्नति की है। उग्र, रामवृक्ष बेनीपुरी, राजा राधिकारमण प्रसाद सिंह, शिवपूजन सहाय, गुलाबराय, हजारीप्रसाद द्विवेदी, रायकृष्णदास, माखनलाल चतुर्वेदी, महादेवी वर्मा, राहुल सांकृत्यायन जैसे अनेक शैलीकारों ने हिन्दी गद्य को समृद्ध किया है। धीरे-धीरे हिन्दी गद्य का विकास स्थूलता से सूक्ष्मता, क्लिष्टता से सरलता, विस्तार से संक्षिप्तता, भावनापरकता से बुद्धिपरकता, शुष्क पांडित्य से लालित्य और वर्णनात्मक-व्याख्यात्मकता से विश्लेषणात्मकता और सांकेतिकता की ओर होता गया है। कथा साहित्य में ऐतिहासिक विषयवस्तु के लिए इतिहास का आभास करानेवाले गद्य का निर्माण किया जाता है। इसी कारण दिव्या, बाणभट्ट की आत्मकथा, पणिपुत्री सोमा जैसे उपन्यासों में तत्सम प्रधान भाषा का प्रयोग किया गया है। कहानियों में सूक्ष्मता और सांकेतिकता से वातावरण का चित्रण किया जाने लगा, जैसे अज्ञेय की कहानी 'गैंग्रीन' (बाद में 'रोज' शीर्षक) में यह वाक्य देखा जा सकता है—"दोपहर में उस सूने आँगन में पैर रखते ही मुझे ऐसा जान पड़ा मानो उस पर किसी शाप की छाया मंडरा रही हो, उसके वातावरण में कुछ ऐसा अकथ्य, अस्पृश्य, किन्तु फिर भी बोझल और प्रकम्पमय और घना-सा फैल रहा था···।"

बाहर के वातावरण को ही नहीं, आन्तरिक द्वन्द्वों और मानसिकता को रूपायित करने की सूक्ष्म शक्ति भी इस कथा-भाषा में है। उदाहरणस्वरूप जैनेन्द्र के 'त्यागपत्र' उपन्यास और 'पत्नी' जैसी कहानी को लिया जा सकता है जिनकी भाषा मनुष्य के बाहर-भीतर का साक्षात्कार करा देती है। चेतना-प्रवाह तथा मनोविश्लेषण-प्रधान शिल्प का गद्य बड़ा सूक्ष्म चित्रण करनेवाला होता है। 'पत्नी' कहानी में जैनेन्द्र की इस व्यंजक भाषा का रूप देख सकते हैं—"वह : सुनन्दा : सोचती है···नहीं, सोचती कहाँ है, अलसभाव से वह तो बैठी ही है। सोचने की है तो यही कि कोयले न बुझ जाएँ···वह तो जाने कब आयेंगे, एक बज गया है।···कुछ हो आदमी को अपनी देह की फिक्र तो करनी चाहिए··· और सुनन्दा बैठी है। वह कुछ कर नहीं रही है। जब वह आयेंगे तो रोटी बना देगी। वह जाने कहाँ-कहाँ देर लगा देते हैं। और कब तक बैठूं। मुझसे नहीं बैठा जाता। कोयले भी लहक आये हैं।" जैनेन्द्र की चुस्त, संक्षिप्त और व्यंजक-भाषा कभी-कभार, अस्वाभाविक और दुरूह भी हो गयी है।

छायावाद या छायावादोत्तर गद्य में विकास के स्पष्ट चिह्न दिखायी पड़ते हैं। इस गद्य का वैविध्य बड़ा आकर्षक है। एक ओर प्रेमचन्द शांत, सरल, चुपचाप चोट करनेवाली भाषा लिखते थे तो दूसरी ओर उग्र की भाषा भावप्रवण, आवेगमयी और उत्तेजक थी। उग्र की यह पंक्ति उनकी सशक्त, प्रवहमान भाषा का एक रूप प्रस्तुत करने में समर्थ है—"औरतें गन्दी हैं, औरतें बेवकूफ हैं, औरतें गुलाम हैं, औरतें बदतहजीब हैं और बेतमीज यानी दुनिया में अगर सबसे खराब हैं तो औरतें हैं।"

कहानी और उपन्यास के क्षेत्र में अज्ञेय, देवराज, इलाचन्द्र जोशी, यशपाल, उपेन्द्रनाथ अश्क, फणीश्वरनाथ रेणु, मोहन राकेश, निर्मल वर्मा, श्रीलाल शुक्ल, राही मासूम रजा, जगदम्बाप्रसाद दीक्षित से लेकर विनोद कुमार शुक्ल तक सैकड़ों कथाकार हैं जिन्होंने अत्यंत हृदयग्राही और चित्ताकर्षक गद्य प्रस्तुत किया है। नदी के द्वीप, मैला आँचल, रागदरबारी, वे दिन, नौकर की कमीज आदि उपन्यासों की भाषा अपने विशिष्ट गद्य की दृष्टि से भी महत्त्वपूर्ण है। यह भाषा आभिजात्य से मुक्ति की दिशा में यात्रा करती हुई अनेक मंजिलें पार कर चुकी हैं। सामान्य खुरदरे शब्दों का रचनात्मक उपयोग इस भाषा की अन्यतम उपलब्धि है।

संस्मरण, रेखाचित्र के सन्दर्भ में रामवृक्ष बेनीपुरी की 'माटी की मूरतें', महादेवी की 'शृंखला की कड़ियाँ', 'अतीत के चलचित्र', निराला की 'कुल्लीभाट', और 'बिल्लेसुर बकरिहा', रेणु की 'वनतुलसी की गंध' तथा 'नेपाली क्रान्ति कथा' की भाषा उल्लेखनीय है। निराला ने 'कुल्लीभाट' का शब्द-चित्र कुछ इस प्रकार खींचा है—"चले। गेट पर टिकट कलेक्टर के पास एक आदमी खड़ा था। बना-

चूना बिल्कुल लखनऊ ठाठ, जिसे बंगाली देखते ही गुंडा कहेगा। तेल से जुल्फें तर जैसे अमीनाबाद से सिर पर मालिश कराके गया है। लखनऊ की दुपलिया टोपी, गोट तेल से गीली सिर के दाहिने किनारे रखी, रँगी मूँछें। दाढ़ी बनायी। चिकन का कुर्ता। ऊपर बास्कट। हाथ में बेंत। काली मखमलिया किनारे की कलकतिया धोती, देहाती पहलवानी फैशन से पहनी हुई। पैरों में मेरठी जूते। उम्र पच्चीस से साल-दो-साल इधर-उधर। देखने पर अंदाजा लगाना मुश्किल है कि हिन्दू है या मुसलमान। साँवला रंग, मजे का डील-डौल। साधारण-सी निगाह में तगड़ा और लम्बा।"

बेनीपुरी, राहुल सांकृत्यायन, अज्ञेय, मोहन राकेश आदि के यात्रा-वर्णन, राजेन्द्र प्रसाद, हरिवंश राय बच्चन की आत्मकथा, श्रीराम शर्मा का शिकार-वर्णन अपने गद्य के कारण भी काफी दिलचस्प और रोचक हैं। अमृतराय लिखित, 'प्रेमचन्द : कलम का सिपाही', रामविलास शर्मा की 'निराला की साहित्य साधना', विष्णु प्रभाकर कृत 'आवारा मसीहा' जीवनी के क्षेत्र में मील के पत्थर हैं।

प्रसाद के जमाने से, भाषिक दृष्टि से भी, हिन्दी नाटक काफी आगे बढ़ा है। इस संदर्भ में भुवनेश्वर एक महत्त्वपूर्ण नाटककार हैं। प्रसाद और भुवनेश्वर की चर्चा करते हुए रामस्वरूप चतुर्वेदी ने लिखा है—"...प्रसाद का 'चन्द्रगुप्त मौर्य' (1931) अथवा 'ध्रुवस्वामिनी' (1933) प्रकाशित हुआ। उसी के आसपास भुवनेश्वर के नाटक छपने लगते हैं—'श्यामा', 'प्रतिभा का विवाह' (1933), शैतान (1934), 'रोमांस-रोमांच' (1954)। प्रसाद के परवर्ती नाटकों और भुवनेश्वर के आरम्भिक नाटकों का प्रकाशन काल एक है।...प्रसाद के नाटकों में प्रेम सम्बन्धों की पवित्रता और कोमलता और दूसरी ओर भुवनेश्वर में प्रेम-सम्बन्धी परम्परागत मान्यताओं का सहज तिरस्कार एक दूसरे के सामने बड़ा अटपटा लगता है।" (गद्य की सत्ता) इसका कारण भुवनेश्वर की आधुनिकता भी है। भुवनेश्वर के नाट्य संकलन 'कारवाँ' की भूमिका में विपिन कुमार अग्रवाल ने आधुनिक समझे जानेवाले नाटकों के सन्दर्भ में भुवनेश्वर के महत्त्व को रेखांकित करते हुए लिखा है—"भुवनेश्वर का 'ताँबे के कीड़े' 1946 में आया, जेने का 'द मेड्स' पेरिस में 1947 में खेला गया, आयनेस्को का 'बाल्ड प्रिमाडोना' 1950 में मंच पर आया और बैकेट का 'वेटिंग फॉर गोदो' 1952 (या 53 ?) में।" जगदीशचन्द्र माथुर, लक्ष्मीनारायण लाल, मोहन राकेश, शंकर शेष, मणि मधुकर, सुरेन्द्र वर्मा आदि नाटककारों ने प्रभावशाली भाषा का इस्तेमाल नाटकों में किया। एब्सर्ड स्थितियों से उपजी भाषा को तीव्र अर्थ व्यंजना से नाटकों में बड़ी खूबी से भरा गया। इस सिलसिले में विपिन कुमार अग्रवाल के प्रसिद्ध नाटक 'तीन अपाहिज' (1969) से एक छोटा उदाहरण देखा जा सकता है—"खल्लू—कल्लू!/ कल्लू—हाँ।/खल्लू—हम कब आजाद हुए ?/कल्लू—यही टिल्लू की उम्र समझ

लो।/खल्लू—कोई दस साल का होगा कुछ ऊपर।/कल्लू—और क्या।/खल्लू—तो आजाद अभी बच्चा है। हम बच्चा कैसे बन सकते हैं?/कल्लू—आजाद बच्चा नहीं, देश है।/ 'खेल्लू—देश बच्चा कैसे बन सकता है।/ कल्लू—अपनी किस्मत से।"

कथा साहित्य, नाटक आदि में आपसी झगड़ों, मानसिक ऊहापोहों, द्वन्द्वों, भावावेश, दार्शनिकता आदि को व्यक्त करते समय गद्य भाषा के तेवर बदलते रहते हैं। आज के हिन्दी गद्य ने इन स्थितियों को सफलतापूर्वक अभिव्यक्त करने की पर्याप्त क्षमता विकसित कर ली है।

आलोचना हिन्दी गद्य की भारतेन्दु-युग में जन्मी एक आधुनिक विधा है जो तेजी से समृद्धि की ओर अग्रसर हुई है। इसकी विकास-यात्रा बड़ी रोचक रही है। आलोचनात्मक-साहित्य निबन्धों से विकसित हुआ। हिन्दी आलोचना का पूर्व रूप टीकाओं में देखा जा सकता है। शब्दार्थ को खोलने, व्याख्या करने, काव्य-गत चमत्कार, रस आदि का प्रतिपादन करने का कार्य टीकाकार करता था तथा आलोचक उससे कुछ विशेष, काव्य-सौन्दर्य, का उद्‌घाटन करते हुए उसके मूल्यों की प्रासंगिकता का निर्धारण करता है। आलोचना में गद्य को पूरी स्वतंत्रता नहीं होती। उसे विषय से बँधकर चलना पड़ता है। कृति का परिचय, प्रतिक्रिया, प्रशंसा या निन्दा, वस्तु की व्याख्या, विवेचन-विश्लेषण तथा सौन्दर्य का निदर्शन कराने में आलोचनात्मक गद्य की सफलता निर्भर करती है। आलोचना को भी पठनीय होना चाहिए।

भारतेन्दु युग में आलोचना का गद्य अपने उद्देश्य को पूरा करने में सक्षम नहीं था। उसमें विवेचन का अभाव था और वह आह-वाह वाला था। उस गद्य के तीन रोचक उदाहरण प्रस्तुत हैं—

(1) "जयदेव की कविता का अमृतपान करके तृप्त चकित मोहित और घूर्णित कौन नहीं होता और किस देश में कौन-सा ऐसा विद्वान है जो कुछ भी संस्कृत जानता हो और जयदेवजी की काव्य माधुरी का प्रेमी न हो।···इस मिठाई को न पुरानी होने का भय है, न चींटी का डर है। मिठाई है पर नमकीन है, यह बात नयी है। सुनने पढ़ने की बात है, पर गूंगों का गुड़ है।" (1878)

(2) 'मधु मुकुल' : "श्री बाबू हरिश्चन्द्र कृत होली के पदों का संग्रह। इसकी समालोचना और क्या लिखें। केवल इतना ही कहना बस है कि यह बाबू हरिश्चन्द्र जी की कविता है।" (1881)

(3) "पंडित दामोदर शास्त्री कृत (रामलीला नाटक)।···शास्त्री जी की यह पुस्तक रामलीला करनेवालों के लिए बहुत ही उत्तम है।···यह पुस्तक पढ़ने में बहुत उत्तम और खड्गविलास प्रेस, बाँकीपुर में छपी है।" (1882)

द्विवेदी युग में आलोचना सक्षम होने लगी। पत्रों और पुस्तकों के द्वारा, महा-विद्यालयों और विश्वविद्यालयों में अध्यापन तथा कृतिकारों के वक्तव्यों से आलो-

चनात्मक दृष्टि प्रौढ़ हुई । महावीरप्रसाद द्विवेदी, पदुमलाल पुन्नालाल बख्शी, श्यामसुन्दर दास, विश्वनाथ प्रसाद मिश्र, आचार्य रामचन्द्र शुक्ल, नन्ददुलारे वाजपेयी, शान्तिप्रिय द्विवेदी, हजारीप्रसाद द्विवेदी, डॉ० नगेन्द्र, पन्त, प्रसाद, निराला, महादेवी, रामविलास शर्मा, नामवर सिंह, विजयदेव नारायण साही तथा मुक्तिबोध तक आलोचना की अविच्छिन्न परम्परा विकसित और सशक्त होती गयी। शास्त्रीय, सौष्ठववादी, समाजशास्त्रीय, मनोवैज्ञानिक, सैद्धांतिक, शोधपरक आदि अनेक समीक्षा-दृष्टियाँ सामने आयीं। हिन्दी आलोचना के सबसे बड़े आधार-स्तम्भ रामचन्द्र शुक्ल हैं। शुक्ल जी का आलोचनात्मक गद्य वैज्ञानिक, स्पष्ट, मर्यादित और विश्लेषणात्मक है। रामस्वरूप चतुर्वेदी (गद्य की सत्ता) के शब्दों में, "शुक्ल जी की आलोचना की विशेषता है—जो कि आलोचना-मात्र की विशेषता होनी चाहिए कि उसे पढ़ते समय रचना के अनुभव से सीधा साक्षात्कार होता चलता है, अनुभव के पुनर्सृजन का क्रम बराबर अविच्छिन्न रहता है। शुक्ल जी अनुभव को ही केन्द्र में रखते हैं, और जहाँ सूर, तुलसी, जायसी या आधुनिक कवियों से सम्बद्ध व्यावहारिक आलोचना है वहाँ तो शुक्ल जी की कलम ने मूल रचना के अनुभव को समृद्धतर ही बनाया है। 'रामचरितमानस' अब हिन्दी पाठक के लिए अकेले तुलसी का कृतित्व नहीं है, उसके अनुभव को विकसित करने में शुक्ल जी का योग अन्यतम है।"

भारतेन्दु, बालमुकुन्द गुप्त, महावीरप्रसाद द्विवेदी, रामचन्द्र शुक्ल, प्रेमचन्द, फणीश्वरनाथ रेणु, हरिशंकर परसाई, रामविलास शर्मा, नामवर सिंह, मुक्तिबोध आदि ने हमारे जातीय गद्य का निर्माण और विकास किया। जातीय गद्य से तात्पर्य रचनात्मक तथा उपयोगी साहित्य की वैसी भाषा के स्पष्ट, सुन्दर, लचीले और प्रगतिशील रूप से है जिसमें जनजीवन की सांस्कृतिक तथा संघर्षशील सुगन्ध बसी हो। सक्रिय देशज शब्दों, मुहावरों और कहावतों से समृद्ध यह भाषा हिन्दी क्षेत्र की विशेषताओं से भरी हुई होती है। हमारे इस जातीय गद्य में अंग्रेजी की भावाभि-व्यक्ति-सम्बन्धी स्पष्टता, बंगला की सुकुमारता और माधुर्य उर्दू की प्रवाहपूर्ण सरलता तथा मराठी की परुष गम्भीरतावाली सारी विशेषताएँ हैं।

आधुनिक परिस्थितियों का गद्यभाषा पर व्यापक प्रभाव पड़ा है। ये परि-स्थितियाँ सामाजिक, राजनीतिक, आर्थिक, धार्मिक, सांस्कृतिक, साहित्यिक, हर प्रकार की हैं। सिद्धांतों, वादों, दर्शनों, विचारों का गद्य में सफलतापूर्वक रचनात्मक उपस्थापन हुआ है। आधुनिक भारतीय युग-चेतना मार्क्स, फ्रायड, गांधी, अरविन्द, विवेकानन्द जैसे व्यक्तित्वों तथा आदर्शवाद, अस्तित्ववाद, प्रकृतवाद, यथार्थवाद आदि सिद्धान्तों से प्रभावित हुई है। भाषा केवल अर्थ की ही नहीं, जीवन की वाहिका होती है। अत: हिन्दी गद्य ने वस्तु तथा रूप का सार्थक समन्वय करते हुए अभिव्यक्ति को धारदार बनाया है। इसके साथ ही प्रत्यालोचना, असंतोष, सैद्धांतिक

मतभेद आदि से आक्रोशपूर्ण एवं आवेशपूर्ण गद्य उत्पन्न होता है। पद्मसिंह शर्मा की 'सतसई संहार', रामविलास शर्मा की 'नवजागरण और हिन्दी साहित्य' की भूमिका तथा 'नई कविता और अस्तित्ववाद', नामवर सिंह की 'दूसरी परम्परा की खोज' एवं 'कविता के नये प्रतिमान', ऐसे पोलेमिकल किन्तु सक्षम गद्य के उदाहरण हैं। सही आलोचक शास्त्र को पचाकर उसे अनुभव का अंग बनाकर प्रस्तुत करता है। यह एक करुण सच्चाई है कि अनेक शोधकर्त्ताओं का गद्य शास्त्रीयता से बोझिल होकर कराहता हुआ मिलता है।

इस शताब्दी के आरम्भ में महावीरप्रसाद द्विवेदी ने लिखा था कि, "जाति-विशेष के उत्कर्षापकर्ष का, उसके उच्च-नीच भावों का, उसके धार्मिक विचारों और सामाजिक संघटन का, उसके ऐतिहासिक घटनाचक्रों और राजनैतिक स्थितियों का प्रतिबिम्ब देखने को यदि कहीं मिल सकता है तो उसके गद्य साहित्य ही में मिल सकता है।" निराला जी ने इसीलिए गद्य को 'जीवन संग्राम की भाषा' कहा था। हिन्दी गद्य के प्रसंग में नामवर सिंह का कहना है कि "···हिन्दी गद्य का निर्माण स्वतंत्रता संग्राम के जुझारूपन और लड़ाकूपन के बीच हुआ, संघर्ष के हथियार के रूप में। प्रतापनारायण मिश्र, बालकृष्ण भट्ट, बालमुकुन्द गुप्त की पीढ़ी के बाद 'प्रताप' के सम्पादक गणेशशंकर विद्यार्थी और उनकी पीढ़ी के अनेक पत्रकार इसी परम्परा का विकास करते हैं। इधर के लेखकों में हरिशंकर परसाई के गद्य में मुझे उसी परम्परा का विकास मिलता है और आलोचकों में रामविलास शर्मा के गद्य में ठेठ हिन्दी का ठाठ अपने सर्वोत्तम रूप में मिलता है। यह ठाठ केवल शब्दों के चयन तक सीमित नहीं है। उस ठाठ का आधार है वाक्य-विन्यास, बोलचाल का वाक्य-विन्यास जिसे पढ़ते हुए जबान न कहीं अटकती है, न लड़खड़ाती है। नये कहानीकारों में अमरकांत, ज्ञानरंजन, काशीनाथ सिंह आदि के गद्य में बहुत कुछ यही छटा मिलेगी।" (12 : 57)

गद्य के लिए वाक्य-विन्यास बड़े महत्त्वपूर्ण होते हैं। शब्दों के क्रम में अन्तर से अर्थ में बदलाव आ जाता है। जैसे—1. वे महान हैं। 2. महान हैं वे। अथवा 1. दिनकर ने अपनी कविता से प्रसिद्धि प्राप्त की थी। 2. दिनकर ने प्रसिद्धि प्राप्त की थी अपनी कविता से। यहाँ तक कि विरामचिह्न के स्थान-परिवर्तन से भी अर्थ-परिवर्तन हो जाता है, यथा—1. मारो मत, जाने दो, 2. "मारो, मत जाने दो।" संयुक्त वाक्यों के प्रयोग से लेखक पाठकों में जिज्ञासा, उत्सुकता और कौतूहल जगाता, फिर बढ़ाता और अंतिम वाक्य-खंड में उसे शमित करता है, जैसे—रामचन्द्र शुक्ल का यह संयुक्त वाक्य देखा जा सकता है, "अपनी व्यक्तिगत सत्ता को अलग भावना से हटाकर, निज के योगक्षेम के सम्बन्ध से मुक्त करके वास्तविक दृश्यों और जीवन की वास्तविक दशाओं में जो हृदय समय-समय पर रमता रहता है वही सच्चा कवि हृदय है।" वाक्यों की परस्पर-सम्बद्धता से भाव या

विचार की एकसूत्रता की प्रभावान्विति अनुच्छेदों में प्रकट होती है।

ऐसा नहीं कि आजादी के बाद के लेखन में केवल साफ-सुथरा गद्य ही लिखा जाता रहा हो। हिन्दी की प्रकृति के अनुकूल शब्दों, वाक्य-विन्यासों, कहावतों और मुहावरों के प्रयोग से गद्य-भाषा को निखारनेवाले बेनीपुरी, दिनकर, रेणु, परसाई आदि लोकहृदय मे जुड़कर ही गद्य-भाषा की सजीवता को प्रकट करते रहे हैं। लोक-जीवन से जुड़ाव ही उनकी गद्य-भाषा के लिए जादू का काम करता है। लेकिन उत्तरशती के हिन्दी गद्य में संस्कृतनिष्ठ तथा अंग्रेजी ढंग की भाषा ने हिन्दी गद्य की स्वाभाविकता को बाधित भी किया है। संस्कृतनिष्ठता का विरोध करते हुए रामविलास शर्मा ने उचित ही लिखा था कि, "हिन्दी के इस संस्कृतीकरण से हिन्दी का राष्ट्रभाषा बनना तो दूर उसका प्रांतीय भाषा के रूप में भी लोकप्रिय बने रहना कठिन हो जाएगा। यह हिन्दी की सेवा करना नहीं, उसका गला घोंटना है। हर हिन्दी-प्रेमी को इसका विरोध करना चाहिए।" ('भाषा, साहित्य और संस्कृति', पृ० 75) दूसरी ओर गद्य में आधुनिकता के नाम पर अंग्रेजियत ठूँसने-वालों की बात करते हुए नामवर सिंह लिखते हैं, "कितनी बड़ी विडम्बना है कि भाषा के लिए जो सबसे ज्यादा चिंतित हैं, वे ही सबसे खराब गद्य लिखते हैं। स्वयं यह भाषा-चिंतन जिस तरह के गद्य में व्यक्त होता है, वह अपठनीय होता है। यह एक तरह का रहस्यवाद है—भाषा का रहस्यवाद। यह भाषा-चिन्ता वस्तुतः आधुनिकता बोध और आधुनिकतावाद का एक महत्त्वपूर्ण अंग है। हिन्दी में जब से आधुनिकतावाद की हवा बही है, यह भाषा-चिन्ता भी बढ़ी है। और जिस प्रकार इस आधुनिकतावाद का सम्बन्ध हिन्दी की परम्परा से नहीं है, उसी तरह उन आधुनिकतावादियों का गद्य भी हिन्दी की अपनी परम्परा से कटा हुआ है। एक तरह से यह छद्म आधुनिकता है, जिस पर अंग्रेजियत की गहरी छाप है। अंग्रेजियत की यह छाप उस गद्य पर भी है। हिन्दी गद्य की जो जातीय प्रकृति है और जिसका निर्माण भारतेन्दु ने किया है, उसके विपरीत आजादी के बाद जो प्रवृत्ति गद्य में प्रबल दिखाई पड़ती है वह है, अंग्रेजियत की छापवाला गद्य। अंग्रेजी ढंग के मुहावरे, अंग्रेजी ढंग के वाक्य-विन्यास। जो ठेठ हिन्दी का ठाठ है, बोलचाल की भाषा के स्तर पर सीधा-सादा, सहज, साफ और दो-टूक बात करनेवाला जो गद्य रहा है उसकी अपेक्षा अंग्रेजियत का गद्य प्रचुर रूप में आया है। आजादी के बाद हिन्दी की अपनी जातीय परम्परा से कटी हुई बनावटी भाषा का बड़ा विस्तार हुआ है और साहित्य में ऐसी भाषा के निर्माण में परिमलियों का बहुत बड़ा योगदान है। अज्ञेय जी का भी अधिकांश गद्य मुझे इसी तरह सायास, कृत्रिम, लद्धड़ और बेजान मालूम होता है। अपनी तमाम सूक्ष्मताओं और बारीकियों के बावजूद वह गद्य हिन्दी की जातीय प्रकृति के अनुकूल नहीं है।" (12 : 57)

जिस तरह संस्कृत और फारसी के बीच से भारतेन्दु ने गद्य-भाषा की राह

निकाली थी, वैसे ही आज के महत्त्वपूर्ण गद्यकार संस्कृत और अंग्रेजी के बीच से अपना सुगम रास्ता निकाल रहे हैं। ऐसे गद्यकारों पर वर्नान ली का यह कथन ठीक ही लागू होता है कि, "मनुष्य जो कुछ भी लिखता है वह अपने निर्माता से भी अधिक महान हो जाता है।"

संदर्भ-सूची

1. खड़ीबोली का आन्दोलन—डॉ० शितिकंठ मिश्र, नागरी प्रचारिणी सभा, काशी।
2. हिन्दी गद्य शैली का विकास : डॉ० जगन्नाथ प्रसाद शर्मा।
3. हिन्दी गद्य का विकास : डॉ० विजयेन्द्र स्नातक, नेशनल पब्लिशिंग हाउस, नई दिल्ली-1976।
4. खड़ीबोली हिन्दी का सामाजिक इतिहास : ललित मोहन अवस्थी, ओरियंट लौंगमैन, 1977।
5. हिन्दी गद्य का परिप्रेक्ष्य : डॉ० सत्येन्द्र, कैलाश पुस्तक सदन, भोपाल, 1976।
6. हिन्दी की संरचना : कुछ पहलू : सिंह और तिवारी, भाषा-मंडल, दिल्ली विश्वविद्यालय, 1980।
7. अधुनिक हिन्दी गद्य शैली का विकास : डॉ० श्याम वर्मा, ग्रंथम, कानपुर, 1971।
8. खड़ीबोली स्वरूप और साहित्यिक परम्परा : ओंकार राही, लिपि प्रकाशन, दिल्ली, 1975।
9. आधुनिक हिन्दी का स्रोत : डॉ० कुंजमत्तेर, त्रिवेन्द्रम, 1975।
10. गद्य संरचना : शैली वैज्ञानिक विवेचन, डॉ० कृष्णकुमार शर्मा, जयपुर, 1975।
11. गद्य की सत्ता ; रामस्वरूप चतुर्वेदी, मैकमिलन, 1977।
12. हिन्दी गद्य की जातीय परम्परा और समकालीन गद्य परिदृश्य: सं० सुरेश पाण्डेय, विवेचना, जबलपुर, 1987।

देवनागरी लिपि : वैज्ञानिकता का प्रश्न

आचार्य दण्डी का कथन है—'वाचामेव प्रसादेन लोकयात्रा प्रवर्त्तते' अर्थात् वाणी के प्रसाद से ही लोक का जीवन चालित है। वस्तुतः वाणी भावों और विचारों को व्यक्त करने के विभिन्न प्रतीकों के रूप में प्रकट होती है। किन्तु वाणी के ध्वनिमय स्वरूप का दृश्य-स्वरूप में अवतरण जब हुआ तब वैचारिक और भावात्मक सूक्ष्मताओं के विकास-मार्गों का उद्घाटन हुआ। वाणी का यह दृश्य रूप ही लिपि है। दूसरे शब्दों में ध्वनि और वर्ण-चिह्नों के सम्बन्धों का नाम लिपि है। लिपिगत स्वरूप प्राप्त कर भाषाओं को सूक्ष्म विकास के साथ-साथ व्यापकता और स्थायित्व का वरदान मिल गया। यदि लिपि न होती तो मानव-जाति अपने अतीत की साहित्यिक और सांस्कृतिक सम्पदा से वंचित ही रह जाती। अतएव भाषा के प्रसंग में लिपि और इसकी विशेषता अत्यधिक महत्त्व रखती है। सच पूछा जाए तो लिपि का विकास किसी भी जाति और राष्ट्र के लिए सांस्कृतिक दृष्टि से उसकी प्राचीनता का द्योतक है।

विश्व में विभिन्न लिपियाँ प्रचलित हैं और कितनी ही लिपियाँ काल की परतों में दबकर विस्मृत हो चुकी हैं। किन्तु इन लिपियों की ऐतिहासिक पृष्ठभूमि में पता चलता है कि जो लिपियाँ ध्वनि-संकेत चिह्नों को अपनाकर चली हैं, वे अधिक उपयोगी और व्यापक प्रचार को प्राप्त कर सकी हैं। इसके कारण उनमें सूक्ष्म अन्तर्हित विशेषताएँ हैं। एक विशेषता तो यह है कि उनके द्वारा सूक्ष्म-से-सूक्ष्म ध्वनि-अंग को प्रकट किया जा सकता है। दूसरे वे ध्वनि के आधार पर किसी व्यवस्था का पालन करती हैं। तीसरे, उनमें विभिन्न ध्वनि-समूहों के अपने स्वजातीय वर्ग हैं—जिन्हें स्पष्ट करने के एक-सरीखे चिह्न हैं। इन विशेषताओं के कारण विश्व की कुछ लिपियों का प्रचार सहज ही व्यापक रूप में हुआ। ऐसी लिपियों में रोमन, अरबी, देवनागरी, चीनी और रूसी लिपियाँ विशेष उल्लेखनीय हैं। इनमें भी चीनी लिपि का प्रसार उस देश की व्यापक जनसंख्या के कारण हुआ और अरबी-फारसी लिपियाँ धर्म और राज्य-प्रसार के साथ फैलीं। रूसी लिपि का प्रचार राजनीतिक दृष्टिकोण से ही बढ़ा। रोमन लिपि का प्रचार एक तो कभी न सूर्यास्त

होनेवाले विस्तृत राज्य-प्रसार के कारण हुआ, किन्तु इसके अतिरिक्त अन्य कारण इस लिपि में ही अन्तर्भूत हैं।

किन्तु देवनागरी लिपि की कहानी इन सारी लिपियों के ठीक विपरीत है। यह विश्व के विद्वानों को मान्य है कि देवनागरी लिपि भाषान्तर्गत प्रयोगों में आनेवाले अधिक-से-अधिक ध्वनि-चिह्नों से समृद्ध है। ध्वनि-सम्बन्धी जितनी भी सुविधाएँ परिकल्पनीय हैं, उनमें से अधिकांश देवनागरी लिपि में प्राप्त होती हैं। इसके अतिरिक्त देवनागरी लिपि का वर्तमान स्वरूप युगों के प्रयोगों पर आधारित विकास का प्रतिफल है। इसी कारण इसके पीछे काफी दीर्घ प्रयोग की परम्परा है। इसके अतिरिक्त इस लिपि के द्वारा संस्कृत, प्राकृत, हिन्दी, मराठी आदि बहुविध एवं सम्पन्न साहित्य-भण्डार के भीतर प्रवेश किया जा सकता है। इसी तरह अन्य विशेषताओं को भी देखते हुए विश्व के और भारत के अधिकांश विद्वान इसे सर्वाधिक वैज्ञानिक और व्यवस्थित लिपि के रूप में स्वीकार करते हैं। किन्तु 'जड़ चेतन गुण-दोषमय विस्व कीन्ह करतार' के अनुसार देवनागरी लिपि में भी राष्ट्रीय एकता और दृढ़ता के लिए अपेक्षित कतिपय गुणों की कमी है। इन दोषों को राजनीतिक गोटी बनाकर कतिपय हिन्दी-विरोधी भारतीय विद्वान आए दिन भाषा के क्षेत्र में शतरंज का खेल खेलते हैं। यह बात सही है कि जिस प्रकार भारत में अनेक भाषाएँ हैं, उसी प्रकार लिपियाँ भी अनेक हैं। इसलिए जो उलझन भाषा की अनेकता को लेकर है, वही लिपि की अनेकता को लेकर भी। यदि भाषाओं की अनेकता पारस्परिक बोधगम्यता में बाधक हो तो लिपियाँ कम बाधक नहीं हैं, बल्कि वे अधिक बाधक हैं क्योंकि भाषा सुनने पर दो-चार शब्दों को समझ लेना सम्भव हो भी जाता है, किन्तु अपरिचित-अज्ञात लिपि से कुछ भी हाथ नहीं लगता। राष्ट्रीय एकता के लिए भाषा की एकता से कम महत्त्वपूर्ण लिपि की एकता नहीं मानी जा सकती। अभी भारत में चौदह भाषाएँ और लगभग बारह लिपियाँ प्रचलित हैं। यद्यपि ये सभी लिपियाँ ब्राह्मी लिपि से ही विकसित हुई हैं और इस नाते से सभी सहोदर हैं, किन्तु देश, काल, लेखन-सामग्री आदि के भेद से इनमें पर्याप्त अन्तर हो गया है। लिपियों की इन विभिन्नताओं के कारण एक लिपि का चुनाव हमारी एकता की जाँच-सी हो गयी है। भारतवर्ष में धर्म, जाति, आचार-विचार, रहन-सहन, रीति-नीति तथा भाषा एवं लिपि की अनेकता सदा से रही है और अब भी विद्यमान है, फिर भी युगों-युगों के संघर्ष में इस देश की सांस्कृतिक एकता अविच्छिन्न और अक्षुण्ण बनी रही है। किन्तु भारतीय संविधान के अनुसार लिपि के चुनाव में आजकल जो प्रान्तीयता और राजनीतिक संकीर्णता का अविर्भाव हुआ है उसे हम भारत की राष्ट्रीय और सांस्कृतिक एकता के लिए बाधक मानते हैं। यह संकीर्ण परिधि हमारी जातीय चिन्तन धारा, राष्ट्रीय चेतना और सांस्कृतिक एकता के बीच भारी व्यवधान बन गयी है। किसी भी राष्ट्र की एकता और दृढ़ता

के लिए यह अनिवार्य है कि वहाँ एक भाषा और एक लिपि हो। संविधान सभा की राष्ट्रभाषा समिति के सम्मुख उपस्थित एक भी प्रतिवेदन में इस अनिवार्यता की उपेक्षा नहीं की गयी है और एक भी व्यक्ति ऐसा नहीं है, जिसने यह नहीं स्वीकारा हो कि, इस दृष्टि से भी, भाषा के रूप में हिन्दी और लिपि के रूप में देवनागरी का स्थान निर्विवादतः सर्वोपरि है। किन्तु जाने क्यों आज फिर से कुछ लोग रोमन लिपि के मोह में फंसकर देवनागरी लिपि को राष्ट्रलिपि के लिए असमर्थ बतलाते हैं। यह बात सही है कि देवनागरी लिपि को वैज्ञानिक होड़ में आगे निकलने के लिए कुछ त्रुटियों को त्यागना होगा, साथ ही उसकी जगह अपेक्षित सुधार करना होगा। किन्तु इसमें जितने दोष हैं, कहीं उससे अधिक गुण हैं और इन गुणों के आधार पर ही 'नागरी सब गुण आगरी' की कहावत प्रचलित हुई है। नीचे हम किसी भी लिपि की अपेक्षित विशेषताओं का उल्लेख करते हुए देवनागरी लिपि के गुण-दोषों पर विचार करेंगे और इसके सम्बन्ध में फैलाए गए भ्रमों का भी यथासाध्य निराकरण करेंगे।

श्री रां० दा० चितले ने 'हिन्दी हाथ आमची राष्ट्रभाषा' नामक मराठी पुस्तक में किसी भी लिपि में युक्ति-युक्तता की दृष्टि से निम्नलिखित दस गुण आवश्यक माने हैं—

1. निश्चितता अर्थात् एक वर्ण की ध्वनि एक ही हो।
2. जो लिखा जाए वही पढ़ा भी जाए जिससे उच्चारण के बारे में कोई संदेह न पैदा हो।
3. प्रत्येक अक्षर का उच्चरित होना।
4. उपयुक्तता, अर्थात् भाषा में आवश्यक ध्वनियों के लिपि-चिह्न वर्तमान हों।
5. एक ही ध्वनि के अनेक लिपि-चिह्न हो।
6. लिपि पढ़ने में सहज और सरल हो।
7. लिपि में सौन्दर्य और आकर्षण-शक्ति हो। (यदि देवनागरी और मोड़ी लिपि में लिखा हुआ किसी बालक के समक्ष रखें तो वह तुरन्त देवनागरी की ओर आकृष्ट हो जाएगा।)
8. त्वरा लेखन।
9. मुद्रण-सुलभता।
10. अक्षरों की जुड़ाई यंत्रों द्वारा संभाव्य हो।

इसके अतिरिक्त चितले ने पाँच अन्य गुण भी बतलाये हैं—

1. लिपि स्वदेशी हो, 2. इसका प्रचार बहुसंख्यक लोगों में हो, 3. इस लिपि में राष्ट्र का वैभवशाली साहित्य हो, 4. यह अन्य प्रान्तीय लिपियों की समता के निकट हो तथा 5. यह बहुसंख्यकों की लिपि हो।

कहना न होगा कि देवनागरी लिपि में उपर्युक्त गुणों में से अधिकांश पाये जाते हैं। इसके पूर्व कि हम देवनागरी के गुणों की चर्चा करें, उसके दोषों पर विचार कर लेना आवश्यक है, क्योंकि इन दोषों में अनेक भ्रम-मात्र हैं जिन्हें जानकर ही निराकरण का प्रयास किया जा सकता है और दूषण को भूषण प्रमाणित किया जा सकता है। देवनागरी के विरुद्ध जो तर्क दिये जाते हैं, वे प्राय: रोमन के पक्ष के ही तर्क कहे जा सकते हैं, यद्यपि उनमें थोड़ी सच्चाई से इनकार भी नहीं किया जा सकता। ये विपक्षी तर्क निम्नलिखित हैं

1. प्राविधिक या तकनीकी (Technological) दृष्टि से देवनागरी पिछड़ी हुई लिपि है और क्रांतिकारी रूप से उसमें सुधार का अवकाश भी नहीं है। वर्णों के आकार जटिल हैं और संयुक्ताक्षरों के कारण तो वे और भी जटिल हो जाते हैं। फिर संयुक्ताक्षरों को लिखने की कोई एक पद्धति नहीं है। कभी वे अगल-बगल लिखे जाते है, जैसे—क्ख, ग्घ तो कभी ऊपर-नीचे जैसे द्ध ड्ड द्व, ङ्क में। कुछ संयुक्ताक्षर तो बगल में और ऊपर-नीचे दोनों ही तरह से लिखे जाते हैं, यथा —ड्ड, ड्ड, क्त, क्त। तात्पर्य यह कि संयुक्ताक्षरों का कोई नियम नहीं है और इस कारण लिखने में तो उलझन पैदा होती है। मुद्रण और टंकण में उससे भी अधिक उलझन होती है। जो काम अंग्रेजी में 52 टाइपों से चल जाता है, उसके लिए हिन्दी में लगभग 450 टाइप काम में लाने पड़ते हैं। देवनागरी आक्षरिक (Syllabic) लिपि है, रोमन की तरह वर्णिक नहीं। इसलिए वर्णों को अलग-अलग लिखने के बदले एक ही में मात्राएँ कभी ऊपर, कभी नीचे, कभी बगल में लिखनी पड़ती है। इसके चलते वर्णों के स्वाभाविक रूप में भी परिवर्तन करना पड़ता है। ये मोड़ और घुमाव इतने अधिक हो जाते हैं कि लिपि को जटिल बना देते हैं। देवनागरी में स्वरों के लिए दो चिह्न हैं—एक तो स्वरों को स्वतन्त्र रूप में लिखने के लिए आ, इ, ई, उ, ऊ, आदि और दूसरे वर्णों में जोड़ने के लिए जैसे ा, ि, ी, ु, ू आदि। स्वरों की यह द्विरूपता रोमन में नहीं है। स्वर जिस प्रकार स्वतंत्र रूप में लिखे जाते हैं उसी प्रकार दूसरे वर्णों के साथ मिलाकर भी। देवनागरी की ये उलझनें और जटिलताएँ उसके आधुनिक युग के अनुकूल होने में बाधक हैं।

2. वैज्ञानिक युग में लिपि भी वैज्ञानिक होनी चाहिए। देवनागरी प्राग्वैज्ञानिक युग के लिए भले ही उपयुक्त रही हो, आज वह अनुपयुक्त हो गयी है।

3. देवनागरी के मुद्रण, टंकण और लेखन में जो असुविधाएँ हैं, उनकी चर्चा ऊपर हो चुकी है। मुद्रण के लिए 450 से अधिक टाइप आवश्यक होते हैं। टंकन-यंत्र का मुद्री-पटल (Key-board) अब भी परिनिष्ठित नहीं हुआ है। जितनी कम्पनियों के टंकन-यंत्र हैं, उनमें वर्णों का विन्यास उतने ही ढंग का है। इसीलिए एक टंकन-यंत्र पर काम करने का अभ्यासी दूसरे पर काम नहीं कर सकता। इन

यंत्रों में भी एकरूपता नहीं है; किसी में कुछ विशेष वर्ण नहीं हैं, तो किसी में कुछ और। संयुक्ताक्षरों एवं विराम-चिह्नों की भी एकरूपता नहीं है। इसके चलते काम में जो सुविधा-सुगमता और गति होनी चाहिए वह नहीं हो पाती।

4. हिन्दी भाषा के अपनाए जाने में जो तत्त्व बाधक हैं, वे देवनागरी लिपि के लिए भी हैं। प्रान्तीयता की भावना अपने-अपने प्रान्त को ही महत्त्व देने को उत्सुक है; अपने अतिरिक्त दूसरे प्रान्तों के योग-क्षेम को देखने का न उसे आग्रह है, न अवकाश। अपनी भाषा को सर्वाधिक महत्त्व देनेवाला क्षेत्र अपनी लिपि को कैसे छोड़ सकता है। इसीलिए देवनागरी के ग्रहण में वही कठिनाइयाँ हैं जो हिन्दी भाषा के।

5. देवनागरी इस देश की लिपि है। इसलिए उसके प्रति विभिन्न लिपियों-भाषाओं की भावना राग-द्वेष की है और वे विदेशी लिपि को भले ही अपना लें, पर इस देश की लिपि को अपनाने को प्रस्तुत नहीं होंगी।

6. देवनागरी में कुछ अक्षर एवं लिपि-चिह्न आज के उच्चारण की दृष्टि से व्यर्थ हैं, 'ऋ' का उच्चारण 'रि' है, 'ञ' का 'न' तथा 'ष' का 'श'। अतएव ये सीखनेवालों के लिए व्यर्थ ही भार बनते हैं।

7. संयुक्त व्यंजनों के रूपों में बड़ी गड़बड़ी है। जैसे 'प्रेम' शब्द में लगता है कि 'प' पूरा है और 'र' आधा। जबकि स्थिति उलटी है। इसे 'प्‍रेम' होना चाहिए। क्र, ग्र, ब्र आदि संयुक्त वर्णों के साथ भी यही बात है।

8. देवनागरी में 'र' कार के चार रूप प्रचलित हैं—र्, /, ्र, ं। इससे इस लिपि के सीखने और शुद्ध-शुद्ध लिखने में कठिनाई उत्पन्न होती है।

9. क्ष, त्र, ज्ञ आदि स्वतन्त्र ध्वनियाँ न होकर संयुक्त व्यंजन-मात्र हैं, अतः अनपेक्षित हैं। दूसरी ओर 'न्ह' 'म्ह' 'ल्ह' आदि कुछ नवीन ध्वनि तत्त्वों का हिन्दी में प्रवेश हो गया है जो संयुक्त व्यंजन न होकर स्वतंत्र ध्वनि-तत्व हैं। इनके लिए स्वतन्त्र ध्वनि-चिन्ह आवश्यक हैं जिनका देवनागरी में अभाव है।

10. कुछ अक्षरों के दो रूप प्रचलित हैं जैसे अ/अ, रा/ण, भ/झ आदि। इनसे व्यर्थ भार महसूस होता है और छापे की असुविधा बढ़ती है।

11. इ की मात्रा 'ि' बड़ी अवैज्ञानिक है। उससे कभी-कभी भ्रम उत्पन्न होता है। 'चन्द्रिका' में मात्रा 'न' के पूर्व लगी है जबकि शुद्ध रूप में इसे 'र' के पूर्व लगना चाहिए। रोमन में इसे शुद्ध लिखा जाता है—Chandrika (देवनागरी में होना चाहिए—'चन्द्‌रिका')।

12. 'ख' में र व के भ्रम की संभावना है, जिसके लिए देवनागरी में अलग कोई चिह्न नहीं प्रयुक्त होता।

ऊपर देवनागरी लिपि के जितने दोष दिखाये गये हैं उनमें से अधिकांश संख्या बढ़ाने के लिए गिनाये जाते हैं। ऐसा तो नहीं कहा जा सकता कि देवनागरी

लिपि सर्वथा निर्दोष लिपि है, किन्तु यह कहते हुए संकोच का अनुभव नहीं होता कि देवनागरी के अधिकांश दोष कल्पित और राजनीति-जन्य परिगणित हुए हैं। निरपेक्ष दृष्टि से देखने पर इसमें गुणों की अपेक्षा दोषों की संख्या नगण्य है। मान्य दोषों का सुधार आवश्यक है—किन्तु गुणों की प्रशंसा कभी त्याज्य नहीं। नीचे हम इस लिपि के गुणों पर विचार करेंगे।

1. संस्कृत भाषा की लिपि होने के कारण देवनागरी लिपि सभी भारतीय लिपियों में सम्बन्ध-स्थापन की लिपि रही है। पूरे हिन्दी प्रदेश की लिपि यह है ही, मराठी में भी किंचित् परिवर्तन-परिवर्धन के साथ यह व्यवहृत होती है। संस्कृत, पाली, प्राकृत तथा अपभ्रंश के लिए भी यह लिपि प्रयुक्त होती है। संस्कृत का सार्वदेशिक प्रसार है और पिछली दो शताब्दियों में संस्कृत के लिए देवनागरी का व्यापक प्रयोग हुआ है। स्वभावत: देवनागरी सारे देश में व्याप्त है। देवनागरी की यह व्यापकता उसके पक्ष का दृढ़ स्तम्भ है। उसके पहले कोई नयी लिपि बिल्कुल नये सिरे से आरम्भ करनी होगी। यह वैसा ही होगा जैसे किसी पूर्ण विकसित फल देनेवाले वृक्ष को उखाड़कर उसकी जगह एक नया बीज लगा दिया जाए।
2. भारतीय भाषाओं में प्रचलित प्राय: सभी ध्वनियों को अंकित करने की क्षमता देवनागरी में है। दो-चार संकेतों को जोड़ देने से ही वह ऐसी पूर्ण लिपि बन जायेगी जो किसी भाषा को यथावत् अंकित कर सके। उसकी तुलना में रोमन में अकल्पनीय श्रम, शक्ति और समय का अपव्यय करना होगा।
3. देवनागरी के समान संसार की कोई भी लिपि ध्वन्यात्मक एवं वैज्ञानिक नहीं है। यह उसका ऐसा गुण है, जिसे सभी ने—विदेशियों ने भी—मुक्त कंठ से स्वीकार किया है। रोमन में एक वर्ण के अनेक उच्चारण और अनेक वर्णों का एक उच्चारण प्रसिद्ध है। स्वर और व्यंजनों की क्रमहीन और जटिल अवैज्ञानिकता की पराकाष्ठा है। इसके प्रतिकूल देवनागरी में एक वर्ण का एक ही उच्चारण होता है और वर्णों का विन्यास ध्वनि-विज्ञान के सर्वोच्च सिद्धान्तों के अनुकूल है। स्वर अलग, व्यंजन अलग। स्वरों में भी मूल स्वर पहले और संयुक्त स्वर बाद में। विन्यास में भी यौक्तिकता है—मुखविवर के पिछले भाग में उच्चरित होनेवाले स्वर पहले और अगले भाग से उच्चरित होनेवाले स्वर क्रमश: बाद में। यही स्थिति व्यंजनों के साथ भी है—घोष, अघोष, अल्पप्राण, महाप्राण का ऐसा अखंडनीय क्रम है जो आज भी यूरोप के भाषाशास्त्रियों को चकित कर देता है। और

यह क्रम आज का नहीं, आज से तीन हजार वर्ष पहले का है, जब यूरोप में भाषा-सम्बन्धी मीमांसा का सूत्रपात भी नहीं हुआ था। उच्चारण-अवयव, आभ्यन्तर प्रयत्न और बाह्य प्रयत्न के आधार पर ध्वनियों का जो वर्गीकरण किया गया है उन्हीं के प्रतीक देवनागरी लिपि के स्वर और व्यंजन के वर्ण हैं। एक अंग्रेज भाषा वैज्ञानिक ने हिन्दी वर्णमाला की वैज्ञानिकता की परीक्षा करने के उद्देश्य से उन वर्णों के आकार एवं स्वरूप के अनुसार मिट्टी के खोखले रूप बनाए। उनके भीतर साँस छोड़ने से उनमें से उन्हीं स्वरों की ध्वनि सुनायी पड़ी। यह प्रयोग इस लिपि की वैज्ञानिकता का सर्वश्रेष्ठ प्रमाण प्रस्तुत करता है। ऐसी वैज्ञानिक लिपि को छोड़ने का आग्रह वे ही लोग कर सकते हैं, जिन्होंने विवेक को तिलांजलि दे दी हो।

4. इस लिपि की सबसे बड़ी विशेषता यह है कि इसमें ठीक वही लिखा जाता है जो उच्चरित होता है। कोई भी व्यक्ति अपने शुद्ध उच्चारण करने या सुनने के अनुसार उसे उसी प्रकार लिख भी सकता है। एक ध्वनि के लिए एक ही अक्षर है, अधिक नहीं। जैसे उर्दू में 'ज' ध्वनि के लिए जुबद, जे, जोय तथा अंग्रेजी (रोमन) में C, Ch और K तीनों ही 'क' के लिए प्रयुक्त होते हैं, किन्तु देवनागरी में नहीं। इसके अतिरिक्त देवनागरी में सभी प्रकार की ध्वनियाँ हैं। ङ, घ, ध, छ, ढ़ आदि का रोमन लिपि में अभाव है। हिन्दी की महाप्राण ध्वनियों को उर्दू और रोमन में 'ह' का योग लगाकर व्यक्त किया जाता है। उच्चारण की दृष्टि से ये दोनों दो व्यंजन हैं।

5. मात्राओं की दृष्टि से देवनागरी वर्णमाला पूर्ण है। इसमें ह्रस्व और दीर्घ का भेद स्पष्ट है। कहा जाता है कि हिन्दी मात्राएँ स्थान अधिक घेरती हैं। यह भ्रम मात्र है और इससे उच्चारण में किसी भी प्रकार के अन्तर या भ्रम की आशंका नहीं रहती। उर्दू और रोमन लिपि में मात्राएँ बड़ी अव्यवस्थित और अनियमित हैं। हिन्दी के 'चन्द्र' और 'पुत्र' उर्दू में 'चन्दर और पुत्तर' तथा रोमन में 'चन्द्रा और पुत्रा' हो जाते हैं। उ, ऊ और अ—देवनागरी के इन तीनों रूपों को रोमन के 'U' में ही पर्यवसित कर दिया गया है। किन्तु देवनागरी वर्णमाला में यह सामर्थ्य है कि उनमें सभी प्रकार की ध्वनियाँ व्यवहृत होती हैं। मात्राओं में E, O आदि के लिए कुछ कठिनाई अवश्य है किन्तु इस कमी को दूर करने के लिए सुधार अभियान कार्यशील है। जहाँ तक अधिक स्थान घेरने की बात है, इसमें वास्तविकता से अधिक भ्रम है। हिन्दी के तीन अक्षरों का शब्द 'शंकर' अंग्रेजी में Shankara आठ

अक्षरों में लिखा जाता है। यह बात सही है कि हिन्दी शब्दों को देवनागरी लिपि में लिखने के लिए तीन पंक्तियों का स्थान लेती है किन्तु क्या उन्हीं को अंग्रेजी में लिखने पर तीन गुणा लम्बाई बढ़ नहीं जाती है ? हिन्दी का 'टिकट' अंग्रेजी में इससे दुगुना यानी छः अक्षरों का Ticket हो जाता है। 'दरबारी' शब्द भी अंग्रेजी से दुगुने अक्षरों में Darabari लिखा जाता है। अतएव देवनागरी लिपि में स्थान के अपव्यय की बात बहुलांश में भ्रम ही है। ऐसा ही भ्रम देवनागरी में लिखते समय हाथ उठाने की असुविधा समझने में है। वस्तुतः देवनागरी से अधिक रोमन लिपि में लिखते समय हाथ उठते हैं।

6. देवनागरी के विपक्ष में एक यह भी तर्क दिया जा सकता है कि उसमें लाइनो-टाइप की व्यवस्था न रहने से मुद्रण-सम्बन्धी असुविधाएँ होती हैं। किन्तु अब देवनागरी में 'लाइनो-टाइप' ही नहीं, लेज़र और फोटोटाइप की व्यवस्था हो चुकी है और उसके अनुसार मुद्रण होता है।
7. कहा जाता है कि रोमन वर्णों की संख्या 26 है और देवनागरी लिपि में वर्णों की संख्या बहुत ही अधिक है। यह भी भ्रम ही है। व्यावहारिक दृष्टि से रोमन वर्णों की संख्या वस्तुतः एक सौ चार हो जाती है। 26 छापे के बड़े और 26 छोटे वर्ण हैं। फिर लिखावट के बड़े और छोटे छब्बीस-छब्बीस वर्ण हैं। इसके प्रतिकूल देवनागरी में केवल 49 वर्ण हैं यानी रोमन के आधे से भी कम। देवनागरी में लेखन-मुद्रण में भेद नहीं है। लेखन-मुद्रण में एकरूप सौन्दर्य दर्शनीय होता है।
8. हमारे यहाँ साहित्य के कुछ ऐसे रूप विकसित हुए हैं जो देवनागरी लिपि में ही व्यक्त किए जा सकते हैं। उदाहरणार्थ चित्रालंकारों को लिया जा सकता है। पद्मबंध, खड्गबंध, मुरजबंध, गोमूत्रिकाबंध आदि रोमन या अन्य लिपि में हो ही नहीं सकते। इसी तरह 'गतागत' छन्द का विन्यास रोमन में असंभव है। उदाहरण के लिए केशवदास का यह छन्द लिया जा सकता है—

   मा सम मोह सजै वन बीन नवीन बजै सह मोम समा
   मार लतानि बनावति सारि रिसातिबना वनि ताल रमा
   मानव ही रही मोरद मोद दमोदर मोही रही वन मा
   माल बनी बस के सब दास सदा बस केस बनी बलमा

इस छन्द की पंक्तियों की यह विशेषता है कि किसी ओर से पढ़ने पर उनमें कोई परिवर्तन नहीं होता। यदि इसे रोमन लिपि में लिखें तो वह विशेषता विनष्ट हो जाती है। देवनागरी आक्षरिक लिपि है

इसलिए समा का उलटा मास होगा किन्तु रोमन में समा (SAMA) का उल्टा आमस (AMAS) होगा। ऐसे शब्दों की स्थिति दूसरी लिपि में क्या होगी ? प्राचीन कवियों ने ऐसे अनेक छन्दों और काव्य-रूपों का प्रयोग किया है जो रोमन में अंकित हो ही नहीं सकते। वस्तुतः उन रूपों का विकास हुआ ही देवनागरी के चलते। देवनागरी को त्यागने पर हमें उन समस्त काव्य-रूपों का परित्याग कर देना होगा जो हमारी अपनी साहित्यिक और सांस्कृतिक धरोहर रही है।

9 अक्षरों के समान देवनागरी लिपि के अंकों को लेकर भी बहुत-सारी चमत्कारपूर्ण कविताएँ हुई हैं जिनका आस्वादन केवल देवनागरी लिपि के उस रूप के रहने पर ही हो सकता है। निम्नलिखित उदाहरण इसका प्रमाण है—

दम्पति के रसरीति में तनिक भयो रसरीस।
अबही रहयो तिरेसठ छन में भयो छत्तीस ॥
घट्यो मान सैंतिस भयो पै पिय मान्यो नाहि।
ह्वै छत्तीस छासठ भयो पुनि तिरसठ छन माँहि ॥*

इन पंक्तियों की सहजता रोमन या अन्य लिपि के अंकों में क्या रहेगी ? अतएव लिपि का भाषा से अनिवार्य सम्बन्ध नहीं माननेवाले भ्रम में हैं। लिपि की तुलना पोशाक या खान-पान से नहीं की जा सकती। किसी भाषा का समग्र वाङ्मय विज्ञान के कुछ चिह्नों और प्रतीकों तक ही सीमित नहीं है। सम्पूर्ण साहित्य, संस्कृति और परम्परा का लिपि से सम्यक सम्बन्ध होता है।

10. लिपि का सम्बन्ध धर्म और सभ्यता से भी हुआ करता है। यह वेष-भूषा की भाँति बाहर से आरोपित नहीं है। भारतीय वाङ्मय की एक महत्त्वपूर्ण शाखा है तंत्र। तंत्र की बहुत-सी बातें वर्ण-विन्यास पर निर्भर हैं और उन वर्णों के स्वरूप की महत्ता स्वीकार की गयी है जो देवनागरी में ही संभव है। वह सब तो अधिक गंभीर विषय है। छोटे-मोटे और प्रचलित रूप में एक प्रणव के स्वरूप को ही लें। प्रणव को OM लिखकर क्या वह भाव व्यक्त किया जा सकता है जो देवनागरी में 'ॐ' लिखकर प्रकट किया जाता है ? यही अवस्था 'श्री' की भी है। यह नाम के आगे आने वाला मात्र आदरसूचक शब्द ही नहीं, तंत्र एवं मंत्र का अपरिहार्य अंग है।

---

*. देवेन्द्रनाथ शर्मा की पुस्तक 'राष्ट्रभाषा हिन्दी : समस्याएँ और समाधान' (लोकभारती प्रकाशन) से उद्धृत।

11. देवनागरी लिपि के परित्याग करने के पक्ष में जो तर्क दिये जाते हैं उनमें व्यावहारिक उदाहरण के रूप में 'तुर्की' का नाम लिया जाता है। इस सम्बन्ध में दो बातें भुला दी जाती हैं—एक तो यह की तुर्की का साहित्य ही कितना था ? संसार के किसी भी देश का प्राचीन साहित्य भारतीय साहित्य के समान न तो विपुल है, न विविध। स्वभावतः भारत को लिपि-परिवर्तन के पश्चात् जिन समस्याओं का सामना करना पड़ेगा वे तुर्की जैसे देश के सामने थीं ही नहीं। दूसरी बात यह है कि तुर्की में अरबी-जैसी दोषपूर्ण और अवैज्ञानिक लिपि थी, जिसे छोड़कर रोमन को अपनाया गया। किन्तु देवनागरी न तो वैसी दोषपूर्ण है और न अवैज्ञानिक। अतएव देवनागरी के लिए तुर्की के उदाहरण को आदर्श मानना गलत होगा।

12. जिस तरह राष्ट्रीय सम्मान की भावना स्वदेशी भाषा को अपनाने के विपक्ष में है, उसी तरह किसी विदेशी लिपि को अपनाने के भी। अंग्रेजी शासन और अंग्रेजियत के दुष्प्रभाव से अभी हम सर्वथा मुक्त नहीं हो पाये हैं, इसलिए जिस मात्रा में हममें राष्ट्रीय सम्मान का होना अपेक्षित था वह हममें नहीं आ पाया है; किन्तु जिस दिन हममें यह चेतना आएगी, उस दिन हम महसूस करेंगे कि हम बद्धमूल संस्कार में पल रहे थे और हमारी प्रतिक्रिया देवनागरी लिपि के अनुकूल होगी।

देवनागरी के विपक्ष में प्राविधिक (Technological) कठिनाई की बात सर्वाधिक तूल दी जाती है और उसी के आधार पर रोमन को अपनाने का आग्रह किया जाता है। इस सम्बन्ध में दो-एक बातें याद रखनी चाहिए। एक तो यह कि देवनागरी में प्राविधिक सुधार के लिए इस देश की सरकार ने न कोई प्रयास किया है और न कोई व्यवस्था। उल्टे उसके मार्ग में बाधाएं डाली हैं। जिस युग में अन्तरिक्ष यात्रा संभव है, लिपि की त्रुटियों का उन्मूलन उस युग में असंभव नहीं। आज तक प्राविधिक दृष्टि से देवनागरी लिपि की जो उपलब्धियाँ हैं, वे सब गैर-सरकारी संस्थाओं और व्यक्तियों के प्रयास और सद्भाव से हैं। सरकार चाहती तो इसके लिए प्राविधिकों की एक समिति बना दी जाती और छः महीने से सालभर के भीतर मुद्रण, टंकन, टेलिप्रिण्टर आदि की कठिनाइयाँ दूर कर दी जातीं। जब 'ऑग्डेन' और 'रिचर्ड्स' ने 'बेसिक इंग्लिश' तैयार की तो इंग्लैण्ड की सरकार ने प्रसार हेतु इसे सर्वाधिक संख्या में खरीद लिया। भाषा और लिपि के प्रति यह जागरूकता भारत सरकार में अल्पांश भी नहीं है। ऐसी तटस्थ और बाधक सरकार के बावजूद देवनागरी लिपि ने जो प्रगति की है वह उसकी अन्तर्निहित शक्ति एवं उसके प्रयोक्ताओं के अनुराग का परिणाम है।

सरकार यदि थोड़ी-सी सचेष्टता दिखाती तो प्राविधिक दृष्टि से भी रोमन और देवनागरी में कोई अन्तर न रहता। अब तो देवनागरी में भी टेलिप्रिण्टर तथा अन्य सुविधाएँ उपलब्ध हैं और यह देश की आवश्यकता के दबाव से संभव हुआ है।

इस तरह साहित्यिक, सांस्कृतिक, पारम्परिक, व्यावहारिक आदि दृष्टियों से नहीं, प्राविधिक दृष्टि से भी भारत के लिए देवनागरी लिपि अनिवार्य है। इसके गुणों को देखते हुए कहा जा सकता है कि 'सब गुण आगरी' देवनागरी लिपि राष्ट्र लिपि बनने के योग्य है।

देवनागरी लिपि में सुधार के प्रयत्न

शब्द और ध्वनि के चित्र अर्थ की पूर्ण अभिव्यक्ति के लिए आवश्यक बताये गये हैं। यही चित्र वर्णमालाएँ या लिपियाँ हैं। उच्चारण और प्रयोगों के कारण जिस प्रकार ध्वनि और अर्थ में परिवर्तन हुआ करता है, उसी प्रकार भाषा की लिपि के साथ भी कुछ-न-कुछ परिवर्तन होता रहता है। भारतवर्ष की अधिकांश लिपियों का स्रोत ब्राह्मी लिपि में माना जाता है। ब्राह्मी लिपि से ही देवनागरी लिपि का विकास हुआ है। देवनागरी वर्णमाला के अनेक अक्षर, जो वैदिक एवं संस्कृत साहित्य में प्रयुक्त मिलते हैं, बाद को छूट गये क्योंकि वे उच्चारण और सुविधा की दृष्टि से अनावश्यक हो गये। संस्कृत काव्य में ही आगे चलकर ॠ, लृ, ॡ—अक्षरों का प्रयोग नहीं मिलता। 'ऋ' का उच्चारण 'रि' हो गया तथा ॠ तो अप्रयुक्त ही हो चुका है। प्राकृत और अपभ्रंश की परम्परा में विकसित हिन्दी के आदिकालीन एवं मध्यकालीन साहित्य में ङ, ञ, श, ष, ण, क्ष, और ज्ञ—व्यंजनों के प्रयोग बहुत कम मिलते हैं। ये परिवर्तन किसी सत्ता के दबाव के नहीं, अपितु भाषा-लिपि के स्वाभाविक विकास के परिणाम हैं। परन्तु इन परिवर्तनों एवं संशोधनों के आते रहने पर भी पाठकों और लेखकों को किसी कठिनाई का सामना नहीं करना पड़ा और सुविधा एवं आवश्यकता के अनुसार उन्हें अपनाया गया। यह तो सर्वमान्य है कि किसी भी राष्ट्र की एकता और दृढ़ता के लिए एक भाषा और एक लिपि का होना आवश्यक है। जब देवनागरी में लिखित हिन्दी भारत की राजभाषा घोषित की गयी और उत्तर प्रदेश, बिहार, पंजाब, मध्य प्रदेश और राजस्थान की प्रादेशिक सरकारों ने इसे शीघ्रातिशीघ्र शासन व्यवस्था में व्यवहृत करने का निश्चय किया तो स्वभावतः देवनागरी के गुण-दोषों की ओर विद्वानों का ध्यान विशेष रूप से आकृष्ट हुआ। इसमें सन्देह नहीं कि देवनागरी की वर्णमाला स्वर, व्यंजन, उच्चारण-स्थान आदि के आधार पर ध्वनियों की व्यवस्था के कारण संसार की समस्त लिपियों से सर्वाधिक वैज्ञानिक है। यह एक ऐसा तथ्य है जिसे देश-विदेश के भाषाशास्त्रियों ने मुक्त कंठ से स्वीकारा है, पर इसकी कतिपय त्रुटियों ने इसमें सुधार की आवश्यकता उत्पन्न

कर दी है। इसकी त्रुटियों को देखकर कुछ राजनीतिज्ञ विद्वानों (!) ने रोमन लिपि को स्वीकार करने का प्रस्ताव रखा और तब से देवनागरी लिपि में सुधार और संशोधन का प्रश्न बड़े गम्भीर रूप में उपस्थित हो गया।

यों तो सुधार की आवश्यकता देवनागरी लिपि की सभी त्रुटियों को दूर कर उसकी प्राचीनता, सरलता और सुन्दरता के निर्वाह तथा राष्ट्रलिपि के लिए अपेक्षित गुणों से मंडित करने हेतु ही उत्पन्न हुई, किन्तु इसमें सुधार की प्राथमिक आवश्यकताएँ उभरीं वर्तमान अंग्रेजी टाइपराइटर को देखकर। सुधार की अधिकांश योजनाएँ अपने मूल रूप में इसी टाइपराइटर से सम्बद्ध हैं और सुधारकों ने सर्वप्रथम यही प्रयोग किया है कि 'टाइपराइटर' यंत्र के अनुकूल लिपि में कैसे परिवर्तन लाये जाएँ, जबकि होना यह चाहिए था कि हमारी लिपि के अनुकूल टाइपराइटर बनते और यह विकसित विज्ञान के युग में असम्भव नहीं था। जो भी हो, यह अनिवार्य हो गया कि परिवर्तित परिस्थितियों और यान्त्रिक साधनों के अनुकूल इस लिपि में कुछ ऐसे सुधार किये जाएँ कि अपनी वैज्ञानिकता की रक्षा करते हुए यह कतिपय नवीन आवश्यकताओं की पूर्ति करने में समर्थ सिद्ध हो सके। स्वतन्त्र भारत में प्रजातांत्रिक शासन-व्यवस्था की सफलता के निमित्त शिक्षा-प्रसार की बड़ी-बड़ी योजनाएँ सभी देशों में तैयार की जा रही हैं। इसके सफल कार्यान्वयन के लिए अपरिमित संख्या में पाठ्य-पुस्तकों, पत्रों और पर्चों का विभिन्न आकार-प्रकार, रूप-रंग और छोटे-बड़े टाइपों में प्रकाशित होना आवश्यक है। समाचार-पत्रों की बढ़ती हुई संख्या को देखकर भी मुद्रण-सम्बन्धी यन्त्रों को लेकर सुधार करना जरूरी समझा गया। अभी मुद्रण के लिए सबसे अच्छा यन्त्र 'रोटरी' माना जाता है और उसके लिए मोनो और लाइनोटाइप संग्रंथन आवश्यक हो जाता है। देवनागरी के टंकन और मुद्रण में प्रत्येक पंक्ति के लिए तीन पंक्तियाँ संग्रथित करनी पड़ती हैं। इनमें मध्य की पंक्ति अक्षरों की रहती है, ऊपर की पंक्ति ि, ी, े, ै, ँ और ं के लिए तथा नीचे की पंक्ति ु, ू, ृ, ् मात्राओं के लिए। कभी-कभी चार पंक्तियों की भी योजना करनी पड़ती है, यथा—'भ्रूक्षेप' जैसे शब्द के लिए। संग्रथन में सात सौ से लेकर नौ सौ तक के बीच में स्वतन्त्र मुद्राओं की आवश्यकता पड़ जाती है, जिन्हें अभी अधिकतर हाथ से उठाकर यथास्थान रखना पड़ता था। इस कारण बहुत अधिक समय, परिश्रम और व्यय लगता था। हिन्दी के इतने अधिक वर्णों, मात्राओं, संयुक्तों और पंक्तियों का मुद्रण लाइनोटाइप, टाइपराइटर और टेलीप्रिंटर द्वारा असम्भव तो नहीं, किन्तु कठिन अवश्य है। लिपि और टाइपराइटर की वर्तमान स्थिति को देखते हुए यह निर्विवाद कहा जा सकता है कि सभी चिन्हों, संकेतों और मात्राओं को स्थान मिलना तो कठिन है ही, टंकन में गति लाना और भी कठिन है। इस गति-मंदता का सबसे बड़ा कारण मात्राएँ और संयुक्त वर्ण हैं, और मात्राओं को

कभी बाएँ कभी दाएँ, कभी ऊपर और कभी नीचे डालना है। प्रचलित टाइप-राइटर पर यह कसरत कठिन है और यदि की भी जाए तो गति नहीं आ सकती। मुद्रण की कठिनाई के अतिरिक्त हिन्दी में विदेशी भाषाओं के प्रभाव से कुछ नयी ध्वनियाँ आ गई हैं जिनके लिए देवनागरी में अलग चिह्न नहीं हैं। कई अप्रचलित ध्वनियों के, जिनका उच्चारण और लेखन बन्द हो चुका है, संकेत वर्तमान हैं, और वे सीखनेवालों के लिए व्यर्थ का बोझ बनते हैं। कुछ ध्वनियों के लिए दो-दो लिपि-रूप प्रयुक्त होते हैं जो भ्रम और कठिनाई उत्पन्न करते हैं, यथा, रा/ण, अ/अ्र, आदि। इसके अतिरिक्त ख में र, व का भ्रम होता है। इसी तरह की अन्य दोषों से भी सीखने वालों की कठिनाइयाँ बढ़ती हैं और लिपि की व्यापकता तथा व्यावहारिकता में व्यवधान उत्पन्न होता है। इन सारी कठिनाइयों को ध्यान में रखकर देवनागरी लिपि मे संशोधन और सुधार की आवश्यकता महसूस की गयी और इसके लिए जगह-जगह विभिन्न रूपों में सुधार-अभियान प्रारम्भ हुआ। सुधार के लिए किये गये प्रयत्नों को हम तीन वर्गों में रखकर उन पर विचार कर सकते है। ये तीन निम्नलिखित होंगे—

1. व्यक्तिगत सुधार-सम्बन्धी सुझाव,
2. किसी संस्था द्वारा प्रस्तावित सुधार-योजनाएँ एवं प्रयत्न तथा
3. सरकार द्वारा स्वीकृत सुधार-प्रस्ताव एवं सुझाव।

इन पर क्रमानुसार विचार एवं विवेचन अपेक्षित है।

सुधार सम्बन्धी व्यक्तिगत सुझाव

यों तो सुधार के सभी सुझाव प्रथमतः किसी व्यक्ति के चिन्तन-मनन से ही आविर्भूत होते हैं किन्तु यहां वैसे सुझावों से आशय है जिन्हें किसी संस्था या सरकार ने प्रचारित-प्रसारित नहीं किया, वरन् उसके प्रचार-प्रसार के लिए भी वही व्यक्ति सक्रिय रहा हो। ऐसे अनेक मेधावी विद्वानों तथा राष्ट्रभाषा हिन्दी के भक्तों ने देश के सम्मुख अपने विचार उपस्थित किये हैं और बहुतों के सुझावों की वैज्ञानिकता श्लाघ्य भी है। इनमें कतिपय उल्लेखनीय व्यक्तियों के प्रस्ताव नीचे संक्षेप में प्रस्तुत किये जाते हैं।

(1) **राहुल सांकृत्यायन** : सन् 1937-38 ई० के आसपास ही राहुल जी ने अपनी स्वतन्त्र मेधा का परिचय देते हुए देवनागरी लिपि सुधार-सम्बन्धी कतिपय प्रस्ताव उपस्थित किये थे जो इस प्रकार हैं—

(अ) 'अ' की बारहखड़ी का प्रयोग हो, जैसे अ, आ, अि, अी, अु, अू, अे, अै, ओ, औ, अं, अः।

(आ) 'ष' का उच्चारण तालव्य 'श' के समान ही होने लगा है, इसलिए वर्णमाला से उसे बहिष्कृत कर दिया जाए और उसके स्थान पर

'ण' का ही प्रयोग हो।

(इ) '˚', '‸' और '्र' हटा दिये जायँ और उनके बदले समान रूप से 'र' का ही प्रयोग किया जाए।

(ई) 'ड़' को भी हटा दिया जाए और उसके बदले दक्षिण भारतीय भाषाओं के ळ का प्रयोग चले।

(उ) 'क्ष' के बदले 'क्श' और 'ज्ञ' के बदले 'ज्य' का प्रयोग हो।

(ऊ) संयुक्ताक्षरों का बनाने के लिए संयोज्य अक्षरों के नीचे '०' चिह्न लगाया जाए।

अपने इन प्रस्तावों पर राहुल जी ईमानदारी से अमल करते रहे और नवम्बर 1938 में 'बिहार प्रान्तीय साहित्य सम्मेलन' के सभापति-पद से दिया गया भाषण भी इस 'नयी सुधरी हुई लिपि' में छापा गया। उनकी कुछ पुस्तकें भी 'अ' की बारहखड़ी में प्रकाशित हुईं, किन्तु बाद में उन्होंने भी इसका परित्याग कर दिया।

(2) **डॉ० पन्नालाल**—प्रयाग के डॉक्टर पन्नालाल ने सुधार के नौ सुझाव उपस्थित किये जिनमें प्रधान ये हैं :

1. दीर्घ 'ई' की मात्रा ज्यों-की-त्यों रहे किन्तु ह्रस्व 'इ' की मात्रा भी दाहिनी ओर ही इस प्रकार लगाई जाए, यथा 'दीन'।
2. 'रेफ (˚) के लिए 'र' में हलन्त लगाकर काम लिया जाए यथा : 'समर्‌थ' = (समर्थ)।
3. पंचाक्षरों को निकाल दिया जाए और उनका काम अनुस्वार से लिया जाए।
4. पूर्ण अनुस्वार के लिए '०' का तथा अनुनासिक के लिए (.) का प्रयोग हो।
5. 'ख' का रूप बदल दिया जाए।
6. अ, ण, झ और अंक नौ में एकरूपता बरती जाए।
7. '**भ**' के लिए 'भ' और '**ध**' के लिए 'ध' का रूप स्वीकार किया जाए।

(3) **डॉक्टर गोरख प्रसाद**—प्रयाग विश्वविद्यालय के डॉक्टर गोरख प्रसाद ने निम्नलिखित सुझाव उपस्थित किये :

1. उ, ऊ, ए, ऐ और अं की मात्राओं को थोड़ा दाहिने हटाकर लगाया जाए।
2. छोटे अक्षरों की छपाई में शिरोरेखा नहीं डाली जाए। देवनागरी के अक्षरों में इतना घुमाव-फिराव है कि बहुत छोटे अक्षर बनाने पर वे स्याही से भर जाते हैं। शिरोरेखा हटाने से छः प्वाइंट के छोटे अक्षर

भी स्पष्ट पढ़े जा सकेंगे।

3. 'र' वाले संयुक्ताक्षर वर्तमान रूप में ही रहें यथा—धर्म, प्रेम, राष्ट्र।
4. अक्षरों को सदा एक के बगल में एक रखकर संयुक्ताक्षर बनाये जाएँ।

(4) **विनोबा भावे**—गांधी जी के शिष्य और प्रसिद्ध विद्वान सन्त विनोबा भावे ने भी इस सम्बन्ध में कुछ सुझाव उपस्थित किये और वे बड़ी दृढ़ता के साथ अपने पत्र 'भूदान यज्ञ' के अंकों में इस सुधरी हुई लिपि का प्रयोग भी कर रहे थे। उनके सुझाव हैं—

1. 'अ' की बारहखड़ी का प्रयोग हो।
2. 'ि' और 'ी' का प्रयोग q और g की तरह हो।
3. मात्राएँ दाहिनी ओर हटाकर लगायी जाएं।
4. 'ख', 'घ', भ, ज्ञ और क्ष, क्रमशः ख, ध, भ, जञ और कष की तरह प्रयुक्त हों।
5. सभी संयुक्ताक्षर 'हलन्त' लगाकर ही बनाए जायँ।
6. 'ँ', '्', 'ृ' आदि के प्रयोग 'र' में हलन्त लगाकर किये जायँ।
7. अनुस्वार के लिए '०' तथा अनुनासिक के लिए (.) बिन्दी लगायी जाए।

व्यक्तिगत धरातल पर इन चार प्रमुख प्रस्तावों के अतिरिक्त लगभग 40 अन्य प्रस्ताव भी भिन्न-भिन्न व्यक्तियों द्वारा उपस्थित किये गये, जिनमें कुछेक नाम ये हैं—सर्वश्री कृपानाथ मिश्र, एम० डी० मनोहर, भोलानाथ शर्मा, मोहनलाल गुर्टू, जगन्नाथ जोशी, छोटेलाल शर्मा, कामताप्रसाद सागरीय, रामकृष्ण चौधरी, सुशील राय, गोपाल गणेश दुबे, वी० एस० कालेकर आदि। इन सभी प्रस्तावों पर एक सरसरी नजर डालते हुए डॉक्टर उदयनारायण तिवारी ने लिखा है—"दुर्भाग्य से इन सुधारकों में कई ऐसे व्यक्ति भी थे जो न तो नागरी के इतिहास और परम्परा से ही परिचित थे और न वर्णनात्मक तथा अक्षरात्मक लिपि का अन्तर ही जानते थे। हाँ, इनमें कुछ लोग ऐसे अवश्य थे, जिन्हें टाइप तथा छपाई आदि का पूरा ज्ञान था और इस दृष्टि से वे लिपि सुधार के सम्बन्ध में जो राय देते थे उनमें पर्याप्त मात्रा में व्यावहारिकता थी।"

संस्था द्वारा प्रस्तावित सुझाव

देवनागरी लिपि में सुधार लाने के लिए हिन्दी साहित्य की विभिन्न संस्थाओं ने समय-समय पर अनेक उपयोगी सुझाव प्रस्तावित किये हैं और अनेक प्रान्तों में उनका विधिवत पालन भी प्रारम्भ हुआ था, किन्तु केन्द्रीय सरकार की एततसम्बन्धी तटस्थता ने उन्हें इस दिशा में आगे बढ़ने को कभी प्रोत्साहित नहीं किया। फलस्वरूप प्रान्तीय सरकारों को अपनी गति बदलनी पड़ी। यहाँ कुछ प्रमुख संस्थाओं

के प्रस्ताव उपस्थित किये जाते हैं।

1. **हिन्दी साहित्य सम्मेलन का प्रस्ताव (सेवाग्राम लिपि)**—अखिल भारतीय हिन्दी साहित्य सम्मेलन का चौबीसवाँ अधिवेशन इन्दौर में 1935 ई० में महात्मा गांधी के सभापतित्व में सम्पन्न हुआ था। इस अधिवेशन में काका कालेलकर के संयोजन में 'देवनागरी लिपि सुधार उपसमिति' संगठित हुई थी, जिसमें श्री गौरीशंकर हीराचन्द ओझा, ए० सी० बुलनर, श्री सुनीति कुमार चटर्जी, श्रीहरिजी गोविल, बाबूराम सक्सेना आदि सदस्य मनोनीत किये गये थे तथा डॉ० रघुवीर, पुरुषोत्तमदास टंडन आदि यदा-कदा आमंत्रित किये जाते थे। काफी विचार-विमर्श के बाद सम्मेलन ने निम्नलिखित सुझाव उपस्थित किये थे—

1. लिखने में शिरोरेखा लगाना आवश्यक नहीं है, किन्तु छपाई में साधारण रीति से शिरोरेखा लगाना ही नियम रहे। विशेष स्थानों में अक्षरों की विभिन्नता प्रकट करने के लिए शिरोरेखाहीन अक्षर भी प्रयुक्त हो सकते हैं। सम्मेलन की सिफारिश है कि विशेष या छोटे अक्षरों में जहाँ शिरोरेखा होने से छपाई की स्पष्टता में कमी हो पाती हो वहाँ शिरोरेखा-विहीन अक्षरों का प्रयोग करना अच्छा होगा।
2. प्रत्येक वर्ण ध्वनि के उच्चारण-क्रम से लिखा जाए।
3. जब तक कोई सन्तोषजनक रूप सामने न आए, तब तक 'इ' की मात्रा अपवाद रूप से वर्तमान पद्धति के अनुसार 'ि' ही लिखी जाए, यथा—सिर।
4. ए, ऐ की मात्राएँ वर्ण के ठीक ऊपर न लगाकर दाहिनी ओर जरा हटाकर वर्तमान पद्धति के अनुसार ऊपर लगायी जाएँ जैसे द े वता, अन े क। 'ओ' और 'औ' की मात्राएँ भी इसी सिद्धान्त के अनुसार लिखी जाएँ, यथा—अ ेला, अ ैरत।
5. उ, ऊ, ऋ की मात्राएँ अक्षर के बाद आयें और पंक्ति में ही लिखी जाएँ यथा क ुटिल, प ूजा, स ृष्टि।
6. अनुस्वार और अनुनासिक के चिह्न भी अक्षर के बाद ऊपर लिखे जाएँ, यथा—अ ंश।
7. संयुक्ताक्षरों में द्वितीय 'र' सामान्य रूप से लिखा जाए, यथा—प्र, त्र।
8. 'रेफ' से व्यक्त होनेवाला अर्द्ध 'र' उच्चारण-क्रम के योग्य स्थल पर लिखा जाए यथा—ध र्म।"
9. संयुक्ताक्षर में भी सर्व वर्ण उच्चारण-क्रम से एक के पीछे एक लिखे जाएँ, यथा—द्‌वारका ('द्वारका' नहीं)।

10. स्वरों और मात्राओं में समानता तथा सामंजस्य करने के लिए इ, ई, उ, ऊ के वर्तमान रूप छोड़कर केवल 'अ' में ही इन स्वरों की मात्राएँ लगाकर इन स्वरों के मूल स्वरूप का बोध कराया जाय अर्थात् 'अ' की बारहखड़ी की जाए।

11. दक्षिण की लिपियों के स्वरों में ह्रस्व 'ए' और ह्रस्व 'ओ' के स्वरूप आते हैं उनके लिए मात्रा इस प्रकार लगायी जाए—अॅ, अॉ।

12. पूर्ण अनुस्वार के स्थान पर '०' तथा अनुनासिक के स्थान पर बिन्दी (.) लगायी जाए—यथा—सि°ह, चांद। व्यंजन के हलन्त 'ङ, ञ, ण, न, म, की जगह पर जहाँ प्रतिकूलता न हो (यथा—वाङ्मय, तन्मय) अनुस्वार लिखा जाए यथा—च°चल, प°प।

13. छापे के अक्षरों के नीचे बायीं ओर यदि अनुकूल स्थान पर बिन्दी लगायी जाय तो उसका अभिप्राय होगा कि उस अक्षर की ध्वनि उस अक्षर की मूल ध्वनि से भिन्न है। उस ध्वनि का निर्णय प्रचलन के अनुसार होगा, यथा—फारसी, क़, ख़, ग़, ज़, फ़, मराठी च़, सिन्धी ज़, इत्यादि।

14. जो विराम-चिन्ह आजकल सब भारतीय भाषाओं में प्रचलित हैं, वे ही कायम रखे जायँ। पूर्ण विराम का चिन्ह '।' रहे।

15. अंकों का स्वरूप इस प्रकार रहे १, २, ३, ४, ५, ६, ७, ८, ९, ०।

16. 'ड़' के वर्तमान स्वरूप में परिवर्तन करना आवश्यक है।

17. अ, झ, रा की जगह अ, झ, ण रखे जायँ और ळ, श की जगह हिन्दी के रूप में ल, श रखे जायँ। 'क्ष' का 'क्ष' रूप प्रचलित किया जाय। बीजगणित आदि वैज्ञानिक साहित्य में संज्ञा-रूप 'क्ष' आ सकता है।

18. संयुक्ताक्षर बनाने के लिए जिन वर्णों में अन्तिम भाग में खड़ी पायी है जैसे ख, ग आदि उनका संयोज्य रूप खड़ी पाई हटाकर यथा—ख्, ग् आदि समझा जाए। जिन वर्णों के अन्तिम भाग में खड़ी पाई नहीं है उनका संयोजक रूप संयोज्य चिन्ह (‸) लगाकर समझा जाए, यथा—(वि ‸ दया) = विद्या।

19. शिरोरेखा हटाकर लिखने में पुराने भ और ध को वर्तमान भ और ध रूप में लिखा जाए।

सम्मेलन के उपर्युक्त सुझावों का व्यावहारिक प्रयोग राष्ट्रभाषा-प्रचार समिति, वर्धा द्वारा संचालित परीक्षाओं तथा वहाँ से प्रकाशित पाठ्य पुस्तकों में धड़ल्ले से हुआ। 'राष्ट्रभारती' एवं 'हरिजन' में इसी लिपि का प्रयोग हुआ, किन्तु हिन्दी भाषा-भाषी प्रदेशों में ये सुझाव स्वीकृत न हुए। फिर भी इतना तो

मानना ही पड़ेगा कि यह पहली सुधरी हुई लिपि थी जिसका प्रचार, एक सीमित क्षेत्र में ही सही, हो सका।

2. श्रीनिवास का प्रस्ताव 'प्रति-संस्कृत देवनागरी लिपि'—काशी नागरी प्रचारिणी सभा द्वारा प्रस्तुत—यह प्रस्ताव काशी नागरी प्रचारिणी सभा द्वारा प्रस्तुत किया गया था, यक्षपि यह एक ही व्यक्ति श्रीनिवास के दिमाग की उपज है। इस सभा के सम्मुख श्रीनिवास ने जो सुझाव रखे वे निम्नलिखित मुख्य रूपेण हैं—

1. प्रत्येक स्वर-वर्ण का पूर्वार्द्ध समान रूप से 'ऊ' हो जो निमित्त मात्र रहे।
2. आंग्ल भाषा at, all में जो स्वर उच्चारित होते हैं, उनके लिए वर्ण बढ़ाए जायँ।
3. जो स्वर जिह्वा की नोंक से उच्चरित होते हैं उनके वर्णों का उत्तरार्द्ध पंक्ति से उठा हो तथा जो जिह्वा के मूल से उच्चरित होते हैं उनके उत्तरार्द्ध नीचे उतरे हों।
4. स्वर-वर्णों का उत्तरार्द्ध भिन्न हो और उसे उस स्वर की मात्रा माना जाए।
5. स्वर-वर्ण में ध्वनि-क्रम के अनुसार उपयुक्त मात्राओं को लगाकर संध्यक्षर बनाये जाएँ।
6. मात्रा अस्वर व्यंजन के पश्चात् लगायी जाए तथा प्रत्येक अकारान्त व्यंजन का उत्तरार्द्ध पूर्ण खड़ीरेखा युक्त हो। पंक्ति में पहले अस्वर व्यंजनों को रखा जाए, मात्रा को बगल में।
7. प्रत्येक अल्पप्राण वर्ण में एक-सा चिह्न ' ˰ ' लगाकर उसका महाप्राण रूप बने।
8. ड और ह में रूप, लाघव किया जाए तथा उसे पूर्ण खड़ी रेखायुक्त किया जाए।
9. F, Zh, Z के लिए वर्ण बढ़ाये जाएँ।

श्रीनिवास ने इस लिपि का नाम 'प्रति-संस्कृत देवनागरी लिपि' रखा और दावा किया कि उपर्युक्त सिद्धान्तों के अनुकूल 12 चिह्नों और 26 व्यंजन-चिन्हों से संस्कृत, हिन्दी, विशाल भारत की सभी भाषाओं तथा अंग्रेजी और फारसी-अरबी के उच्चारण शुद्ध-शुद्ध किये जा सकेंगे। इस 'प्रति-संस्कृत देवनागरी लिपि' का मुद्रण यंत्रों द्वारा सहज प्रयोग किया जा सकेगा। कम्पोजिंग करने में भी सरलता तथा त्वरा दोनों प्राप्त हो जाएगी।

श्रीनिवास की योजना सभा को संगत प्रतीत हुई तथा इसे स्वीकृत कर

लिया गया। इनकी स्वर लिपि में एक मात्रिक ह्रस्व और द्विमात्रिक दीर्घ-परम्परा का पालन हुआ है। श्रीनिवास प्रत्येक वर्ण को खड़ी रेखा—पूर्ण और अपूर्ण—को स्वर की मात्रा मानते हैं तथा उनके प्रयोग से वर्ण को सस्वर और अप्रयोग से अस्वर समझते हैं। इसी प्रकार प्रत्येक वर्ग के प्रथम और चतुर्थ वर्णों का बोध करते हैं, पंचम वर्णों की आकृति भी ये भिन्न नहीं रखते, अपने-अपने वर्ग के किसी अल्पप्राण में अनुस्वार का चिह्न लगाकर उन्हें व्यक्त करते हैं।

नरेन्द्रदेव समिति को भी यही योजना सर्वाधिक संगत-सी प्रतीत हुई है। किन्तु स्वय सभा को भी दो बातें खटकी थीं—एक तो महाप्राण-चिह्न इतना सूक्ष्म है कि उसके स्पष्ट न होने पर भाप, बाप बन जाएगा और दूसरे पंचम वर्ण लिखने में अनुस्वार का चिह्न किस अल्पप्राण में जोड़ा जाए यह अनिश्चित है। सभा ने श्रीनिवास से इन दोषों को दूर करने के लिए अनुरोध व्यक्त किया।

इसके अतिरिक्त लखनऊ की देवनागरी लिपि-सुधार परिषद्, हिन्दी साहित्य सम्मेलन, प्रयाग, राष्ट्रभाषा प्रचार समिति : हिन्दी नगर वर्धा आदि साहित्यिक संस्थाओं ने भी समय-समय पर सुधार-सम्बन्धी अपने सुझाव व्यक्त किये। ये सुझाव बहुत कुछ हेर-फेर के साथ ऊपर दिये गये सुधारों के ही समर्थक हैं, अतः वे विशेष उल्लेखनीय नहीं हैं।

सरकारी अभियान : नरेन्द्रदेव समिति

सरकारी स्तर पर सर्वप्रथम उत्तर प्रदेश की सरकार ने लिपि-सुधार के अभियान में काफी हाथ बँटाया। 31 जुलाई, 1947 को आचार्य नरेन्द्रदेव की अध्यक्षता में यह समिति गठित की गयी जिसके डॉक्टर धीरेन्द्र वर्मा, पं० रमाशंकर द्विवेदी, पं० चन्द्रशेखर शास्त्री, पं० भाऊ शास्त्री, डॉ० मंगलदेव शास्त्री आदि प्रमुख सदस्य थे। दो वर्षों तक सभी व्यक्तियों और संस्थाओं द्वारा प्रस्तावित 46 सुझावों का निरीक्षण-परीक्षण कर समिति ने अपने सुझाव प्रस्तुत किये। नरेन्द्रदेव समिति का गठन देवनागरी लिपि सुधार के निमित्त किया गया अब तक का सर्वाधिक महत्त्वपूर्ण प्रयत्न था, पर उसकी अपनी सीमाएँ थीं। सबसे बड़ा नियंत्रण था उस पर सरकारी अधिकारादेश का, जिसकी कुछ निश्चित शर्तें थीं। अतएव कतिपय सीमाओं से बँधकर समिति ने अपने सुझाओं को तीन प्रकारों में बाँटा—1. नकारात्मक, 2. साधारण लिपि सम्बन्धी अनुरोध और 3. स्वीकारात्मक। हम यहाँ सबसे प्रमुख यानी स्वीकारात्मक सुझावों की चर्चा करेंगे।

1. स्वरों में 'अ' का रूप अब केवल 'अ' रहेगा।
2. व्यंजनों में छ, झ, रग, ध, भ, र, ल और ह के रूप छ, झ, ण, ध, भ, र, ल और ह रहेंगे।

3. मात्राओं में ह्रस्व 'इ' की मात्रा का रूप 'ा' होगा। शेष जैसे हैं वैसे ही रहेंगे।
4. क्ष, त्र के स्थान पर क्ष, और त्र से काम लिया जाएगा।
5. अंकों में पुराने नौ के बदले नया रूप ९ माना गया।
6. विशेष अक्षर श्र, ओश्म तथा ळ होंगे।
7. विराम-चिह्न यथासम्भव वे सब लिये जाएँ जो इस समय अंग्रेजी में प्रचलित हैं। केवल खड़ी पाई का स्वीकार पूर्णविराम के लिए हो।

इस समिति के सुधारों का विश्लेषण करने से पता चलता है कि इस समिति ने यथासम्भव कम-से-कम सुधार ही किए हैं। कई वर्णों के जो दो रूप प्रचलित हैं, उनमें से इसने एक की ही स्वीकृति दी है और यह रूप अधिकांशतः महाराष्ट्र और गुजरात में प्रचलित है। किन्तु नरेन्द्रदेव समिति में वर्णमाला छोटी होने के स्थान पर और बड़ी हो गयी है। इस प्रसंग में व्यक्तिगत स्तर पर सर्वश्री कामता प्रसाद सागरीय, राहुल जी और डॉ० पन्नालाल के सुझाव महत्त्व के प्रमाणित हुए।

लखनऊ सम्मेलन

उत्तर प्रदेश की सरकार यहीं चुप नहीं बैठी। 1953 ई० के 28-29 नवम्बर को विभिन्न राज्य के मुख्यमंत्रियों की एक सभा आमंत्रित की गयी जिसके अध्यक्ष थे डॉ० राधाकृष्णन। श्री कन्हैयालाल माणिकलाल मुंशी ने सभा का उद्घाटन किया और सभा के अन्त में देवनागरी लिपि सुधार सम्बन्धी आठ प्रस्ताव रखे गये। यद्यपि भारत सरकार ने सम्मेलन के इन निश्चयों को स्वीकार कर लिया किन्तु अनेक राज्यों को यह स्वीकार न हुआ। फलतः 1957 में उत्तर प्रदेश सरकार ने इस पर पुनर्विचार कर इसे संशोधित किया। इसे भी स्वीकारने में जब बाधाएँ आयीं तो भारत सरकार ने देवनागरी का प्रति-संस्कृत रूप स्वीकृत किया, जो प्रचलित देवनागरी का ही रूप है, सिर्फ झ के बदले झ, त्र की जगह त्र सुझाया गया और चूंकि हिन्दी में दीर्घ ॠ का प्रयोग नहीं होता अतएव इसे स्वरों में सम्मिलित नहीं किया गया। अन्य निश्चय जो 1953 वाले थे, वही रहे।

मूल्यांकन

लेखन में वैज्ञानिकता और त्वरा लाने के प्रयत्न में नागरी लिपि में सुधार लाने के लिए लोगों ने एड़ी-चोटी का पसीना एक कर दिया। अपने हीन-परिज्ञान से पीड़ित हमने लिपि को सभी गुणों से विभूषित करना चाहा, किन्तु इन प्रयत्नों की असफलता ने हमारी राह को गलत सिद्ध कर दिया। लिपि-सुधार के नाम पर लोगों ने लिपियों का इन्द्रजाल-सा खड़ा कर दिया। नरेन्द्रदेव समिति के प्रतिवेदन के द्वितीय भाग (परिशिष्ट) के अवलोकन से आश्चर्य होता है कि विविध लिपियों

की यह नुमाइश क्या देवनागरी का नमूना है ? इसी पर नरेन्द्रदेव जी ने झुंझलाकर लिखा है—"इस प्रकार हमारे पास भिन्न-भिन्न प्रकार के अक्षरों की एक चित्रावली-सी हो गयी है। अक्षर के साथ नवीन तर्क और विज्ञान लगा हुआ है। किसी के लिखने में त्वरा अधिक है तो कोई 'लूपों' की कमी के कारण सूक्ष्म-से-सूक्ष्म रूप धारण करने में समर्थ है। कोई लीनियो-प्रोग्रेसिव है तो कोई ध्वनि-रूढ़िवादी। कुछ संकेतवादी होने के कारण आशुलिपि के रूप में दिखायी देते हैं।" स्वयं नरेन्द्रदेव ने झिझकते हुए अत्यल्प संशोधन किये थे और वह भी गम्भीर चिंतन एवं मनन के पश्चात्। किन्तु उस संशोधित लिपि का जब व्यावहारिक प्रदर्शन हुआ तो देखकर जनता दंग रह गयी। उत्तर प्रदेश की सरकार ने उत्साह के आधिक्य में इस लिपि का प्रयोग प्रारम्भिक कक्षाओं की पुस्तकों में किया किन्तु कुछ ही दिनों में यह लिपि 'लँगड़ी लिपि' के नाम से अभिहित हो गयी। सरकार को तंग आकर इस लिपि का प्रयोग बन्द कर देना पड़ा। वस्तुतः इस लिपि में कोई भी परिवर्तन व्यापक प्रभाव का कारण होगा और पुरानी लिपि में लिखा हमारा सम्पूर्ण वाङ्मय अजायबघर की वस्तु बन जाएगा।

हमारी सबसे बड़ी गलती यह रही है कि हम मशीनों को देखकर लिपि सुधार का प्रयत्न करते रहे हैं। संसार में मशीनों का आविष्कार प्रत्येक लिपि के अनुरूप हुआ है, न कि लिपि का आविष्कार मशीनों के अनुरूप। वैज्ञानिकता के नाम पर हमारी भाषा, लिपि और पारिभाषिक शब्दों के साथ कुचक्र हो रहा है और इसे भुला दिया जाता है कि हमारी चिर-प्रचलित परम्परा और काल की कसौटी पर प्रमाणित एवं सुसंचालित लिपि को यांत्रिक अनुशासन के नाम पर संत्रस्त किया जा रहा है। वस्तुतः देवनागरी लिपि की प्रकृति के अनुरूप मशीनों का आविष्कार होना चाहिए था। नरेन्द्रदेव समिति ने भी अन्त में यही महसूस किया था—"हमारा यह विश्वास कि यदि टाइपराइटर सुधार का यह प्रयत्न हुआ होता तो आज लिपि सुधार का इतना महत्त्व न होता—और भी दृढ़ हो गया।" डॉ० कृपानाथ मिश्र के अथक प्रयत्नों से हिन्दी टाइपराइटर का निर्माण हुआ और अब हमें हिन्दी के लिए टेलिप्रिंटर, मोर्सकोड, इलेक्ट्रॉनिक प्रिंटर आदि उपलब्ध हैं। हाल के वर्षों में भी देवनागरी लिपि को लेकर नागरी लिपि परिषद्, केन्द्रीय हिन्दी निदेशालय, राष्ट्रीय शैक्षिक अनुसंधान एवं प्रशिक्षण परिषद्-जैसी संस्थाओं को जब-तब देवनागरी लिपि के 'सुधार' की समस्या पर चिंतित होते देखा गया है। वस्तुतः समस्या वैसी और उतनी बड़ी नहीं है, जितनी इसको लेकर चिन्ता और तत्परता है। भाषा और लिपि में जबर्दस्ती सुधार लाने के प्रयत्न शायद ही सफल होंगे क्योंकि जनता की स्वीकृति और व्यापक प्रयोग ही इसकी वैज्ञानिकता का मानदण्ड है। देवनागरी को भारतीय संस्कृति, साहित्य और परिवेश के सन्दर्भ में देखा जाए तो यह बहुत वैज्ञानिक है। विदेशी भाषाओं और लिपियों के संदर्भ में

हम अपनी लिपि को 'वैज्ञानिक' बनाएं यह कहां की बुद्धिमानी है? भाषा की भाँति लिपि में भी परिवर्तन और विकास अपने आप ही अधिकतर होता है, हां, लिपि में, यह गति धीमी होती है। भाषा की प्रकृति में मूलभूत बदलाव आने से लिपि में भी बदलाव आ जाता है। फलस्वरूप देवनागरी के कई चिह्न ॠ, ॢ आदि लुप्त हो गए। अतः धैर्यपूर्वक यह सोचने की जरूरत है कि कहीं वैज्ञानिकता के नाम पर हम अवैज्ञानिक ढंग से तो नहीं सोच रहे?

अनुवाद : प्रकृति, प्रक्रिया और प्रकार

"जिस तरह साहित्य भाषा का एक विशिष्ट प्रकार्य है, उसी तरह अनुवाद साहित्य का विशिष्ट प्रकार्य है"—ऑक्टेवियो पॉज़।

बहुत पहले जॉन ड्रायडन ने अनुवाद के स्वरूप को समझाने के लिए अनुवाद के तीन प्रकार किए थे—शब्दानुवाद, भावानुवाद तथा अनुकरण। एक जमाना था जब अनुवाद को अनुकरण मात्र ही, अथवा बहुत हुआ तो अनुकरण का एक विशेष प्रकार, माना जाता था। अनुकरण से इस प्रकार जोड़ दिए जाने के कारण ही अनुवाद को मूल की अपेक्षा द्वितीय अथवा हीन कोटि का समझा जाने लगा था। आज अनुवाद न तो अनुकरण का पर्याय ही माना जाता और न उसे हीन ही समझा जाता है। जब हम किसी पाठ या रचना का 'पूर्ण' अनुवाद चाहते हैं तो इसका मतलब होता है कि हम हर तरह से मूल पाठ जैसा अनुवाद चाहते हैं और अगर यह असम्भव हो तो अनुवाद के रूप में हम मूल की भरसक निकटतम प्रतिकृति चाहते हैं। सभ्यता, संस्कृति और ज्ञान के विकास के लम्बे समय के दौरान इस प्रकार के अनेक सिद्धान्त सामने आए हैं जो अनुवाद को 'सम्पूर्ण' नहीं तो कम-से-कम 'समुचित' बनाने की दिशा में उठाए गए कदम हैं। उदाहरण के लिए कुछ लोग कहते हैं कि मूल लेखक को ही अपनी रचना का अनुवाद कार्य करना चाहिए, तभी अनुवाद पूरी तरह मूल के प्रति वफादार बना रह सकता है क्योंकि मूल रचनाकार ही अपने भावों को सम्पूर्णता में जानता है। अतः अनुवाद कार्य करने का वह सहज ही अधिकारी है। लेकिन इस धारणा में कई समस्याएँ होती हैं। पहली तो यह कि आवश्यक नहीं कि मूल लेखक अनेक भाषाओं का ज्ञाता हो और अगर हो भी तो उसका लक्ष्यभाषा पर उतना ही सहज-स्वाभाविक अधिकार हो जितना कि स्रोतभाषा पर। दूसरी कठिनाई मूल लेखक की अपनी रुचि और दिलचस्पी की भी है। मूल रचनाकार अनुवादक की भूमिका में आना पसन्द नहीं भी कर सकता है, अतः उसे अपनी मौलिक रचना का अनुवाद करने के लिए बाध्य करना न तो उचित और अपेक्षित है और न सम्भव ही। इस सम्बन्ध में तीसरी कठिनाई यह है कि मूल रचनाकार जब अपनी कृति का स्वयं अनुवाद करता भी है तो उसे व्यापक स्वीकृति का मिलना जरूरी नहीं होता, क्योंकि वह अनुवाद में

बहुत कुछ जोड़ने-घटाने अथवा मूल से दूर जाने का लोभ संवरण नहीं कर पाता। उदाहरण के लिए महान साहित्यकार रवीन्द्रनाथ ठाकुर ने अपनी बंगला रचनाओं का अंग्रेजी अनुवाद स्वयं प्रस्तुत किया जिन्हें असफल अनुवाद बताया जाता है। ऐसा ही एक उदाहरण हिन्दी के प्रसिद्ध उपन्यासकार श्रीलाल शुक्ल का है जिन्होंने अपने लोकप्रिय उपन्यास 'रागदरबारी' का अंग्रेजी अनुवाद पेंग्विन प्रकाशनगृह के लिए प्रस्तुत किया। एक उच्च पदस्थ वरिष्ठ आई० ए० एस० अधिकारी होने के कारण उनके अंग्रेजी भाषा-ज्ञान पर सन्देह नहीं किया जा सकता, इसके बावजूद उनके द्वारा प्रस्तुत अनुवाद को पेंग्विन के सम्पादक के द्वारा अस्वीकृत कर दिया गया और बाद में पेंग्विन ने गिलियन राइट से यह अनुवाद कराया। अनुवाद के क्षेत्र में यह आम धारणा है कि अनुवादक के लिए लक्ष्यभाषा का मातृभाषा होना बेहतर है। इसी कारण 'गोदान' का अज्ञेय-कृत अनुवाद अस्वीकृत हुआ और अंग्रेजीभाषी रोडरमल का अनुवाद बेहतर माना गया। दूसरी तरफ ऐसे भी अनुवाद मिलते हैं जिन्हें मूल की अपेक्षा भी श्रेष्ठ कहलाने का गौरव प्राप्त हुआ। हमें साहित्यिक अनुवाद के क्षेत्र में ग्रेगरी रेबासा जैसे महान अनुवादक भी दिखाई देते हैं जिन्होंने मूल स्पेनी से अंग्रेजी में तीस से भी अधिक पुस्तकों के अनुवाद प्रस्तुत किए, जिनमें नोबल पुरस्कार विजेता लेखक गैब्रील गार्सिया मार्क्वेज़ की क्लासिक औपन्यासिक रचना 'वन हंड्रेड इयर्स ऑफ सॉलिच्यूड' भी शामिल है। रेबासा द्वारा अनूदित इस कृति के विषय में स्वयं मूल लेखक मार्क्वेज़ का कहना है कि रेबासा के अनुवाद ने 'मूल रचना को उन्नत बनाया' है। कहने का अर्थ यह है कि अनुवाद अपने अच्छे रूप में मूल कृति से भी आगे बढ़ जाने की सामर्थ्य रखता है। हिन्दी में स्व० राजकमल चौधरी द्वारा शंकर के मूल बंगला उपन्यास 'चौरंगी' के विषय में लोगों की ऐसी ही धारणा है।

अनुवादक के लिए मूल कृति के विषय तथा शिल्पगत समस्त सौन्दर्य और आकर्षण को विश्वसनीय ढंग से लक्ष्यभाषा में रूपान्तरित करना बड़ी कठिन चुनौती होता है क्योंकि उसके मार्ग में नाना प्रकार की भाषिक तथा सांस्कृतिक बाधाएँ उपस्थित होती रहती हैं। कुछ बाधाओं को पार करना तो असंभव-सा प्रतीत होता है। कुछ चिन्तकों के अनुसार सभी रचनाएँ अनुवाद के योग्य नहीं होतीं अथवा अनुवादक के लिए नहीं होतीं। इस संदर्भ में वाल्टर बेंजामिन की मान्यता थी कि "सामान्य पुस्तकों की अपेक्षा एक बहुत अच्छी पुस्तक अपनी भाषा से दूसरी भाषा में आसानी से चली जाती है।... अच्छी तरह लिखी गयी पुस्तक के गुण का एक अंश यह है कि इसका अनुवाद करना आसान होता है।"

कुछ लोग यह भी सोचते हैं कि अनुवाद हमेशा 'अनुवाद' ही होता है अथवा उसे 'अनुवाद' ही होना चाहिए क्योंकि मूल की तुलना में उसमें कुछ-न-कुछ हमेशा छूट ही जाता है (The translation is a translation and not an origional composition—Newmerk) लेकिन इस सोच से सभी सहमत नहीं कि अनुवाद के लिए अभावग्रस्त होना उसकी नियति है। रेबासा जैसे आत्म-विश्वास से भरे हुए अनुवादक तो घोषणा करते हैं कि हालाँकि "अनुवाद आलसी व्यक्ति का लेखन है, मगर मैं मानता हूँ कि यह अपने आप में रचनात्मक बन सकता है।" इस तरह अनुवाद लक्ष्यभाषा के साहित्य के विकास और समृद्धि में योगदान करते हैं। इतना ही नहीं, अच्छे अनुवाद स्वयं स्रोतभाषा के साहित्य के स्तर और सम्मान को ऊँचा भी उठा सकते हैं। बहुत बार अनुवाद लक्ष्य पाठ में मूल पाठ के पुनर्जन्म की भाँति होते हैं। इस बात पर खासी चर्चा होती रही है कि क्या यह संभव है कि किसी पाठ के अनुवाद में मूल के शरीर और आत्मा को, उसकी समस्त ऊर्जा को अक्षुण्ण रखते हुए रूपान्तरित किया जा सके ? कुछ लोग अनुवाद को मूल रचना के जुड़वाँ भाई या बहन के रूप में देखना चाहते हैं तो कुछ उसके हू-ब-हू प्रतिरूप (क्लोनिंग) की तरह। इस सम्बन्ध में अनुवादक से अपेक्षा की जाती है कि वह मूल के अंग-प्रत्यंग के साथ सामंजस्य बिठाते हुए मूल की भाँति ही 'सम्पूर्णता' की प्राप्ति करे और इसके लिए उसे मूल रचनाकार के साथ (रचना के भीतर) अवसरानुकूल उठना या बैठना चाहिए। (Fall when he falls, and rise wfien he rises—Earl Roscomon)

कोई एक अनुवादक सभी प्रकार की रचनाओं के अनुवाद नहीं कर सकता। अनुवादक की योग्यता और बुद्धि-कौशल तो अनुवाद-कार्य के लिए आवश्यक हैं ही, साथ ही अनुवादक के लिए इस कार्य में सक्रिय तथा सकारात्मक रुचि लेना भी आवश्यक है। उसे अपने भीतर से किसी रचना-विशेष के अनुवाद करने की ललक उठनी चाहिए। इस सन्दर्भ में अनुवादक मन-ही-मन मूल लेखक को अपना मित्र मानने लगता है और उससे उसकी इतनी घनिष्ठ आत्मीयता स्थापित हो जाती है मानो दोनों मानसिक स्तर पर एक हो गये हों।

पिछली शताब्दियों में संभवत: अवशिष्ट सामंती संस्कारों के कारण, अनुवाद को ऐसी स्त्री के रूप में देखा गया था जो वफादार और विश्वस्त होने पर घरेलू (अथवा 'अनाकर्षक') होती है लेकिन जब सुन्दर दिखायी देती है तो बेवफा जान पड़ती है। नाइडा ने अपनी पुस्तक 'टुवर्ड ए साइंस ऑफ ट्रांसलेटिंग' में इस धारणा को मानो आधुनिक परिप्रेक्ष्य देते हुए कहा कि अनुवाद को "ऐसी औरत के समान होना चाहिए जो मर्द के लिबास में हो जिससे वह सरस और जीवन्त प्रतीत हो" (प्रस्तावना, पृ० 2)। कुछ लोग अनुवाद को लिबास बदलने की तरह नहीं देखते बल्कि मानते हैं कि अनुवाद अनुवादक के हाथों वैसे ही गढ़ा जाता है जैसे कुम्हार के हाथों गीली मिट्टी रूपाकार प्राप्त करती है।

'वफादारी बनाम सुन्दरता' की अवधारणा में एक हेत्वाभास यह भी छिपा है कि वफादारी और सुन्दरता दोनों एक साथ क्यों नहीं प्राप्त हो सकते?

वफादारी को एक समय अनुवाद का मूल तत्त्व समझा जाता था और अनावश्यक रूप से स्त्री को तुलना के लिए प्रस्तुत किया जाता था (जो स्त्री-स्वातंत्र्य के इस युग में अपमानजनक भी समझा जा सकता है।) मैथ्यू आर्नल्ड के इस कथन में अनुवाद और मूल के सम्बन्ध को सही ढंग से समझने का प्रयास हुआ है जो उसने अपने लेख 'होमर का अनुवाद करते हुए' (ऑन ट्रांसलेटिंग होमर') में लिखा था—"अनुवाद को, हमें, उसी तरह से प्रभावित करना चाहिए जिस तरह से इसके मूल ने अपने प्रथम पाठकों को प्रभावित किया होगा।"

मूल रचना और लेखक के विषय में अनुवादक को तीन चीजों का ध्यान रखना चाहिए— वह क्या कहता है, उसके कहने का क्या आशय है और वह इसे कैसे कहता है। चूंकि रचनात्मक लेखन में कथ्य और शिल्प परस्पर इस तरह मिले होते हैं कि अलगाये नहीं जा सकते, अतः यह अनुवादक की विवेक-बुद्धि और चातुर्य पर निर्भर करता है कि वह कब और कैसे मूल पाठ के निकटतम पहुंचे अथवा आवश्यकता महसूस होने पर, उससे अपसरित भी हो सके। वास्तव में सभी कलात्मक रचनाएं वास्तव का भ्रम उपस्थित करती हैं और इसीलिए ऐसी रचनाओं के अनुवाद को भी ऐसा ही होना चाहिए। अतः कहा जा सकता है कि अनुवादक अपनी अनुवाद-प्रक्रिया में कम रचनात्मक नहीं होता। हालांकि उसे मूल रचना की सुविधा प्राप्त होती है किन्तु इसकी भी अपनी असुविधाएँ होती हैं जिनका पता अनुवाद की प्रक्रिया से गुजरते वक्त ही चलता है।

लिप्यंतरण, शब्दानुवाद, भावानुवाद, छायानुवाद या अनुकरण, पुनर्रचना आदि अनुवाद के विभिन्न प्रकार अथवा शेड्स हैं। यद्यपि अनुवाद के कुछ प्रकार आसान तथा कुछ कठिन माने जाते हैं, लेकिन वस्तुतः ऐसी बात नहीं होती। आसानी या कठिनता वस्तुतः सापेक्ष अवधारणाएँ हैं जो कई तत्त्वों पर निर्भर होती हैं। अनुवाद के हर प्रकार में अनुवादक के सामने आसानी और कठिनता के क्षण आते ही रहते हैं। जहां मूल रचना में शब्द और उसके अर्थ का प्रत्यक्ष सम्बन्ध होता है और लक्ष्यभाषा में उसका समतुल्य शब्द आसानी से प्राप्त होता है तो वहां अनुवाद-कार्य सरल होता है। इसके विपरीत जहां शब्द तथा वाक्य-विन्यास बहुआयामी और अमूर्त्त अर्थोंवाले होते हैं वहां अनुवादक का कार्य जटिल और कष्टप्रद हो जाता है। अनुवाद-कार्य देश, काल तथा सांस्कृतिक तत्त्वों के कारण समस्यापूर्ण हो जाता है, पर इसके साथ ही मूल रचना के शिल्प और शैली की विशेषताओं के कारण भी अनुवाद की कठिनाइयां बढ़ जाती हैं। साहित्यिक रचनाओं, विशेषकर कविताओं के अनुवाद को न केवल एक समस्या बल्कि समाधानहीन समस्या के रूप में देखा जाता रहा है। साहित्यिक रचनाओं के अनुवाद में भी अनेक समस्याएं बिल्कुल मूर्त और स्पष्ट होती हैं। उदाहरण के लिए अनुवाद में किसकी शैली प्रतिबिम्बित होनी चाहिए—मूल लेखक की अथवा

अनुवादक की? जहाँ मूल लेखक और अनुवादक दो भिन्न कालों के हों वहाँ किसके समय को ध्यान में रखना चाहिए? अनुवादक को मूल रचना में जोड़-घटाव या संशोधन करना चाहिए अथवा नहीं? पद्य का अनुवाद पद्य में ही होना चाहिए अथवा गद्य में?—ऐसी अनेक अबूझ पहेलियों और दिक्कतों के बावजूद हर युग में अनुवादक विभिन्न प्रकार की साहित्यिक-गैर-साहित्यिक रचनाओं के अनुवाद की चुनौतियाँ स्वीकार करते रहे हैं और प्रायः उन्हें सफलता और स्वीकृति भी मिलती रही है।

एक सफल अनुवादक के लिए क्या योग्यताएँ होनी चाहिए? ड्रायडन के अनुसार अच्छा अनुवादक बनने के लिए "व्यक्ति को विदेशी भाषा से अनुवाद करने में प्रयत्नशील होने से पूर्व अपनी मातृभाषा का एक अच्छा आलोचक होना चाहिए। केवल इतना ही काफी नहीं है कि वह शब्दों और शैली का निर्णय करे बल्कि उसे इनका स्वामी भी होना होगा। उसे अपने लेखक की भाषा को संपूर्णतः समझना होगा और स्वयं अपनी भाषा का अधिकारी होना होगा— कि एक अच्छा अनुवादक बनने के लिए उसे अच्छा कवि होना पड़ेगा।" इस तरह एक अनुवादक को एक रचनाकार, सजग पाठक और आलोचक की संतुलित-समन्वित भूमिका निभानी पड़ती है। यह एक-में-तीन का संयोग असंभव नहीं होता। स्पष्टता के लिए अनुवादक की कतिपय विशेषताओं को रेखांकित करना समीचीन होगा। अनुवादक को रचना की वैसी ही व्याख्या करने में सक्षम होना चाहिए जैसी व्याख्या स्वयं मूल लेखक करता हो। उसमें अनुवाद्य रचना के विषय और शैली को उसकी समग्र संरचना में समझने की योग्यता होनी चाहिए। उसमें मूल रचना के सम्प्रेषण-मूल्य को उसके मूल पाठकों के संदर्भ में परखते हुए अपने अनुवाद में उसे बरकरार रखने की योग्यता होनी चाहिए। उसे स्रोतभाषा और उसके साहित्य एवं लक्ष्यभाषा एवं उसके साहित्य की परम्पराओं का सम्यक् परिज्ञान होना चाहिए ताकि वह समुचित सम्प्रेषण के लिए अपेक्षित रूप और शैली का चुनाव कर सके। उसे स्रोत एवं लक्ष्य दोनों ही भाषाओं की जनता के समाज, इतिहास और संस्कृति का पर्याप्त ज्ञान होना चाहिए। उसे हमेशा यह बात ध्यान में रखनी चाहिए कि सम्प्रेषण-माध्यम होने के कारण भाषाएँ जड़ एवं स्थिर नहीं होतीं बल्कि निरन्तर परिवर्तन अथवा विकास की प्रक्रिया में होती हैं तथा ऊपर से अदृश्य जान पड़नेवाले परिवर्तनशील तत्त्व अनुवाद की दृष्टि से महत्त्वपूर्ण होते हैं। उसे सम्प्रेषणमूलक सन्दर्भों का ख्याल रखना चाहिए अर्थात् मूल रचना के समाजार्थिक-राजनीतिक परिवेश को बिना हानि पहुँचाये अनुवाद में रूपान्तरित करना चाहिए।

अनुवादक के सम्बन्ध में सम्पूर्णतावादी अथवा आदर्शवादी विद्वानों और चिंतकों की राय है कि अनुवादक को स्वतन्त्रता और वफादारी दोनों से काम

लेना चाहिए। अनुवाद के क्षेत्र में शुद्धतावादियों के सम्प्रदाय की मान्यता है कि अनुवाद को निरन्तर शुद्ध करते रहना चाहिए अर्थात् उसमें निरन्तर संशोधन और परिमार्जन की जरूरत बनी रहती है। इस प्रकार अनुवाद एक ऐसी असम्पूर्ण तथा असामान्य विधा है जो सदा विकास की प्रक्रिया में रहती है। इसे प्रत्येक नयी पीढ़ी के आगमन के साथ पुनरीक्षित किया जाना चाहिए। ये शुद्धतावादी अपेक्षाएँ सिद्धान्ततः भली लगती हैं किन्तु वास्तव में बहुत-कुछ अव्यावहारिक भी हैं। यह तो जानी-मानी बात है कि कोई भी साहित्य सम्पूर्णतः दुरुस्त नहीं होता तो फिर अनुवाद भी पूर्णतः परिशुद्ध कैसे हो सकता है। फिर भी समुचित अथवा औचित्य-पूर्ण अनुवाद के लिए तो अनुवाद को प्रयत्नशील होना ही चाहिए। अच्छे अनुवाद में मूल शब्द तथा उसके आशय के संतुलन को बरकरार रखा जाता है। यहाँ अनुवादक को सदैव ध्यान में रखना चाहिए कि आशय हमेशा शब्दों पर प्रत्यक्षतः निर्भर नहीं होता। कभी-कभी ऐसे शब्दों का भी प्रयोग मिलता है जिनका कोई निश्चित अर्थ नहीं होता। ऐसी अवस्था में अनुवादक को मूल लेखक के निहितार्थ की खोज तथा उसके समुचित रूपान्तर की दिशा में प्रयत्नशील होना पड़ता है। दूसरी ओर शब्दों का अर्थ से अलग भी अस्तित्व, महत्त्व और सौन्दर्य होता है जिसके आकर्षण को अनुवाद में खो देना अनुवादक के लिए अच्छी बात नहीं कही जाएगी। शब्द-अर्थ के संतुलित सम्बन्ध तथा इससे उत्पन्न सौन्दर्य तथा आकर्षण को लक्ष्यभाषा में उपस्थित करने में ही अनुवादक की क्षमता का पता चलता है। अतः विशेषकर साहित्यिक अनुवाद में केवल मूल शब्दों के बदले समानार्थी शब्दों को रख देने से काम नहीं चलता। जहाँ मूल रचना में अलंकारों और प्रतीकों का बहुलता से प्रयोग होता है वहाँ अनुवादक के लिए कठिनाई बढ़ जाती है। यहाँ मूल रचना की प्रतीक-पद्धति को लक्ष्यभाषा में रूपान्तरित किया जाता है।

भाषा में शब्दों के दो रूप, अर्थ-प्रधान और आलंकारिक-बिम्बात्मक-व्यंजनात्मक मिलते हैं। 'यह कलम लाल है' इस वाक्य में शब्द अर्थ-प्रधान है। 'यह माँ का लाल माँ के लिए सचमुच लाल है' इस वाक्य में शब्दों का आलंकारिक प्रयोग हुआ है। पहले वाक्य में वाक्य का अर्थ और कथन का अर्थ समान तथा प्रत्यक्ष है, लेकिन दूसरे वाक्य में अर्थ आलंकारिक तथा अप्रत्यक्ष है। ऐसे आलंकारिक कथन अनेक प्रकार के होते हैं—रूपकात्मक, विरोधाभासपरक, व्यंजनात्मक आदि। यहाँ कथन का अर्थ अप्रत्यक्ष होता है यानी अभिधात्मक नहीं होता। व्यंग्यार्थ और लक्ष्यार्थ प्रत्यक्ष नहीं होते अर्थात् वाक्य का जो अर्थ निकलता है वह वाक्य के शब्दों द्वारा 'कथित' नहीं होता, 'ध्वनित' अथवा 'व्यंजित' होता या 'समझा' जाता है। 'आप तो बहुत बड़े विद्वान हैं, साहब !'—इस वाक्य का अर्थ 'तुम तो बड़े मूर्ख हो' इसी कोटि का है। मगर सीधे वाक्यार्थ से गुजर कर ही लक्ष्यार्थ और व्यंग्यार्थ तक संदर्भ आदि के सहारे अपेक्षित या विपरीत अर्थ तक

पहुँचा जाता है। कहा जा सकता है कि जब सीधी या प्रत्यक्ष अभिव्यक्तियाँ इच्छित व्यंजना को सम्प्रेषित करने में अक्षम रहती हैं, तब आलंकारिक भाषा का प्रयोग किया जाता है। इस प्रकार आलंकारिक भाषा ज्ञात और अज्ञात के बीच एक पुल का काम करती है। इसी सन्दर्भ में प्रतीक, बिम्ब, मिथक, किंवदंतियों आदि को देखा जा सकता है।

सामान्य अभिव्यक्तियों के लिए यथाअवसर शब्दानुवाद, लिप्यन्तरण आदि का प्रयोग किया जाता है। यहाँ मूल के अर्थ की स्पष्ट अभिव्यक्तियों को समझकर उनके लिए लक्ष्यभाषा में समरूपी प्रतिशब्दों का व्यवहार किया जाता है। मूल भाषा की वाक्य-संरचना को लक्ष्यभाषा की वाक्य-संरचना में अनुकूलित किया जाता है। लेकिन आलंकारिक भाषा का अनुवाद अधिक रहस्यपूर्ण होता है। बहुत-से विद्वानों की राय में आलंकारिक भाषा का अनुवाद उनके घनिष्ठ सांस्कृतिक संदर्भों के कारण वस्तुतः असंभव होता है। ऐसा अनुवाद मूल भाव को क्षति पहुँचाए बगैर अथवा उनमें संशोधन किये बिना नहीं हो सकता। अतः ऐसे अनुवाद को भावानुवाद कहा जाता है। वर्जिनिया वुल्फ ने दॉस्तोव्स्की के मूल रूसी उपन्यासों के अंग्रेजी अनुवाद से असंतुष्ट और खिन्न होकर कहा था—ऐसा लगता है कि मानो हम रचना को गलत चश्मे से पढ़ रहे हैं अथवा मानों पृष्ठ तथा आँखों के बीच धुंध छा गयी हो। ऐसा लगता है कि भाव और विचार गलत नाप के कपड़ों में भटक रहे हों। अतः कहा जा सकता है कि साहित्यिक कृतियों का अच्छा अनुवाद करना टेढ़ी खीर है।

लेकिन अनुवाद का इतिहास स्वयं बताता है कि कविता-सहित साहित्यिक कृतियों, उनकी आलंकारिक भाषा का अनुवाद करना असंभव नहीं। सदियों से ऐसे अनुवाद विश्व-भर के पाठकों को उपलब्ध होते रहे हैं। साहित्यिक अनुवाद अब भी धड़ल्ले से, बड़े पैमाने पर हो रहे हैं। इतना ही नहीं, ऐसे अनुवादों ने सभ्यता, संस्कृति और साहित्य के विकास में बड़ा योगदान भी किया है। यह सच है कि स्रोतभाषा के समरूप तथा अत्यन्त समुचित ऐसी अभिव्यक्तियों की खोज लक्ष्यभाषा में करना प्रायः कठिन काम होता है, जो शब्द-रूप (ध्वनि) एवं व्यंजना में मूल जैसी हों। आलंकारिक भाषा में यह कठिनाई सबसे अधिक होती है। लेकिन ऐसा भी नहीं कि इन समस्याओं का समाधान ही नहीं हो। यह समाधान मूलभाषा की संरचना, शिल्प और शैली की सही समझ से संभव है। कभी-कभार अनुवादक को इस सिलसिले में चयन और अस्वीकृति से भी काम लेना पड़ता है।

कुछ लोग साहित्य की 'भाषा-निर्भर' तथा 'सापेक्षिक रूप से भाषा-स्वतंत्र'—ये दो कोटियाँ निर्धारित करते हैं तथा मानते हैं कि सामान्य अथवा अनलंकृत साहित्य भाषा-निर्भर होता है जिसका अनुवाद हो सकता है, लेकिन अलंकृत

साहित्य चूँकि भाषा में होते हुए भी भाषा के मानक रूपों का अतिक्रमण करता है, अतः उसका अनुवाद नहीं हो सकता। मगर यह विचार इसलिए अहमियत नहीं रखता क्योंकि हमें प्रायः भिन्न भाषाओं में अनेक आलंकारिक कथन एक समान भी मिल जाते हैं तथा सभी भाषाओं में उपमा, रूपक, प्रतीक, बिम्ब, मिथक आदि का प्रयोग उनके रचनात्मक साहित्य में देखने को मिलता है। हाँ, भिन्न समाजों की ऐतिहासिक एवं सांस्कृतिक विशेषताओं के कारण बहुत बार अनुवाद कठिन अवश्य होता है। लेकिन यह बाधा भी अनुवादक अपने व्यापक अध्ययन, अनुभव और विवेक-बुद्धि के सहारे पार कर लेता। ऐसे स्थलों पर अनुवादक को यह निर्णय करना पड़ता है कि वह मूल पाठ का ज्यों का त्यों अनुवाद कर दे अथवा लक्ष्यभाषा और साहित्य की प्रकृति के अनुसार उसमें अपेक्षित संशोधन-परिवर्तन करे। सिद्धान्ततः अनुवादक का कर्तव्य है कि मूल पाठ में जो और जिस तरह से कहा गया है उसे सम्पूर्णता से लक्ष्यभाषा में उपस्थित करे। लेकिन यदि अनुवादक यह समझता है कि मूल का किंचित्-क्वचित् अंश यदि लक्ष्य भाषा के पाठकों को स्वीकार्य नहीं होगा तो वह अपने विवेक से उसे छोड़ने का भी निर्णय ले सकता है अथवा अगर उसका भी अनुवाद करता है तो पाद-टिप्पणी में स्पष्टीकरण प्रस्तुत कर सकता है। इस तरह कभी-कभार अनुवादक को निर्णायक की भूमिका अदा करनी पड़ती है। अनुवादक के लिए मूल पाठ की अभिव्यक्तियों को अच्छी तरह समझना जरूरी है तथा इस बात का ध्यान रखना भी कि अनुवाद में कोई भी अभिव्यक्ति—चाहे वह कितनी गौण ही क्यों न नजर आये, छूटनी नहीं चाहिए। कविता में खास तौर से जरा-से हेर-फेर से अभिव्यक्ति के ही बदल जाने का खतरा होता। उदाहरण के लिए चीनी कवि 'लु-शुन' की कविता 'एक शरद रात्रि' का अनुवाद करते हुए अनुवादक ने एक जगह अभिव्यक्ति को संक्षेप करके लिखा कि 'कोई हँसा', जबकि वहाँ मूल काव्यात्मक अभिव्यक्ति थी, 'अर्धरात्रि की गुमसुम हँसी सुनाई दे रही थी।' मूल अभिव्यक्ति एवं उसके अनुवादित रूप के बीच गहरी खाई इस उदाहरण में स्पष्ट दिखायी देती है। अतः अनुवादक को बड़ी सावधानी और सजगता से मूल पाठ को लक्ष्य-भाषा में रूपान्तरित करना पड़ता है।

किसी भी भाषा के मुहावरों और लोकोक्तियों की जड़ें उस समाज के इतिहास, संस्कृति तथा जीवन-शैली में बहुत गहरी जमी होती हैं, यद्यपि अनेक बार भिन्न भाषाओं में एक समान अथवा लगभग समान मुहावरे आदि मिल जाते हैं। कभी-कभार अनुवाद के लिए इनमें केवल हल्का-सा परिवर्तन-संशोधन ही पर्याप्त होता है। जहाँ तक संभव हो मूल मुहावरों और कहावतों के विकल्प में लक्ष्यभाषा के समरूप मुहावरों-कहावतों का ही प्रयोग करना अच्छा माना जाता है। कहीं-कहीं केवल जरा-से संशोधन की भी जरूरत पड़ती है, जैसे—जैसा देश,

वैसा भेस (ह्वेन इन रोम, बी ए रोमन)। जहाँ ऐसा संभव नहीं वहाँ उनका शाब्दिक अनुवाद करके पाद-टिप्पणी में उसका स्पष्टीकरण या व्याख्या दी जा सकती है। अनुवादक को केवल शब्दों की अर्थ-व्यंजना पर ही नहीं, उनके सौन्दर्य-मूल्य पर भी पर्याप्त ध्यान देना चाहिए। रचनात्मक साहित्य में शब्द मात्र अर्थ के ही नहीं, अपितु शैलीगत सौन्दर्य के भी वाहक होते हैं अतः इनका शब्दानुवाद करने भर से काम नहीं चल सकता। रोचक तथ्य यह है कि शैलीगत सौन्दर्य किन्हीं खास शब्दों पर ही निर्भर नहीं होता बल्कि वह सम्पूर्ण पाठ में भी अनुस्यूत होता है। स्रोतभाषा के पाठ की जड़ें उसकी अपनी साहित्य-समेत विभिन्न परम्पराओं में होती हैं अत: उन परम्पराओं का सम्यक् परिज्ञान अनुवादक को होना ही चाहिए। साथ ही स्रोत तथा लक्ष्य भाषाओं की व्याकरणिक संरचना, शब्दकोशीय अर्थों आदि से अनुवादक को पूरी तरह से वाकिफ होना चाहिए। अनुवाद के सन्दर्भ में अनुवादक के जेहन में अपने पाठक वर्ग की छवि स्पष्ट होनी चाहिए, इससे अनुवाद में वह अपेक्षित स्पष्टता आ सकती है जिसकी माँग पाठक वर्ग कर सकता है। भाषा, ज्ञान, कला सब मनुष्य के लिए होते हैं अत: अनुवाद में पर्याप्त संप्रेषणीयता का गुण होना अनिवार्य है। अनुवादक को चाहिए कि यदि कहीं मूल पाठ में दुरूहता हो तो भी उसे लक्ष्यभाषा के पाठकों की दृष्टि से अनुवाद में सहज संप्रेषणीय रूप दे।

अनुवाद की प्रक्रिया में मूल उपमाओं, रूपकों, प्रतीकों, मुहावरों, कहावतों आदि को स्रोतभाषा में बहुत आवश्यक होने पर, आपातस्थिति में और अपवाद-स्वरूप ही, सामान्य शब्दावली में प्रस्तुत किया जा सकता है, क्योंकि इस प्रकार के अनुवाद में अर्थ-व्यंजना के व्याहत होने का अधिक खतरा है। ऐसे—अनुवाद में या तो मूल की अपेक्षा अर्थ-व्यंजना कम होगी अथवा अधिक। दोनों ही स्थितियों को समुचित अनुवाद की संज्ञा नहीं दी जा सकती क्योंकि सच्चा अनुवाद—जैसा कि पीटर न्यूमार्क का कहना है—ठीक-ठीक रूपान्तरण है और उसे सही-सही होना चाहिए (अप्रोचेज टु ट्रांसलेशन, पृ० 185)। अत: अनुवाद में अनपेक्षित मुनाफा तथा अनपेक्षित घाटा दोनों ही गैर-जरूरी हैं। अनेक मामलों में मिथकों का अनुवाद वास्तविक समस्याओं के सम्मुखीन होता है, जैसा कि यूजीन ए० नाइडा (टुवर्ड ए साइंस ऑफ ट्रांसलेटिंग, पृ० 220-1) स्वीकार करते हैं। अत: अलंकार-पूर्ण अभिव्यक्तियों का सजग एवं विश्वसनीय ढंग से अनुसरण करने की आवश्यकता है। मूल पाठ की विधागत विशेषताओं के साथ-साथ अभिव्यक्ति के अन्तर्निहित एवं बहिर्गत समस्त गुणों को ध्यान में रखने की जरूरत होती है। इसीलिए कहा जाता है कि कविता का अनुवाद करने के लिए अनुवादक को स्वयं कवि होना चाहिए और इसके साथ ही कविता का अच्छा विश्लेषक भी। तभी कविता अनुवाद की तरह नहीं बल्कि लक्ष्यभाषा में भी पाठकों के समक्ष कविता

के ही रूप में उपस्थित हो सकती है। गीतिकाव्य और लोकगीतों के लयात्मक पक्ष का अनुवाद करना अत्यन्त कष्टसाध्य व्यापार है। कभी-कभी कुछ खास प्रतीकों की अर्थ-व्यंजना में उनके सांस्कृतिक पक्ष के कारण दो भाषाओं में बेहद फर्क दिखाई देता है। इसका एक दिलचस्प उदाहरण 'जोंक' का है जो भारतीय एवं यूरोपीय साहित्य एवं संस्कृति में एक नकारात्मक (शोषण का) प्रतीक है जबकि तातारी भाषा में इसे सकारात्मक प्रतीक (कोमलता का—'जोंक-जितना कोमल') माना जाता है। इसी तरह कजाक भाषा की कविताओं में प्रेमिका की आँखों की उपमा ऊँट की आँखों से दी जाती है जो भारतीय सन्दर्भ में बड़ा अपपटा लग सकता है। इसी तरह का एक प्रतीक 'उल्लू' है। पश्चिमी साहित्य में उल्लू बुद्धि और विवेक का प्रतीक है जबकि हिन्दी में यह मूर्खता का पर्याय माना जाता है। अतः यहाँ शब्दकोश अनुवाद की प्रक्रिया में बहुत सहायक नहीं हो सकते। फिर भी अनुवाद को स्रोतभाषा के यथासंभव निकटतम प्रतिरूप को प्राप्त करने की दिशा में सदैव अग्रसर रहना चाहिए। बाधाओं से घबराकर अनुवाद कार्य से विरत होना अनुवादक की बड़ी पराजय है। अतः उसे यह बात गाँठ बाँध लेनी चाहिए कि उसका कार्य बड़ा उपयोगी और आवश्यक है अतः प्रतिकूल परिस्थितियों में कभी-कभार समझौतों के लिए भी मानसिक रूप से तैयार रहना चाहिए। इस अत्यन्त कष्टप्रद कार्य को सफलतापूर्वक पूरा कर लेने पर अनुवादक को अच्छे पुरस्कार (धन और यश) की भी प्राप्ति होती है। जैसे किसी रचना की समीक्षा विभिन्न आलोचक अलग-अलग ढंग से करते हैं—वैसे ही रचनात्मक लेखन का अनुवाद विभिन्न अनुवादकों द्वारा भिन्न प्रकार से भी किया जाता है। क्योंकि ऐसे अनुवादों में अनुवादकों को अक्सर सहज-बुद्धि और अन्तर्दृष्टि ('इंट्यूशन') से काम लेना पड़ता है। ऐसे अनुवाद श्रेष्ठ और लोकप्रिय भी हुए हैं। अंग्रेजी में फिट्जेराल्ड द्वारा किया गया उमर खैयाम की कविताओं का अनुवाद इसी श्रेणी में आता है। श्रेष्ठ रचना का ही अनुवाद श्रेष्ठ हो सकता है। साधारण रचनाओं को अनुवाद में श्रेष्ठ नहीं बनाया जा सकता। अगर अनुवादक अपनी ओर से उसमें ऊँची अर्थ-व्यंजनाओंवाले बिम्बों, प्रतीकों का प्रयोग करे तो भी वह सामान्य अर्थवाले वाक्यों में ही बदल जाएँगे और बड़े अटपटे लगेंगे।

रूपक, बिम्ब, प्रतीक आदि व्यंजना की दृष्टि से कई प्रकार के होते हैं। कुछ की अर्थ-व्यंजना सार्वदेशिक होती है, जैसे 'किरण' (हिन्दी : 'आशा की किरण', अंग्रेजी : 'रे ऑफ होप') अथवा 'लोहा' (लोहा = ताकत जैसे, आइरन हैण्ड, आयरन लेडी आदि)। कुछ की अर्थ-व्यंजनाएँ भिन्न-भिन्न भाषाओं में, सामाजिक-सांस्कृतिक दूरियों के कारण, अलग-अलग हो जाती हैं, जैसे 'जन्म' का अर्थ एक भाषा में उत्पत्ति' और 'उत्पादन' लिया जाता है और किसी और भाषा में 'जागरण'। इसी तरह 'नींद' का अर्थ कहीं 'आराम' तो कहीं 'मौत' किया जाता

है। कुछ अर्थ-व्यंजनाएँ पूरी तरह आत्मपरक होती हैं जो लेखक और वक्ता के आशय पर निर्भर करता है जैसे 'रोशनी' या 'दीपक' का अर्थ ज्ञान, साधना, उदारता आदि विभिन्न संदर्भों में किया जा सकता है।

अपमानसूचक अभिव्यक्तियों, जैसे गाली वगैरह, के अनुवाद में भी सुविधा-असुविधा दोनों ही की स्थितियाँ अनुवादक को मिलती हैं। ऐसी ढेरों अभिव्यक्तियाँ जानवरों से सम्बन्धित होती हैं और इनमें से अनेक सार्वदेशिक प्रकृति की होती है जैसे गधा ('मूर्ख' के लिए), सुअर और कुतिया (घृणात्मक अभिव्यक्तियों के लिए) आदि। इसी तरह 'शेर' का उपयोग बहादुरी, दरियादिली आदि के लिए अनेक भाषाओं में किया जाता है। अनुवादक को स्रोतभाषाओं में अनेक प्रकार की वर्जनात्मक, निषेधात्मक एवं आशीर्वादात्मक अभिव्यक्तियाँ भी मिलती हैं और अनेक बार उनके समानधर्मी शब्द उसे लक्ष्यभाषा में भी मिल जाते हैं। लेकिन जहाँ यह सम्भव नहीं हो वहाँ अनुवादक को शब्दानुवाद का सहारा लेकर लक्ष्यभाषा के पाठकों को उससे सम्बन्धित सारी प्रासंगिक सूचनाएँ देनी चाहिए। जैसे हिन्दी-क्षेत्र में अनेक स्थानों पर स्त्रियाँ अपने पति को सीधे नाम से नहीं बुलातीं और 'बेटा या बेटी (नाम) के बाप/अब्बा', 'मेरे वो' जैसी अभिव्यक्तियों का प्रयोग करती हैं। ऐसी अभिव्यक्तियों के पीछे छिपे सामाजिक संदर्भों की समुचित जानकारी लक्ष्यभाषा के पाठकों को देना अनुवादक की जिम्मेदारी है, जिसके लिए पाद-टिप्पणी का उपयोग करने के लिए वह स्वतन्त्र है। इस तरह की स्थितियों का सामना अनुवादक को श्लेष, व्यंग्य, चुटकुलों आदि के अनुवाद के सन्दर्भ में भी करना पड़ता है। एक ही पाठ में अगर ऐसी अभिव्यक्तियाँ बार-बार दुहराई गई हों तो अनुवादक को बार-बार फुटनोट देने की जरूरत नहीं पड़ती—सर्वप्रथम शब्दानुवाद के साथ फुटनोट देने और तत्पश्चात् केवल शब्दानुवाद प्रस्तुत करने से ही काम चल जाता है।

इसके अतिरिक्त भी पहेलियों, तुकबन्दियों, आंचलिक प्रयोगों, कूट पदों, उलटबाँसियों, बच्चों के निरर्थक लयबद्ध गीतों आदि का अनुवाद करना बहुत ही कठिन है। इस कठिनता को देखते हुए अनुवादक से यही अपेक्षा की जा सकती है कि वह जहाँ तक सम्भव हो लक्ष्यभाषा में मूल के भाव तथा ध्वनि-सौन्दर्य को पुनः सृजित करने की चेष्टा करे। उदाहरण के लिए बच्चों के लिए लिखी गयी सर्वेश्वर दयाल सक्सेना की एक रचना लें—"इबन-बतूता पहन के जूता निकल पड़े मैदान में/आधी हवा नाक में घुस गयी आधी घुस गयी कान में।" (बतूता का जूता)। ऐसे ध्वनि-प्रधान अर्थहीन गीतों का अनुवाद करते हुए 'ध्वनि' का मुख्य रूप से ध्यान रखना चाहिए। ध्वनि के अन्तर्गत लय एवं व्यंजना दोनों ही आते हैं और अगर अनुवादक ऐसी रचनाओं के पाठक वर्ग की आयु, शिक्षा, सामाजिक-सांस्कृतिक सन्दर्भ आदि को ध्यान में रखे तो बड़ कौशल से

इसका भावानुवाद/छायानुवाद प्रस्तुत कर सकता है।

अच्छे अनुवादक की तुलना ऐसे चित्रकार से की जाती है जो बड़े सधे हाथों से प्रसिद्ध चित्रों की हू-ब-हू नकल करता है। दोनों को ही मूल की अनेक चीजों का ध्यान रखना पड़ता है और साथ ही लक्ष्य पर बड़ी सूक्ष्मता से, आत्मालोचनपरक दृष्टि रखनी पड़ती है। हाँ, अनुवादक को अनेक सूक्ष्म बाधाओं का सामना करना पड़ता है तथा स्रोत एवं लक्ष्य भाषाओं एवं उनके समाजशास्त्र, साहित्य, कला संस्कृति, इतिहास, धर्म, राजनीति, दर्शन आदि का सम्यक् ज्ञान रखना पड़ता है।

अनुवाद को गैर-रचनात्मक कार्य समझना उचित नहीं। यह भी एक प्रकार का लेखन है और प्रायः रचनात्मक भी होता है। साहित्य शब्दार्थ है—मूल तथा लक्ष्य दोनों ही भाषाओं में। अनुवादक भी मूल रचनाकार की भाँति लक्ष्यभाषा के शब्द और उसकी आत्मा की पहचान करता हुआ उनका प्रयोग करता है। एक रचनाकार जब किसी अनुवाद कार्य में प्रवृत्त होता है तो वहाँ भी वह अपनी रचनात्मकता की छाप छोड़ता है। प्रसिद्ध रूसी उपन्यासकार बोरिस पास्तरनाक ने शेक्सपीयर की प्रसिद्ध नाट्य रचना 'हैमलेट' का रूसी अनुवाद इसलिए भी किया कि इसके द्वारा भी अपनी रचनात्मकता की इच्छापूर्ति कर सकें। अपने इस अनुवाद में पास्तरनाक ने काफी स्वतन्त्रता से काम लिया है, यहाँ तक कि अपने अनुवाद में स्वयं अपनी ओर से एक ऐसी पंक्ति अन्त में जोड़ दी है जो मूल 'हैमलेट' में है ही नहीं—उसका अंग्रेजी में अनुवाद कुछ इस प्रकार है—'Life's ways are not the way across the field." [अर्थात् जिन्दगी के रास्ते हरियाली के बीच से नहीं गुजरते।] पास्तरनाक ने शेक्सपीयर के 'किंगलीयर' का भी अनुवाद रूसी में किया और उसमें भी वे मूल से हटे हैं, पर रोचक तथ्य यह है कि उनकी 'पुनर्रचना' का पाठकों और आलोचकों ने व्यापक रूप से स्वागत किया और अनुवाद को शेक्सपीयर के नाटकों के नये जन्म के रूप में देखा।

कविता का भी अनुवाद नहीं, पुनर्रचना ही सम्भव है—इस धारणा में काफी दम है। वैसे भाषाओं की भिन्नताओं के बावजूद भाषाओं में सगोत्रीयता तो होती ही है। इसके आधार पर भाषा के आन्तरिक अभिप्राय की खोज अनुवादक को करनी पड़ती है। भाषा मानव के द्वारा, मानव के लिए, मानव की चीज है और वह मानवीय है। अनुवादक का कार्य भी मानवीय और महत्त्वपूर्ण है, यद्यपि वह कठिनाइयों-भरा, उत्तरदायित्वपूर्ण और एक चुनौती भी है जिसे पूरा करने का एक अलग ही सुख है, जिसे अनुवादक ही जान सकता है।

व्यक्तिवाचक नामों के अनुवाद की समस्या

सभी व्यक्ति नाम एक-सी विशेषताओंवाले नहीं होते और उन्हें निजी विशेषताओं के आधार पर विभिन्न वर्गों में रखा जा सकता है। विभिन्न प्रकार के व्यक्ति-नामों का अनुवाद करने के लिए अनुवाद के अलग तरीके काम में लाने पड़ते हैं। व्यक्ति-नामों की प्रकृति को समझना तथा अनुवाद करने के लिए सही तरीके का चुनाव करना जरूरी है।

यूजीन ए० नाइडा ने अपनी पुस्तक 'टुवर्ड ए साइंस ऑफ ट्रांसलेटिंग' में लिखा है कि जो स्वयं अच्छे ढंग से नहीं लिख सकता वह शायद ही अच्छा अनुवाद कर सकेगा। (पृ० 292) अनुवादक की अनेक योग्यताओं में प्राथमिक योग्यता उसकी अपनी भाषा (तथा स्रोतभाषा का भी) का अच्छा ज्ञान तथा शुद्ध स्तरीय व्यावहारिक लेखन का अभ्यास हो। अक्सर अनुवाद की कमजोरी अनुवादक की अपनी कमजोरी होती है। इसी तरह सशक्त अनुवाद किंचित् कमजोर रचना का भी अनुवादक बेहतर अनुवाद करके उसके स्तर को थोड़ा ऊँचा उठा देता है। इस तरह अनुवाद के भी कई प्रकार और कई स्तर होते हैं।

जॉन ड्राइडन के अनुसार अनुवाद तीन प्रकार के होते हैं--अविकल अथवा शाब्दिक अनुवाद अर्थात् मूल लेखक की रचना को शब्दश: और वाक्यश: एक भाषा से दूसरी भाषा में बदलना। दूसरा है भावानुवाद अथवा स्वच्छन्द तथा उदार अनुवाद, जिसमें अनुवादक हमेशा मूल लेखक को मद्दे नजर रखता है ताकि वह खो न जाए। यहाँ लेखक के आशय को तो महत्त्व मिलता है पर उसके शब्दों का ज्यों-का-त्यों अनुवाद नहीं किया जाता। तीसरा प्रकार अनुकरण का है जहाँ अनुवादक (अनुकर्त्ता) मूल रचना के शब्द और आशय से पृथक जाने की स्वतंत्रता ले लेता है, बल्कि किसी-किसी अवसर पर दोनों को छोड़ देता है और मूल से थोड़े बहुत सामान्य इंगित लेकर अपनी इच्छानुसार कार्य सम्पन्न करता है।

अनुवादक का कार्य मूल रचना के शब्द और वाक्यों के आशय और ध्वनि को, दूसरे शब्दों में मूल रचना के बौद्धिक एवं सौन्दर्य मूल्य को, दूसरी भाषा में रूपान्तरित करना है। अनुवाद में दो भाषाएँ जुड़ी होती हैं। अत: किसी भाषा में

की गयी मूल रचना की अपेक्षा अनुवाद करने की प्रकृति अलग होती है। एक भाषा की रचना को दूसरी भाषा में बदलना आसान काम नहीं है। मूल रचना प्राचीन, मध्य अथवा आधुनिक किसी भी काल की हो सकती है, किसी भी संस्कृति और साहित्यिक विधा से सम्बन्धित हो सकती है। समय और संस्कृति की दूरी अथवा अलगाव से अनुवादक के लिए समस्या खड़ी हो सकती है। अनुवाद को स्रोतभाषा के प्रति विश्वस्त तथा लक्ष्यभाषा में जीवन्त होना चाहिए। किन्तु अनुवादक को एक ही समय दो भिन्न भाषिक एवं साहित्यिक स्थितियों से गुजरना पड़ता है जो अत्यन्त कठिन और जटिल अवस्था होती है।

यह कोई आसान काम नहीं कि किसी भिन्न प्राचीन भाषा के रूपों का अनुवाद अन्य भाषा के आधुनिक युग के पाठक के लिए प्रस्तुत किया जाए, क्योंकि उसे प्राचीन भाषा के समान भी दिखना चाहिए और साथ ही आशय में इतनी स्पष्टता भी होनी चाहिए जो आधुनिक पाठक के लिए ग्राह्य हो सके। रचना या पाठ की सही समझ के लिए लक्ष्यभाषा के पाठक को स्रोतभाषा के पाठक की अपेक्षा कई कठिनाइयाँ पार करनी पड़ती हैं। अतः सीधे और सरल सम्प्रेषण की प्राप्ति के लिए अनुवादक को कड़ी मेहनत करनी पड़ती है। अनुवादक को अच्छे अभिव्यक्ति-क्षम मूल शब्दों को न तो छोड़ना चाहिए और न ही किसी कमजोर विकल्प का ही उसकी जगह इस्तेमाल करना चाहिए। वस्तुतः अनुवादक को मूल रचना में किसी तरह के फेर-बदल करने का अधिकार नहीं होता। उसे ऐसे समतुल्य शब्दों का प्रयोग करना होता है जो न केवल मूल का आशय अच्छी तरह बताएँ बल्कि मूल रचना की शैली का भी पता दें।

आलंकारिक भाषा की तुलना में व्यक्ति-नामों के अनुवाद को सरल समझा जाता है। किसी भी भाषा में व्यक्ति नाम सरल, ठोस एवं संक्षिप्त शब्दावली से जुड़े होते हैं तथा उसके भाषाभाषियों के अनुभवों से उनका स्वाभाविक एवं प्रत्यक्ष सम्बन्ध होता है। चूँकि इनके अर्थ एवं व्यवहार में समानता होती है। अतः इन्हें अनुवादक सबसे कम जटिल तथा भाषा के बाहर की चीज समझता है। प्रायः इन्हें व्याकरणिक तत्त्वों तथा विशेषण, क्रिया विशेषण, क्रिया, कारक आदि के समान ही अनुवाद की दृष्टि से आसान मान लिया जाता है। किन्तु वास्तव में व्यक्ति-नामों का अनुवाद उतना सरल नहीं जितना मान लिया जाता है। व्यक्ति-नामों, शीर्षकों, उपनामों, उपाधियों आदि के अनुवाद को अनुवाद सिद्धान्त के अधिकांश विद्वानों के द्वारा नजर अन्दाज ही किया गया है, जबकि इनके अनुवाद में व्यावहारिक स्तर पर ढेरों कठिनाइयाँ सामने आती हैं।

ड्राइडन ने अनुवाद के जिन तीन प्रकारों का उल्लेख किया था उनमें व्यक्ति-नामों का अनुवाद पहले प्रकार अर्थात् शब्दानुवाद के अन्तर्गत आता है। अनुवाद के इस प्रकार के भी शब्दों की क्रिया अथवा कार्य एवं अर्थच्छायाओं के आधार पर

कई उपभेद हो सकते हैं। भाषाएँ एक-दूसरे से अपनी प्रकृति में अलग होती हैं जिससे एक मूल-भाषा से दूसरी भाषा में सम्प्रेषण क्रिया में कठिनाई उपस्थित होती है। अनुवादक को मूलभाषा के शब्द, अर्थ तथा ध्वनि को लक्ष्यभाषा में उतारने के लिए गहराई में उतरना पड़ता है। अगर यह सटीक ढंग से रूपान्तरित हो सके तभी सुन्दर अनुवाद बनता है जिससे मूलभाषा के जागतिक अनुभवों की अभिव्यक्ति लक्ष्यभाषा में प्राप्त हो पाती है।

अनुवाद की दृष्टि से किसी भी भाषा के शब्दों को तीन प्रकारों में रखा जा सकता है यथा—1. अभिधात्मक शब्द या शब्दावली, 2. व्यक्ति-नाम, उपाधि, शीर्षक आदि तथा 3. आलंकारिक शब्द। ऊपर से इनमें कभी-कभार समानता भी दिखाई दे सकती है लेकिन अपनी सही प्रकृति में ये तीनों एक-दूसरे से नितान्त भिन्न होते हैं। व्यक्ति-नाम सीधे और स्पष्ट होते हैं जबकि अन्य प्रकार के शब्दों का आशय संदर्भ का मोहताज होता है। इसीलिए व्यक्ति-नामों का सम्बन्ध शब्दानुवाद से जोड़ा जाता है।

यह आम धारणा है कि कोई भी अनुवाद मूल रचना के समान नहीं हो सकता। शब्दानुवाद में मूल रचना को शब्दशः, मूल अर्थ को सुरक्षित रखते हुए, अनुवादित किया जाता है। शब्द के दो पहलू होते हैं—ध्वनि और आशय। जब ध्वनि पर अधिक बल होता है तो इसे ध्वन्यात्मक अनुवाद कहते हैं और जहाँ आशय को महत्त्व दिया जाता है उसे शब्दानुवाद कहते हैं। शब्दानुवाद का उपयोग रचनात्मक लेखन—यहाँ तक कि कविता में भी प्रायः किया जाता है। लेकिन शब्दानुवाद के द्वारा मूलपद्य का अनुवाद लक्ष्यभाषा में गद्य के रूप में ही हो सकता है। इसके द्वारा मूल आशय को तो लक्ष्यभाषा में उपस्थित किया जा सकता है। किन्तु मूल कविता के छन्द, लय आदि पीछे छूट जाते हैं। छन्द, लय आदि को ध्वन्यात्मक अनुवाद के द्वारा अगर प्राप्त भी किया जा सकता है तो वहाँ मूल आशय छूट जाने का खतरा बना रहता है। भावानुवाद के द्वारा ही थोड़ा-बहुत दोनों के प्रति विश्वस्त रहा जा सकता है। किन्तु भावानुवाद हमेशा मूल के साथ चिपक कर नहीं चलता और अक्सर मूल शब्दों से हट जाता है। इसीलिए भावानुवाद को 'स्वतंत्र अनुवाद' भी कहा जाता है।

ठीक-ठीक एवं यथातथ्य अनुवाद की माँग वास्तव में शब्दानुवाद से पूरी होती है। विद्वान अत्यन्त प्राचीनकाल से मूल के प्रति विश्वसनीयतावाली धारणा रखते आये हैं जिसका अब भी महत्त्व कम नहीं है। किन्तु पूरी तरह शाब्दिक अनुवाद कर पाना भी उतना सरल नहीं होता जितना ऊपर से प्रतीत होता है। अनुवाद में एकनिष्ठता और वफादारी का मतलब कभी-कभार बहुत फैलाव तथा पाद-टिप्पणियों (फुटनोटों) का अम्बार हो जाता है। अनुवाद के आधुनिक सिद्धान्तकार और विद्वान महसूस करते हैं कि बहुत ज्यादा फुटनोटों का प्रयोग अनुवादक की

पराजय है। लेकिन वहीं पर ब्लादीमीर नोबोकोव जैसे लेखक-अनुवादक वफादारी पर, और इसीलिए फुटनोटों पर, बल देते हैं और अनुवादित रचना की छरहरी काया के संदर्भ पर—मूल से अलग हो जाने के चलते—मुग्ध नहीं होते। नोबोकोव का कहना है—"मैं अनुवाद में विपुल मात्रा में फुटनोटों को पसन्द करता हूं, गगन-चुम्बी इमारतों की भाँति इस या उस पृष्ठ के ऊपर तक फुटनोट पहुँचें जिससे व्याख्या और दीर्घता के बीच मूल रचना की एकाध पंक्ति की ही झलक दिखाई पड़े।" लेकिन नोबोकोव के विचार से सबका सहमत होना कठिन है। फुटनोट बहुत जगह घेरते हैं और मूल आशय की व्याख्या करते समय ये मूल पाठ से अलग भी हो जाते हैं। शब्दानुवाद इसीलिए दैहिक ज्यादा है, आत्मिक कम, यद्यपि यह मूल कृति की आत्मा को ही मूर्त्त रूप में प्रस्तुत करना चाहता है। चूंकि शब्दानुवाद शब्द-प्रतिशब्द का अनुवाद करता चलता है अतः यह मूल रचना को सम्पूर्णता में नहीं देख पाता तथा अनुवाद की प्रक्रिया में शब्दों के अर्थ के संकीर्ण होने का भी खतरा होता है।

रचनात्मक लेखन के मामले में शब्दानुवाद केवल तभी कारगर हो सकता है अगर स्रोत एवं लक्ष्यभाषाएं एक-दूसरे की प्रकृति के बिल्कुल निकट और समान हों, लेकिन वास्तव में किन्हीं भी दो भिन्न भाषाओं की प्रकृति हू-ब-हू समान नहीं होती। शब्दानुवाद अव्यावहारिक अथवा अवास्तविक ('मिथ', जैसा कि नाइडा ने महसूस किया था) नहीं बल्कि रचनात्मक साहित्य से इतर रचनाओं के लिए पूरी वास्तविकता है। साहित्यिक अनुवाद तथा शब्दानुवाद के बीच की विभाजक रेखा कभी-कभार बिल्कुल अदृश्य हो जाती है।

शब्दानुवाद का उपयोग अधिकांशतः साहित्येतर रचनाओं के लिए किया जाता है जबकि रचनात्मक साहित्य के लिए साहित्यिक अथवा भावानुवाद का प्रयोग होता है। साहित्यिक अनुवादों में आशय और शैली अथवा रचना के सम्प्रेषण-मूल्य को ध्यान में रखा जाता है।

शब्दानुवाद को पाठान्तर लेखन (वर्सन राइटिंग) भी कहा जाता है तथा यह अनुकरण से भिन्न है। शब्दानुवाद में मूलभाषा के हर एक शब्द के बदले लक्ष्य-भाषा का तत्साम्यमूलक शब्द रखा जाता है जबकि अनुकरण प्रायः एक नई स्वतंत्र रचना ही होती है जिसमें मूल रचना से बड़ा हल्का साम्य होता है। अनुकरण वस्तुतः मूल से प्रेरित होकर उसी दिशा में किया जानेवाला अलग कार्य है जबकि शब्दानुवाद मूल के कथ्य पर पूरी तरह आधारित होता है, यद्यपि कभी-कभार उसका रूप बदल भी जाता है। यहाँ शब्दों के मूल्य पर बल दिया जाता है न कि रचना के आशय और शैली की सम्पूर्णता पर। शब्दानुवाद ध्वन्यानुवाद से अधिक, पर साहित्यिक अनुवाद या भावानुवाद से कम होता है। ध्वन्यानुवाद व्यक्तिवादी नामों आदि के अनुवाद के कुछ मामले में उपयोगी होता है। साहित्यिक अनुवाद

आलंकारिक भाषा के अनुवाद के संदर्भ में प्रयुक्त होता है। उपरोक्त तीनों प्रकार के अनुवादों में मूल रचना की वस्तु और शैली को अलग-अलग ढंग से रखा जाता है। शब्दानुवाद में मूल शब्द के प्रति विकल्प के रूप में लक्ष्यभाषा के शब्द रखते हुए इस प्रकार से अनुवाद किया जाता है कि जहाँ तक सम्भव हो सके मूल का शब्दश: विकल्प लक्ष्यभाषा में उसी क्रम से प्रस्तुत कर दिया जाए। शब्दानुवाद मूलत: कथ्य पर ध्यान केन्द्रित रखता है अत: यह मूल शब्दों पर निर्भर करता है जबकि दूसरी ओर भावानुवाद या साहित्यिक अनुवाद अपेक्षाकृत रूप, पक्ष-शिल्प-शैली आदि—पर अधिक ध्यान देता है। अत: भावानुवाद में शब्दानुवाद की अपेक्षा अधिक स्वतन्त्रता होती है।

व्यक्तिवाची नाम का अर्थ है किसी का अपना निजी नाम। इसके अन्तर्गत व्यक्ति, वस्तु या स्थान के 'अपने' नाम आते हैं। अंग्रेजी भाषा में इसकी एक पहचान यह होती है कि ये हमेशा कैपिटल (बड़े) अक्षर से शुरू करके लिखे जाते हैं।

व्याकरण में व्यक्तिवाची नामों को जातिवाची नामों के विलोम के रूप में भी देखा जाता है क्योंकि जाति से तात्पर्य ऐसी विशेषताओं से है जो एक खास वर्ग के प्रत्येक में मौजूद हो। जैसे—गाय, घोड़ा, आदमी, कलम, किताब वगैरह। अत: जातिवाचक ऐसा नाम (संज्ञा) है जो किसी समान वर्ग या प्रकार के प्रत्येक व्यक्ति या वस्तु के लिए दिया जाता है। व्यक्ति-नाम से इतर सभी नाम वस्तुत: जातिवाची होते हैं। लेकिन मनोरंजक बात यह है कि व्यक्ति-नाम भी कभी-कभी जातिवाची नाम के रूप में व्यवहृत होता है। उदाहरण के लिए कुछ ऐसे प्रयोग देखे जा सकते हैं—

1. कालिदास संस्कृत साहित्य के **सेक्सपीयर** हैं।
2. प्रेमचन्द हिन्दी के **गोर्की** हैं।
3. वह हमारे मुहल्ले का **भीम है**।
4. कश्मीर भारत का **स्विट्जरलैंड** है।

अत: व्यक्ति-नाम, व्यक्ति, स्थान और चीजों के व्यक्तिगत अपने अथवा निजी नाम हैं। व्यक्ति-नामों पर अरस्तू के समय से ही **दार्शनिक** स्तर पर विचार किया जाता रहा है। अरस्तू का कहना था कि व्यक्ति-नाम समय-निरपेक्ष परम्परा अथवा रूढ़िगत विशेषता ली हुई उच्चरित ध्वनियाँ हैं जिनका कोई भी अंश या हिस्सा अर्थपूर्ण नहीं होता। जैसे 'ह्वाइटफील्ड' में 'फील्ड' अपने आप में किसी वस्तु को सूचित नहीं करता जैसा कि 'ह्वाइटफील्ड' वाक्यांश में सूचित करता है। मिश्रनाम और सरल नामों में भी समानता नहीं होती। सरल नामों का अंश किसी भी तरह अर्थपूर्ण नहीं होता। मिश्रनामों में अंश पर थोड़ा बल अवश्य होता है पर यह भी अलग से किसी भी चीज को सूचित नहीं करता जैसे 'जलदस्युनौका' में 'नौका।' परम्परा अथवा रूढ़ि इसलिए कहा गया है क्योंकि कोई भी नाम प्राकृतिक रूप से

नाम नहीं होता, यह तभी नाम होता है जब प्रतीक-चिह्न बनता है। यहाँ तक कि अस्पष्ट आवाजें (उदाहरण के लिए जानवरों की) भी कुछ-न-कुछ प्रकट करती हैं पर ये भी नाम नहीं हैं। 'अ-मनुष्य' कोई नाम नहीं है और न इसके लिए कोई ठीक-ठीक नाम ही है। यह न तो वाक्यांश है और न नकार ही। इसे अनिश्चयात्मक नाम कह सकते हैं।

कतिपय अत्यन्त सूक्ष्म विशेषताओं के आधार पर व्यक्ति-नामों को कोई आधे दर्जन प्रकारों में बाँटा जा सकता है, जैसे—

1. व्यक्तियों, स्थानों और वस्तुओं के निजी नाम, जैसे—अकबर, बम्बई, गंगा, सूर्य आदि।

2. लोगों के विशिष्ट सम्बोधन, उपाधियाँ आदि जैसे बापू, नेताजी, लोकमान्य, पंडितजी, महाप्राण (निराला), बाबा (नागार्जुन) आदि।

3. निवास-स्थान तथा पत्राचार के पते यथा— मयूर विहार (दिल्ली) आदि।

4. पुस्तकों, रचनाओं, पत्र-पत्रिकाओं, फिल्मों, कला-कृतियों, संगीत-रचनाओं आदि के शीर्षक जैसे—मैला आँचल, जुही की कली, धर्मयुग, जिस देश में गंगा बहती है, मोनालिसा, वन्देमातरम् आदि।

5. संस्थाओं, फर्मों के नाम जैसे—संयुक्त राष्ट्र संघ, अन्तर्राष्ट्रीय मुद्रा कोष, मानवाधिकार आयोग, विश्व बैंक, स्कूल-कॉलेजों, विश्वविद्यालयों के नाम, टाटा स्टील आदि।

6. कुछ विशिष्ट शब्द जिनके समतुल्य समानार्थी शब्द अन्य भाषाओं में नहीं मिलते यथा—बन्द, घेराव, ग्लासनोस्त, पेरेस्त्रोइका, जजिया कर आदि।

व्यक्ति-नामों को 'भाषा के बाहर' माना जाता है और इन्हें शब्दकोषों में शामिल नहीं किया जाता। किन्तु विश्वकोषों (इन्साइक्लोपीडिया) में इन्हें महत्त्व के अनुसार स्थान मिलता है। हालाँकि व्यक्ति-नाम के शब्दों का अपना अर्थ हो सकता है किन्तु आवश्यक नहीं कि उस व्यक्ति, स्थान या वस्तु से उस अर्थ का सम्बन्ध हो ही। इसीलिए व्यक्ति-नामों का अनुवाद नहीं किया जाता भले ही उनमें अन्तर्निहित कोई अर्थ क्यों न हो। उदाहरण के लिए पंजाब (पाँच नदियों का प्रदेश) हिमालय (बर्फ का भवन), ताजमहल (भवनों का मुकुट) आदि। व्यक्ति-नाम तथा सांस्कृतिक शब्दावली वस्तुतः अनुवादनीय नहीं होते यथा यमुना, शिव, पार्वती, दुर्गा, काली, गणेश, मकरसंक्रांति, होली, दीपावली, रंगोली आदि।

व्यक्ति-नाम की कभी-कभी उपमा, रूपक, प्रतीक आदि अलंकार के रूप में भी प्रयुक्त होते हैं और ऐसी अवस्था में कभी-कभी इनका अनुवाद भी किया जाता है। यहाँ भी वास्तव में व्यक्ति-नाम का नहीं, प्रतीक का ही अनुवाद होता है।

साहित्यिक रचनाओं में विभिन्न विशेषताओं और अर्थच्छायाओं के साथ भी व्यक्ति-नामों का प्रयोग किया जाता है। रूपकात्मक, प्रतीकात्मक तथा व्यंग्यात्मक

लेखन में व्यक्तिवाचक नामों के कुछ निश्चित संकेतार्थ निहित होते हैं। बाल-साहित्य, परीकथाओं तथा लोककथाओं में भी प्राय: व्यक्ति-नाम संकेतार्थक मिलते हैं। ऐसे सभी व्यक्ति-नामों का अनुवाद मूलभाषा एवं लक्ष्यभाषा के समुचित सांस्कृतिक संदर्भों को ध्यान में रखते हुए करना चाहिए। श्रेष्ठ-गौरव ग्रंथों, किंवदन्तियों, मिथकों आदि के ऐसे प्रसिद्ध तथा लोकप्रिय नायकों, पात्रों आदि के नामों का भी अनुवाद नहीं होना चाहिए जिनकी राष्ट्रीय तथा सांस्कृतिक पहचान बन गयी हैं। इन्हें लक्ष्यभाषा में मूल स्वरूप में ही रख लेना उचित है।

पुस्तकों, पत्र-पत्रिकाओं, रचनाओं आदि के शीर्षक भी कई प्रकार के होते हैं। बिना सम्पूर्ण रचना को पढ़े उसके शीर्षक का अनुवाद नहीं किया जाना चाहिए। सम्पूर्ण रचना से गुजरने के बाद ही यह निश्चय किया जा सकता है कि उसके शीर्षक का अनुवाद किया जाए अथवा नहीं और अगर अनुवाद किया जाए तो वह लिप्यंतरण हो, शब्दानुवाद हो अथवा भावानुवाद।

व्यक्तिवाची नामों के लिए प्राय: अनुवादक यथावसर नामों की प्रकृति के अनुरूप लिप्यंतरण, शब्दानुवाद अथवा भावानुवाद का सहारा लेते हैं। जहाँ व्यक्ति-नाम सामान्य होते हैं अर्थात् प्रतीकात्मक या संकेतधर्मी नहीं होते वहाँ उनका लिप्यंतरण अथवा शब्दान्तरण किया जाता है। इसके लिए अनुवादक को शब्दों के लिखित एवं उच्चरित रूपों के परस्पर सम्बन्ध की सही जानकारी होनी चाहिए। ऐसे व्यक्तिवाची नामवाले शब्द एक प्रकार से मूल से ज्यों-का-त्यों अपना लिया जाता है।

प्रत्येक भाषा की लिपि होती है—कभी-कभी एक ही लिपि का प्रयोग एकाधिक भाषाओं के द्वारा किया जाता है। उदाहरण के लिए संस्कृत, हिन्दी, आधुनिक मैथिली, राजस्थानी, मराठी आदि भाषाएँ देवनागरी लिपि में लिखी जाती हैं। इसी तरह रोमन लिपि का प्रयोग भी अनेक भाषाओं के द्वारा किया जाता है। इसका अर्थ यह कदापि नहीं कि एक ही लिपि का उपयोग करनेवाली विभिन्न भाषाओं की उच्चारण पद्धति भी समान होती है। ऐसी भी भाषाएँ मिलती हैं जहाँ एक से अधिक लिपियों का व्यवहार होता है। मैथिली भाषा में तिरहुती का और देवनागरी दो लिपियों का उपयोग किया जाता है। मध्यकालीन हिन्दी की अनेक पुस्तकें फारसी लिपि में लिखी गयी मिलती हैं, जैसे मलिक मुहम्मद जायसी का प्रसिद्ध काव्य 'पद्मावत'। जब कोई रचना एक से अधिक लिपियों में लिखी जाती है तो यह निश्चित रूप से वैसे पाठकों को सुविधा प्रदान करती है जो उनमें से कोई एक ही लिपि जानते हैं। इससे निस्सन्देह पाठक-वर्ग व्यापक बनता है। हिन्दी जब फारसी लिपि में लिखी जा रही थी तो दक्षिण भारत में इसका विशाल पाठक-वर्ग बन गया था जो देवनागरी नहीं जानता था और जिसने इसे 'दक्खिनी हिन्दी' का नाम दिया।

ऐसा समझना ठीक नहीं होगा कि केवल लिपि जान लेने से किसी को भाषा का भी ज्ञान हो जाता है। उदाहरण के लिए अगर देवनागरी लिपि में तेलुगु की कोई रचना प्रकाशित होती है तो जो देवनागरी लिपि पढ़ सकते हैं पर तेलुगु भाषा नहीं जानते, वे ज्यादा-से-ज्यादा तेलुगु शब्दों का उच्चारण ही कर सकते हैं (वह भी सम्भवतः बहुत विश्वसनीय तरीके से नहीं) पर तेलुगु भाषा का ज्ञान नहीं प्राप्त कर सकते, अपने पठित शब्दों का अर्थ नहीं जान सकते। मात्र लिपि जानने से व्यक्तिवाचक नामों का सही उच्चारण कर पाना भी संदिग्ध हो सकता है। अतः नामों का लिप्यंतरण भी एक लिपि से दूसरी लिपि में अत्यन्त सावधानीपूर्वक अक्षरशः किया जाना चाहिए अर्थात् मूलभाषा की लिपि के वर्ण के समतुल्य लक्ष्य-भाषा के वर्ण का क्रमिक विकल्पन संयोजित किया जाना चाहिए। लिप्यंतरण मात्र एक तकनीकी या मशीनी प्रक्रिया नहीं है बल्कि यह ऐसी मिश्र तथा जटिल प्रक्रिया है जिसमें अनुवादक का विवेक महत्त्वपूर्ण भूमिका निभाता है। वस्तुतः ऊपर से देखने पर यह सरल-सी दिखाई देनेवाली चीज कम समस्यापूर्ण नहीं है।

सभ्यता, संस्कृति, विज्ञान और साहित्य के विकास के साथ-साथ लिप्यंतरण और शब्दान्तरण जैसे अनुवाद के प्रकार महत्त्व प्राप्त करते जा रहे हैं। ऐसा पुस्तकालयों आदि में सूची-पत्र, संदर्भिका आदि बनाने के क्षेत्रों में विशेष रूप से हो रहा है। लिप्यंतरण और शब्दान्तरण के आधुनिक युग में वाणिज्य, विज्ञान आदि क्षेत्रों में विधि उपयोग हो रहे हैं। लिप्यंतरण में अनुवादक को भाषा के उच्चारण एवं लेखन दोनों पक्षों को ध्यान में रखना पड़ता है। उच्चारण का ध्वनियों से सम्बन्ध होता है जिनसे शब्द तथा वाक्य बनते हैं और भाव, विचार, चिन्तन, अवधारणा, अनुभव आदि को अभिव्यक्त किया जाता है। लेखन ऐसा ठोस माध्यम है जिसके द्वारा उच्चरित भाषा को मूर्त्त किया जाता है। लेखन में वस्तुतः उच्चारित भाषा के संकेत चिह्न होते हैं। इस तरह उच्चारण और लेखन दोनों एक-दूसरे से बहुत निकटता से जुड़े होते हैं तथा दोनों मिलकर सम्प्रेषण का प्रभाव-शाली माध्यम बनते हैं। अरस्तू के अनुसार, "उच्चरित ध्वनियाँ आत्मा में प्रेम के प्रतीक हैं और लिखित चिह्न उच्चरित ध्वनियों के प्रतीक···" अतः लेखन को उच्चरित ध्वनियों का आइना कहना गलत नहीं है। यह बात साहित्य की रोशनी में अधिक उजागर होती है जो व्यापक लेखन का एक विशिष्ट हिस्सा है। कुछ ऐसी भी स्थितियाँ होती हैं जिनमें वाणी अपर्याप्त प्रतीत होती है और कुछ ऐसी स्थितियाँ भी होती हैं जहाँ केवल लेखन अपर्याप्त लगता है। हर भाषा की अपनी लेखन-पद्धति या लिपि होती है और अक्सर ऐसा देखा जाता है कि उच्चरित भाषा के सभी तत्त्वों को समाहित करने में सम्पूर्णतः सक्षम नहीं होती। लेखन-पद्धति के कई तत्त्व होते हैं जैसे अक्षर, उच्चारण का ढंग, विराम चिह्न, सम्बोधन चिह्न आदि जो लिपि को वर्तनी तथा वर्ण-विन्यास की दृष्टि से सम्पूर्ण बनाते हैं। सामान्यतः

वर्ण-विन्यास का सम्बन्ध शुद्ध हिज्जे अथवा शुद्ध प्रकार के लेखन से होता है, फिर भी इसके कुछ ऐसे निश्चित नियम होते हैं जिनका उपयोग उस भाषा का शिक्षित वर्ग आपसी सम्प्रेषण के लिए करता है। जब समुदाय के द्वारा ऐतिहासिक, राजनीतिक अथवा धार्मिक कारणों से ये नियम स्वीकृत होकर प्रतिमान बना लिए जाते हैं तो ये प्रतिमान ही उस भाषा के मानक अथवा स्तरीय वर्णविन्यास कहलाते हैं। कभी-कभी मानक वर्ण-विन्यास भी लिप्यंतरण में समस्या खड़ी करते हैं। उदाहरण के लिए देवनागरी में लिखित 'राम' तथा 'कृष्ण' शब्दों को लें जिनका लिप्यंतरण रोमन तथा तेलुगु में होने पर इनका उच्चारण 'रामा' और 'कृष्णा' होने लगता है। अंग्रेजी तथा दक्षिण भारतीय भाषाओं में देवनागरी के 'रमण' का उच्चारण 'रमणा' किया जाता है।

ऐसा अक्सर देखा गया है कि एक लिपि के कुछेक तत्त्व और गुण दूसरी लिपियों में नहीं पाये जाते। दूसरे शब्दों में कहा जा सकता है कि सभी लिपियों में समान संख्या में उच्चारण चिह्न नहीं होते। इसी से भिन्न भाषा-भाषियों के द्वारा किसी शब्द या वाक्य को विभिन्न प्रकार से उच्चरित किया जाता है। उदाहरण के लिए 'स्टेशन', 'स्कूल' जैसे शब्दों का उच्चारण उत्तर प्रदेश और बिहार में 'इस्टेशन', 'इस्कूल' के रूप में भी प्राप्त होता है, और पंजाब में 'सटेशन' तथा 'सकूल' के रूप में भी। 1755 में प्रकाशित अपने प्रसिद्ध शब्दकोश की भूमिका में सैम्युअल जॉनसन ने लिखा था कि "कलम को चाहिए कि वह पूरी तरह से जीभ का साथ दे" लेकिन कलम और जीभ का पूरा-पूरा साथ शायद ही किसी भाषा में मिलता हो। हाँ, आधुनिक युग में अनेक भाषाओं में ज्यादा वैज्ञानिक और सटीक बनने की प्रवृत्ति अवश्य दिखायी देती है। इस दिशा में कमोवेश सभी भाषाओं में प्रयास हो रहे हैं और अमरीकी अंग्रेजी, चीनी, जापानी आदि भाषाओं में इस सदी में ये प्रयास स्पष्टतः परिलक्षित भी हुए हैं। अंग्रेजी (रोमन) में दो प्रकार के वर्ण-विन्यास (इसी प्रयास के कारण) मिलते हैं—अमरीकी अंग्रेजी (यथा—Labor, Program) तथा ब्रितानी अंग्रेजी (यथा—Labour, Programme)। कई भाषाओं में हमें सरलीकृत, वैज्ञानिकीकृत तथा आधुनिकीकृत वर्ण विन्यास दिखाई देते हैं जैसे चीनी में। फलस्वरूप पहले के पेकिंग और माओत्सेतुंग अब बीजिंग और माओत्सेतुंग उच्चरित होने लगे हैं।

बहुत-सी यूरोपियन भाषाओं में अनेक उच्चरित ध्वनियों के लिए चिह्न नहीं हैं जैसे ट, ठ, ड, ढ. त, थ, द, ध आदि। किन्तु उन भाषाओं में कतिपय ऐसी विशेषताएँ भी हैं जो अन्यत्र लिपियों में नहीं मिलतीं जैसे बड़े और छोटे अक्षर (Capital and small letters in Roman)। अंग्रेजी में प्रत्येक वाक्य का आरम्भ, प्रत्येक व्यक्तिवाची नाम का आरम्भ, ईश्वर से सम्बन्धित नामों आदि का आरम्भ बड़े (कैपिटल) अक्षर से होता है। संक्षेपीकरण सम्बन्धी उपाय भी

सभी भाषाओं-लिपियों में समान रूप से प्रभावी नहीं मिलते। यूरोप की अनेक लिपियों में ऐकिक अक्षर पद्धति से लिखा जाता है यद्यपि अपवाद रूप में मिश्र अक्षर भी मिल जाते हैं जैसे ae=(a+e) oe=(o+e) (encyclopaedia, Hoemeopathy) अधिकांश भारतीय लिपियों में संयुक्ताक्षरों के खुलकर प्रयोग होते हैं। लेखन पद्धति के ध्वन्यात्मक गुणों की दृष्टि से भाषाओं के दो प्रकार हो सकते हैं—एक, जहाँ अध्वन्यात्मक लेखन-पद्धति जैसे चीनी, जापानी और कोरियाई भाषाएँ और दूसरा जहाँ ध्वन्यात्मक लेखन पद्धति है अर्थात् जहाँ अक्षरों के उच्चारण निश्चित हैं और इसी तरह वाक्यों (जो शब्दों से बनते हैं) के भी। पहले प्रकार की भाषाओं को आक्षरिक तथा दूसरे प्रकार की भाषाओं को वर्णानुक्रमिक कहा जा सकता है। भारत की सभी भाषाएँ अंग्रेजी, रूसी, ग्रीक, अरबी आदि वर्णानुक्रमिक भाषाएँ ही हैं।

लिपि लेखन-पद्धति का अभिन्न अंग होती है। लेखन-पद्धति में निश्चित व्याकरणिक नियमों के अन्तर्गत परम्परागत चिह्नों के द्वारा शब्द और वाक्य अभिलिखित किये जाते हैं। 'स्क्रिप्ट' (लिपि) शब्द के कई अर्थ होते हैं। इसका किसी लिखित रचना, लिखावट, हस्तलेख, टंकित लेख, रचना के कुछ प्रकारों (यथा—फिल्मस्क्रिप्ट आदि) के लिए भी प्रयोग किया जाता है। किन्तु यहाँ लिपि से हमारा आशय इसके अत्यन्त परम्परागत एवं विस्तृत एवं स्वीकृत अर्थ अर्थात् अक्षर, वर्ण आदि के लेखन की पद्धति से है। कुछ लिपियों का प्रयोग आमतौर पर नहीं, विशेष तौर पर होता है जैसे अंधों के लिए ब्रेल लिपि, तकनीकी एवं विशेषज्ञों द्वारा प्रयुक्त आशुलिपि, मोर्स कोड आदि।

आम तौर पर लिपियों का प्रयोग तीन प्रकार से किया जाता है। एक तो इनका प्रयोग लेखन पद्धति के रूप में विभिन्न उद्देश्यों से किया जाता है। इसके साहित्यिक एवं साहित्येतर अनेक उपयोग हैं। प्रत्येक साक्षर व्यक्ति इनका प्रयोग डायरी लेखन, पत्र लेखन, घर का जमाखर्च लिखने आदि के सैकड़ों रूपों में करता है। इसका दूसरा प्रयोग-प्रकार दो भिन्न लिपियों के लिए लिप्यतंरण तथा तीसरा उपयोग-प्रकार शब्दान्तरण अथवा शब्दानुवाद है।

जिन भाषाओं में एक से अधिक लिपियों का व्यवहार होता है वहाँ भी समस्याएँ पैदा होती हैं। हिन्दी भाषा में आरम्भ से देवनागरी लिपि का प्रयोग स्वाभाविक रूप से होता रहा है किन्तु मध्यकाल में हिन्दी के लिए फारसी लिपि का भी प्रयोग मिलता है, जो अधिकांश हिन्दी भाषियों के लिए विदेशी या 'बाहरी' लिपि थी। अतः फारसी लिपि में हिन्दी उसी सहजता से नहीं लिखी जा सकती जिस सहजता से देवनागरी में यह स्पष्ट है। उर्दू भाषा के लिए फारसी लिपि स्वीकृत रही है अतः जब उर्दू को देवनागरी लिपि में प्रस्तुत किया जाता है तब फारसी की अपेक्षा कठिनाई बढ़ जाती है। कहा जा सकता है कि हिन्दी के लिए

देवनागरी तथा उर्दू के लिए फारसी अधिक प्रभावी लिपियाँ हैं । हालाँकि सिद्धान्ततः किसी भी भाषा के लिए किसी भी लिपि का प्रयोग किया जा सकता है । किन्तु व्यवहार में ऐतिहासिक, धार्मिक सांस्कृतिक आदि तत्त्वों और संदर्भों के चलते भिन्न लिपि का प्रयोग करने में अनेक कठिनाइयाँ और बाधाएँ उपस्थित हो सकती हैं। अतः हर भाषा के लिए उसकी सर्वस्वीकृत लिपि ही सच्ची वाहिका और माध्यम होती है ।

व्यक्तिवाची नामों के अनुवाद में लिप्यतंरण की बड़ी महत्त्वपूर्ण भूमिका होती है। इस संदर्भ में स्रोतभाषा एवं लक्ष्यभाषा के समान ही 'स्रोत लिपि' एवं 'लक्ष्य लिपि' शब्दों का प्रयोग किया जा सकता है। व्यक्तिवाची नामों का अनुवाद और लिप्यंतरण दो स्तरों पर हो सकता है —एक तो आलेखीय अथवा रेखाचित्र स्तर पर अन्तरण तथा दूसरा अर्थ-सम्बन्धी स्तर पर अनुवाद । जहाँ व्यक्तिवाची नामों में आलंकारिकता नहीं होती वहाँ स्रोत लिपि से लक्ष्य लिपि में उनका आलेखी स्तर पर अन्तरण किया जाता है। दूसरे शब्दों में स्रोत लिपि की लेखन पद्धति की जगह लक्ष्य लिपि की लेखन पद्धति को प्रतिस्थापित किया जाता है। स्रोत लिपि उसे कहते हैं जिसे दूसरी भिन्न लिपि में बदलना है और जिस दूसरी लिपि में स्रोत लिपि को बदलना है उसे लक्ष्य लिपि कहते हैं।

लिप्यंतरण दो तरीकों से किया जाता है—लिप्यंतरण तथा शब्दानुवाद। व्यक्तिवाची नामों के मामले में लिप्यंतरण की जरूरत इसीलिए पड़ती है कि स्रोत लिपि के शब्दों को लक्ष्य लिपि के पाठकों के लिए पठनीय तथा सही उच्चारण-योग्य बनाया जा सके । लिप्यंतरण में स्रोत लिपि की लेखन पद्धति के ध्वन्यात्मक-रूपात्मक तत्त्वों को जहाँ तक हो सके लक्ष्य लिपि में निकटता से प्रस्तुत किया जाता है। शब्दानुवाद में स्रोत लिपि की लेखन पद्धति के आलेख-चिह्नों को लक्ष्य लिपि की लेखन पद्धति के आलेख चिह्नों के अनुरूप प्रस्तुत किया जाता है । यहाँ स्रोत लिपि के अक्षर, वर्ण, अंक आदि को लक्ष्य लिपि के समरूप अक्षर, वर्ण, अंक आदि में रूपान्तरित किया जाता है। स्पष्ट है कि लिप्यंतरण के तकनीकी एवं विशिष्ट पहलुओं के ब्यौरे में जाना आम आदमी के लिए जटिल व्यायाम प्रतीत होगा किन्तु अनुवादक को इसकी सूक्ष्मताओं की विशेषज्ञता प्राप्त होनी ही चाहिए अतः उसके लिए यह व्यायाम अर्थपूर्ण है। इन जटिलताओं से चिढ़कर ही टी० ई० लॉरेन्स ने कहा था, "शब्दान्तरण या शब्दानुवाद ही कतिपय 'वैज्ञानिक पद्धतियाँ' हैं जो अरबी भाषा के उन जानकारों के लिए सहायक हैं जिन्हें सहायता की जरूरत नहीं, लेकिन दुनिया के लिए ये बेकार हैं, मैं अपने नामों का किसी तरह हिज्जे कर लेता हूँ ताकि यह पता चले कि पद्धतियाँ कितनी सड़ गयी हैं।" लेकिन पद्धतियों के अभाव में जो अव्यवस्था होती है वह शायद ही किसी को काम्य हो ।

शब्दान्तरण में स्रोत लिपि के स्तरीय एवं पारदर्शी आलेखों को विश्वसनीयता पूर्वक लक्ष्य लिपि के आलेखों में बदला जाता है, पर केवल ऐसा करने में उच्चारण पर ध्यान नहीं दिया जाता। आलेखों में जरा भी जोड़-घटाव नहीं किया जाता। यह कार्य इतना अधिक तकनीकी और आंशिक है जिसमें मूल रूप से जरा भी अलग होने की गुंजाइश नहीं होती अथवा 'अनुवादक' के लिए किसी प्रकार की रचनात्मक भूमिका की गुंजाइश नहीं होती। यह स्रोत लिपि से लक्ष्य लिपि के लिए एक प्रकार का आधार लेता है। गैर तकनीकी कार्यों के लिए अनुवाद करते समय अनुवादक के लिए अतियान्त्रिक होने की आवश्यकता नहीं। कोई भी भाषा जड़ अथवा स्थायी रूप से स्थिर नहीं होती बल्कि हर भाषा में अक्सर विविध परिवर्तन होते रहते हैं। इसे ध्यान में रखते हुए अनुवादक को सावधानीपूर्वक स्रोत लिपि और लक्ष्य लिपि की लेखन पद्धतियों के परिवर्तनों का पर्यवेक्षण करना चाहिए। उसे दोनों लिपियों की पिछली लेन-देन से भी, जो स्थापित और स्वीकृत हो गयी हो, परिचित होना चाहिए अर्थात् स्रोतभाषा के नाम का लक्ष्य-भाषा में पूर्व-स्वीकृत रूप कौन-सा है, यह जानना और उसी का व्यवहार करना चाहिए। एक ही नाम अलग-अलग भाषाओं में साहित्यिक परम्पराओं आदि के कारण लेखन और उच्चारण में भिन्न-भिन्न रूप ग्रहण कर लेता है। अनेक स्रोत-भाषाओं के माध्यम से आने के कारण भी एक नाम के कई रूप लक्ष्यभाषा में भी दिखाई पड़ते हैं। ऐसी स्थिति में अनुवादक को चाहिए कि वह लक्ष्यभाषा की लिपि के परम्परागत स्वीकृत रूप के अनुसार समुचित समायोजन करे अथवा तात्कालिक स्वीकृत रूप को ही उपयोग में लाए।

भाषाओं की भाँति लिपियाँ भी एक दूसरी से प्रकृति और व्यवहार में इतनी अधिक भिन्न होती हैं कि रूपान्तरकार के लिए भी समस्या बन जाती हैं। उदाहरण के लिए हम रोमन और देवनागरी इन दो लिपियों को देखें। दोनों ही लिपियाँ अत्यन्त प्राचीन हैं तथा उसमें कई भाषाओं की समृद्ध साहित्यिक परम्पराएँ हैं। फिर भी दोनों एक दूसरी से अत्यन्त भिन्न हैं। देवनागरी अत्यन्त ध्वन्यात्मक लिपि है जिसमें लेखन और उच्चारण का अत्यन्त निकटता से सम्बन्ध है। जबकि रोमन लिपि में ऐसा नहीं है। रोमन में अक्सर उच्चारण लेखन से भिन्न दिखाई देता है। पुस्तकालयों अथवा प्रकाशनों में रोमन लिपि में नाम के लिखित रूप विभिन्न प्रकार के मिलते हैं। एक उपनाम—'चौधरी' के रोमन में कई रूप मिल जाते हैं जैसे—Chaudhary, Chaudharia, Chaudhery, Chaudhori, Chaudri, Chaudhuri, Chaudhury, Choudri, Chowdhari, Choudhary, Choudhury, ये सारे लिखित रूप एक ही नाम के विभिन्न विवरणिकाओं, पुस्तक-सूचियों में मिलते हैं।

रोमन में लिप्यंतरण करने में एक कठिनाई यह भी है कि मूल के लेखन और

ध्वनि दोनों पर सदा समान ध्यान देना पड़ता है और इनमें से किसी एक की ज़रा भी उपेक्षा होने पर रोमन में लिप्यंतरण गड़बड़ाने का खतरा पैदा हो जाता है। रोमन लिपि का यूरोप में विशेषकर और विश्व में सामान्यतः ऐतिहासिक कारणों से व्यापक प्रचार हुआ है और सदियों से रोमन लिपि दूसरी लिपियों पर हावी होती रही है। दूसरी लिपियों से रोमन में ज्यादा शब्दान्तरण होते रहे हैं और रोमन से दूसरी लिपियों में कम। एशियाई और अफ्रीकी देशों में उपनिवेश-वाद ने रोमन लिपि को महत्त्वपूर्ण स्थान दिला दिया। फलस्वरूप रोमन लिपि का व्यापक तथा इकतरफा प्रयोग आरम्भ हो गया और अन्तर्राष्ट्रीय वाङ्मय के लिए दूसरी लिपियों के चुने जाने के वैज्ञानिक अधिकारों की उपेक्षा हुई, साथ ही रोमनीकरण की समस्याओं को घटा कर देखा गया। फलस्वरूप अनेक व्यक्ति-वाची नामों के विभिन्न रूप रोमन लिपि में प्रचलित हो गये और उनका स्तरीकरण नहीं हो सका। ऐसा गैर यूरोपियन नामों के साथ ज्यादा हुआ और यह रोचक तथा रहस्यमय बात है कि एशियाई और अफ्रीकी नामों की भले उपेक्षा हुई हो, एशियन नामों में मानकीकरण किया गया है। पुस्तकालयों की सूची बनाने के नियमों को केवल यूरोपियन नामों के सन्दर्भ में बनाया गया जिनका प्रयोग गैर-यूरोपियन नामों के संदर्भ में करने पर असफलता ही हाथ लगी। वस्तुतः कुछ थोड़े से नियम बनाकर पूरे विश्व के नामों का रोमनीकरण करना सम्भव नहीं है।

नामों के मानकीकृत शब्दान्तरण क लिए अनुवादक को व्यक्तिवाची नामों के निर्माण के सन्दर्भ में सामाजिक, सांस्कृतिक सम्बन्धों का निकटता से परिचय होना अपेक्षित है। इसके अभाव में शब्दान्तरण हो सकता है परन्तु वह स्तरीकृत नहीं होगा। अतः केवल लिपियों की जानकारी मात्र से इस काम को पूरी तरह से अन्जाम नहीं दिया जा सकता। अतः इस दिशा में सावधानी की जरूरत है। व्यक्तिवाची नामों के सही उच्चारण की जानकारी भी होनी चाहिए अन्यथा उनके रोमनीकरण या किसी अन्य लिपि में शब्दान्तरण में भूल होने की आशंका बनी रहेगी। कहीं-कहीं व्यक्ति-नामों में बिम्बात्मकता होती है, अतः व्यक्ति-नामों की पृष्ठभूमि की जानकारी का अपना ही महत्त्व होता है।

इन सबके बावजूद कुछ नाम तो सचमुच ही समस्यापूर्ण होते हैं खास तौर पर अरबी, फारसी, हिब्रु और बंगला भाषाओं के अनेक व्यक्तिवाची नाम। फलस्वरूप इन भाषाओं की लिपियों से लक्ष्यभाषा में इनके अन्तरण में मानक रूप का अभाव प्रायः देखा जाता है। उदाहरण के लिए प्रसिद्ध रूसी लेखक पुश्किन के नाम को ही लें। अनेक रूप मिलते हैं—PUSZKIN, PUSKIN, PUSHKIN POESJKIN, PUSJKIN आदि। अगर वैज्ञानिक पद्धति अपनायी जाए तो इस प्रकार की भिन्नताओं से बचा जा सकता है।

कुछ लिपियों में लिखित व्यक्तिवाची नामों के अन्तरण के सिलसिले में

हर्फ-दर-हर्फ विकल्प रखने से भी काम नहीं चलता क्योंकि वहाँ उच्चारण के बदल जाने की आशंका रहती है क्योंकि दो भिन्न लिपियों से सम्बन्धित भाषाओं की भिन्न उच्चारण पद्धतियाँ होती हैं। फलस्वरूप 'चर्चिल' को तुर्की भाषा में C,OR,CIL और शेक्सपियर को SEYKSPIR लिखा जाता है।

शब्दान्तरण की वहाँ भी विशिष्ट समस्या होती है जहाँ एक ही लिपि कई भाषाओं के लिए प्रयुक्त होती है। रूसी नाम इसीलिए इंग्लैण्ड और जर्मनी में अलग-अलग ढंग से शब्दान्तरित होते हैं। अक्सर एक ही नाम के संदर्भ सूची एवं अखबारों में अलग-अलग रूप देखने को मिलते हैं।

अतः व्यक्तिवाची नामों को अनुवाद की प्रक्रिया में सावधानीपूर्वक समझने की अनिवार्यता से आँखें नहीं मूँदी जा सकती। व्यक्तिवाची नाम किसी देश की सामाजिक, सांस्कृतिक, धार्मिक, ऐतिहासिक जिन्दगी का अभिन्न हिस्सा बने होते हैं और अक्सर ऐसे नामों में अर्थ और आशय के भी कई व्यंजनात्मक स्तर छिपे होते हैं जिन्हें अनुवादक के लिए पता करना अपेक्षित है। यह तो स्पष्ट है कि किसी भी मनुष्य की भाँति अनुवादक की भी अपनी सीमाएँ होती हैं और उसे सर्वान्तिर्यामी मान लेना चरम भोलापन होगा। स्रोत लिपि की तमाम ऐतिहासिकता, संस्कृति, सामाजिकता, परम्परा और अन्य सूक्ष्मताओं का सम्यक् परिज्ञान अनुवादक को हो, यह इच्छित होते हुए भी कभी-कभार ही संभव दिखाई देता है। फिर भी अनुवादक को अपने एतत्सम्बन्धी ज्ञान-विस्तार के लिए प्रयत्नशील तो रहना ही चाहिए।

व्यतिवाची-नाम जीवन और भाषा के विविध क्षेत्रों में प्रयुक्त होते हैं तथा विविध विषयों से जुड़े होते हैं जैसे वाणिज्य, कानून, साहित्य, इतिहास, विज्ञान आदि। अतः एक अनुवाद के लिए यह अत्यंत कठिन समस्या प्रतीत है कि वह इन सभी ज्ञान-विज्ञानों के विविध प्रदेशों की और साथ ही अंतर्निहित शब्दकोशीय अर्थों की पूरी जानकारी रखें। हाँ, इतना अवश्य संभव है कि अनुवादक अपना मन-पसंद क्षेत्र चुनकर विशेषज्ञतापूर्वक अनुवाद-कार्य में जुटे।

व्यक्तिवाची-नामों के अनुवाद में भी सम्प्रेषणीयता की समस्या ऐसी बाधा बनकर सामने आती है जिसे अनुवादक को पार करना पड़ता है। उसे स्रोतभाषा और लिपि के वर्ण और ध्वनि दोनों का ख्याल रखते हुए लक्ष्यभाषा और लिपि में उनका सबसे निकटतम रूप रखना पड़ता है। इस संदर्भ में आनेवाली समस्याओं के लिए नाइडा ने ('टुवर्ड ए साइंस आफ ट्रांसलेटिंग' में) त्रि-स्तरीय समाधान का सुझाव रखा है।

उसके अनुसार पहला स्तर है सम्पूर्ण अनुकूलन का अर्थात् स्रोत लिपि की ध्वनि को लक्ष्य लिपि की ध्वन्यात्मक पद्धति में अनुकूलित कर लेना। दूसरा स्तर है व्यक्तिवाची नामों को स्रोत लिपि की आलेख पद्धति को लक्ष्य लिपि में उसके

अजनबी लगने की परवाह किए बिना, ज्यों का त्यों उधार ले लेना और तीसरा स्तर है समझौते का, अर्थात लक्ष्य लिपि की उच्चारण पद्धति के अनुरूप परिचित व्यक्तिवाची नामों को लिखना, भले ही वह स्रोत लिपि की आलेख पद्धति की परम्परा से अलग ही क्यों न प्रतीत हो। किन्तु अपरिचित व्यक्तिवाची-नामों को स्रोत लिपि के ध्वन्यात्मक नमूनों के अनुसार लक्ष्य लिपि में समुचित सामंजस्य बिठाते हुए लिखा जाना चाहिए।

ऐसे भी व्यक्तिवाची-नाम विशेषकर रूपक काव्यों और कथाओं में मिलते हैं जिन्हें शब्द-क्रीड़ा का उदाहरण भी कहा जा सकता है। ऐसे नामों के शैलीपरक चरित्र होने के कारण अनुवाद में इनकी चमक और आकर्षण के खो जाने का खतरा होता है। ऐसी स्थिति में अनुवादक को मूल नाम के सम्पूर्ण सौंदर्य के साथ उसका अनुवाद करना चाहिए। सम्पूर्ण सौंदर्य से आशय शब्द की ध्वन्यात्मक एवं अर्थपरक संकेतात्मक व्यंजनाओं से है। अगर ऐसा करना अनुवादक को असंभव प्रतीत हो तो वह मूल के समस्त सौंदर्य के विषय में पाद-टिप्पणियों का व्यवहार कर सकता है।

जहाँ स्रोत तथा लक्ष्य लिपियाँ और भाषाएँ समान सांस्कृतिक क्षेत्र की होती हैं वहाँ व्यक्तिवाची नामों का अनुवाद अपेक्षाकृत आसान होता है। उदाहरण के लिए भारत की किसी भी एक भाषा में दूसरी भाषा में मिथकीय व्यक्तिवाची नामों यथा—शंकर, हनुमान, सावित्री, सीता, भीम आदि के अनुवाद के संदर्भ में किसी प्रकार के फुटनोट की आवश्यकता नहीं होनी चाहिए जबकि रोमियो-जूलिएट, हरक्यूलिस, मिडास आदि नामों के लिए भारतीय भाषाओं में अनुवाद करते समय फुटनोट अपेक्षित होंगे। इसी प्रकार भारतीय मिथकीय व्यक्तिवाची नामों का यूरोपियन अथवा विदेशी भाषाओं में अनुवाद करते समय फुटनोट देने जरूरी होंगे। बात यह है कि मिथकीय नाम प्राय: प्रतीकात्मक और विशिष्ट अर्थ लिए होते हैं अत: उनके प्रतीकार्थ बताना भी अनुवाद का कर्तव्य है। युयुत्सु, धृतराष्ट्र, याज्ञसेनी, दाण्डु आदि व्यक्तिवाची-नाम मात्र ही नहीं हैं, ये विशेष अर्थ भी रखते हैं जिनका उद्घाटन अनुवादक को करना ही चाहिए।

इसी तरह पुस्तकों, अखबारों, पत्र-पत्रिकाओं, रचनाओं आदि के शीर्षकों का अनुवाद करते वक्त भी अनुवादक को अत्यंत सजग और सावधान रहने की जरूरत है। प्रसिद्ध पुस्तकों आदि के शीर्षक का अनुवाद नहीं करके उनका लिप्यंतरण करना भी उचित है यथा—रामायण, गीतांजलि, महाभारत, गोदान, मैला आंचल आदि।

अल्प प्रसिद्ध अथवा अप्रसिद्ध शीर्षकों के अनुवाद के साथ फुटनोट का प्रयोग किया जा सकता है।

कभी-कभी लक्ष्यभाषा में स्रोतभाषा के व्यक्तिवाची-नामों के पूर्व स्वीकृत

अनुवादित रूप मिल जाते हैं अतः अनुवादक को बेहिचक उन्हें अपना लेना चाहिए, क्योंकि ऐसी स्थिति में नये सिरे से अनुवाद करने का कोई अर्थ नहीं। उदाहरण के लिए जेसस क्राइस्ट के लिए हिन्दी में ईसा मसीह, बंगला में यीशु मसीह तथा संस्कृत में ख्रीष्ट अनुवाद पूर्व से स्थापित हैं।

रूस, यूनान और मिस्र हिन्दी में ये शब्द Russia, Greece और Egypt के स्वीकृत अनुवाद हैं। हिन्दी में ब्रिटेन के लिए 'विलायत' और बंगला में 'बिलेत' स्थापित अनूदित रूप है।

वस्तुतः व्यक्तिवाची नाम सचमुच में अनुवादित नहीं होते, इनका अनुवाद तभी होता है जहाँ ये प्रतीकात्मक तथा व्यंजनापूर्ण अर्थ वाले होते हैं। वैसे कुछेक ऐतिहासिक और धार्मिक व्यक्तिवाची नामों के विभिन्न भाषाओं में अनुवादित रूप भी प्राप्त होते हैं। संरक्षण, तटस्थीकरण तथा संशोधन—ये तीन प्रकार की क्रियाएँ उन अवसरों पर देखने को मिलती हैं जब व्यक्तिवाची नामों का अनुवाद नहीं किया जाता। संरक्षण का अर्थ है लक्ष्य लिपि में स्रोत लिपि के उच्चारण तथा लेखन ढंग (या हिज्जे) दोनों को ज्यों-का-त्यों रखना। उदाहरण के लिए अंग्रेजी में लोकमान्य तिलक, महात्मा गांधी, सरदार पटेल, पंडित नेहरू, नेताजी सुभाष बोस, सरदार भगतसिंह, आचार्य कृपलानी आदि नामों को ज्यों-का-त्यों संरक्षित रखा जाता है। इसी प्रकार संसार भर के विभिन्न भाषाओं के अखबारों में जिमी कार्टर, बिल क्लिंटन आदि नाम लिप्यंतरित काम होते हैं, अनुवादित नहीं होते।

कुछेक व्यक्तिवाची नाम लक्ष्यभाषा में निष्प्रभाविकृत अथवा तटस्थीकृत होकर प्रयुक्त होते हैं। ऐसा लक्ष्यभाषा की उच्चारण अथवा ध्वन्यात्मक पद्धति के कारण होता है। उदाहरणार्थ हिन्दी में अरस्तू (Aristotle), सुकरात (Socrates), सिकन्दर (Alexender) आदि नाम ऐसे ही हैं। स्थानवाची नामों में काहिरा (Cairo), दामिस्क (Damascus) जैसे नाम हिन्दी में स्थापित हो चुके हैं। मूल चेक शब्द 'प्राहा' अंग्रेजी में Prague तथा मूल फ्रेंच शब्द 'पारी' अंग्रेजी में Paris के रूप में स्थापित है। कतिपय व्यक्तिवाची नाम संशोधित रूप में लक्ष्य-भाषा में प्राप्त होते हैं। अंग्रेजी का China हिन्दी का 'चीन' और बंगला का 'चीना', अंग्रेजी का Tibet और हिन्दी का 'तिब्बत', अंग्रेजी का Nile हिन्दी का 'नील' ऐसे ही संशोधित नाम-रूप हैं। जिस लक्ष्य लिपि और भाषा में ऐसे स्वीकृत अनूदित रूप मिलते हैं, उन्हें बेहिचक स्वीकार करना ही अनुवादक के लिए उचित है। हाँ, जहाँ नामों और उपनामों में ध्वनि और अर्थ विशेष रूप से भरे गये हों वहाँ अनुवाद-प्रक्रिया को सक्रिय होना ही चाहिए।

उपाधि आदि का भी कभी अनुवाद होता और कभी नहीं भी होता। Mr. का श्री, Sir का महाशय या महोदय हिन्दी में रूपान्तरण के उदाहरण हैं। जर्मन 'Herr' संबोधन अन्य भाषाओं में ज्यों-का-त्यों अपना लिया गया है।

संस्थाओं के नाम सामान्यत: अनुवादित नहीं किये जाते बल्कि उनका लिप्यंतरण अथवा शब्दान्तरण ही होता है। किन्तु उनके अनूदित नामों के उदाहरण भी मिलते हैं यथा विश्वबैंक (World Bank), अन्तर्राष्ट्रीय मुद्रा कोष (I.M.F.), संयुक्त राष्ट्र संघ (U.N.O.), अन्तर्राष्ट्रीय श्रम संगठन (I.L.O.) किन्तु अधिकांशत: संस्थानाम लिप्यंतरित ही होते हैं अनूदित नहीं यथा—Jaslok Hospital, Sahitya Academy, टाइम्स ऑफ इंडिया लिमिटेड आदि।

इस प्रकार के नामों के औपचारिक, अधिकारिक अनुवाद भी मिल जाते हैं।

कतिपय अत्यन्त प्रसिद्ध एवं राष्ट्रीय महत्त्व की संस्थाओं आदि के नामों के अनुवाद नहीं होते अपितु उन्हें ज्यों-का-त्यों लक्ष्यभाषा की लिपि में ले लिया जाता है। उदाहरण के लिए लोक सभा, राज्य सभा, राष्ट्रपति भवन, विज्ञान भवन, दूरदर्शन, ललित कला अकादमी आदि नामों को लिया जा सकता है। स्रोत-भाषा की संस्कृति से घनिष्टता से जुड़े नामों के लिए जब अनुवादक को लक्ष्य-भाषा में उसके ठीक समतुल्य शब्द नहीं मिलता तो उसे लगभग निकटतम शब्द से काम चलाना पड़ता है। ऐसी स्थिति में उस शब्द के लिए 'उद्धरण' चिह्नों का प्रयोग करना चाहिए अथवा फुटनोट का। इस तरह की स्थितियाँ अनुवाद प्रक्रिया में प्राय: सामने आती ही रहती हैं क्योंकि जब तक, अनुवादक को विलक्षण शब्दों और नामों का सामना करना पड़ता है। जैसे 'चिरकुमार सभा' नामक संस्था का अगर अंग्रेजी में अनुवाद करना हो तो या तो इस नाम को रोमन अक्षरों में लिखकर फुटनोट में इसका मतलब समझाना होगा अथवा "Confirmedy Bachelors' Club" जैसा अनुवाद करके उद्धरण चिन्हों के भीतर इस नाम को रखना होगा, साथ ही 'सभा' और 'क्लब' के अन्तर को पाद-टिप्पणी में समझाना मुनासिब होगा।

व्यक्तिवाची नामों के अनुवाद के संदर्भ में कठिनाई यह भी आती है कि स्रोत-भाषा के नामों के सांस्कृतिक रूप से समतुल्य नाम लक्ष्यभाषा में नहीं प्राप्त होते। सांस्कृतिक रूप से गहराई से जुड़े मिथकीय व्यक्तिवाची नामों के समतुल्य नाम भी अक्सर लक्ष्यभाषा के मिथकीय सांस्कृतिक संदर्भों से चुन लिए जाते हैं जैसे ग्रीक नाम सिसिफस के बरक्स हनुमान को रखा जाता है, क्युपिड के लिए कामदेव का समतुल्य नाम प्रदान किया जाता है।

अपनी कुछेक विशेषताओं के कारण व्यक्तिवाची नाम रूपक और प्रतीक की तरह भी व्यवहृत होते हैं। उदाहरण के लिए अगर कोई कहे कि, "श्याम बल्लेबाजी में सुनील गावस्कर है और गेंदबाजी में कपिलदेव—" तो यहाँ सुनील गावस्कर और कपिलदेव में दो व्यक्तिवाची नाम रूपक या प्रतीक बनकर आते हैं। कतिपय

संस्थाओं के नाम भी इसी तरह रूपक-प्रतीक की भाँति प्रयुक्त होते हैं। यथा—सी० आई० ए०, सी० बी० आई०, के० जी० बी०, रॉ०, सी० आई० डी० आदि। कतिपय समस्याओं के नामों के लिप्यंतरण करते वक्त कोष्ठक में उन्हें स्पष्ट भी किया जाता है यथा हाउस ऑफ कॉमन्स (ब्रितानी संसद की निम्न सभा) नेसेत (इजरायली संसद) आदि। यदि इन्हें आलेख में बार-बार प्रयुक्त किया गया हो तो बाद में कोष्ठक की आवश्यकता नहीं रहती।

व्यक्तिवाची नामों के अनुवादक को कुल मिलाकर संक्षेप से काम लेना चाहिए तथा फुटनोट तथा व्याख्यात्मक टिप्पणियों से यथासम्भव बचने की कोशिश करनी चाहिए। लक्ष्य लिपि के आलेख पढ़ने में सहज प्रवाहपूर्ण होना चाहिए अतः लक्ष्यभाषा की प्रकृति के अनुरूप उसे अपने अनुवादित प्रारूप को ढाल लेना चाहिए। जहाँ उसे सन्देह हो वहाँ उसे लिप्यंतरण और शब्दान्तरण पर ही टिका रहना चाहिए न कि अनुवाद का प्रयत्न करना चाहिए।

अनुवादक को ध्यान में रखना चाहिए कि उसका कार्य लक्ष्यभाषा के पाठकों के लाभ के लिए है अतः लक्ष्यभाषा के ऐतिहासिक, सामाजिक, सांस्कृतिक आदि पहलुओं और संदर्भों का समुचित उपयोग करना चाहिए। लक्ष्यभाषा में स्रोतभाषा के नामों के समतुल्य नामों की खोज तथा जाँच-परख अनुवादक को करनी ही चाहिए। जो महत्त्व स्रोतभाषा के पाठक नामों को देते हैं वही महत्त्व लक्ष्यभाषा के पाठक भी दें, इस दिशा में अनुवादक को सदैव प्रयत्नशील रहना चाहिए। वैसे लक्ष्यभाषा के (किसी भाषा के) पाठकों के विभिन्न स्तर होते हैं। कुछ तो उस क्षेत्र के विशेषज्ञ भी हो सकते हैं, अतः पाठक के विभिन्न वर्गों की जरूरतों और अपेक्षाओं का भी ध्यान अनुवादक को रखना चाहिए। अच्छा अनुवाद सभी प्रकार के पाठकों को सन्तुष्ट कर सकता है।

क्षेत्रीय तथा स्थानिक रंगत और विशेषताएँ लिए नामों का अनुवाद करना हमेशा दुरूह कार्य रहा है। स्रोतभाषा के ऐसे नामों को लक्ष्यभाषा के समुचित नामों के द्वारा प्रतिस्थापित किया जा सकता है। अपनी विवेक-बुद्धि के सहारे अनुवादक को अपनी स्वतन्त्रता का इस संदर्भ में व्यवहार करना चाहिए।

आधुनिक युग में अनुवाद समाज और राज्यशासन के लिए लगभग अनिवार्यता बन गए हैं। अतः सरकारें विभिन्न क्षेत्रों में विशेषज्ञ लोगों की समितियाँ बनाकर आधिकारिक अनुवाद कार्य पर बल देने लगी हैं। किसी अनुवादक को ऐसे आधिकारिक अनुवादों को देखने-परखने का अवसर छोड़ना नहीं चाहिए और सर्व-स्वीकृत अनुवादों का उपयोग करना ही चाहिए। किन्तु सरकारी अनुवादों को भी आलोचनात्मक दृष्टि से परखने की आवश्यकता है। सर्व-स्वीकृत अनुवादों को ज्यों-का-त्यों ग्रहण करना अपेक्षित है और उनके लिए नया अनुवाद करना गैर-जरूरी है। अनुवाद शब्दशः करते समय भी पाठ को पूर्णता में देखना चाहिए और अनुवाद

को जीवन्त बनाने का भरसक प्रयास करना चाहिए।

साहित्यिक रचनाओं के अनुवाद के भी विविध प्रकार हैं। प्रसिद्ध रचनाओं के शीर्षक ज्यों-का-त्यों रखने की जगह उनके अनुवाद के भी प्रचुर उदाहरण मिलते हैं। 'गोदान' को अंग्रेजी अनुवाद में 'गोदान' शीर्षक भी दिया गया है और 'गिफ्ट ऑफ ए काउ' भी। इसी तरह पुस्तकों के पात्रों के नाम ज्यों-का-त्यों भी रखे जाते हैं और कभी-कभार लक्ष्यभाषा की सांस्कृतिक परम्पराओं के अनुरूप अनुकूलित भी कर लिए जाते हैं। शेक्सपीयर के 'ओथेलो' नाटक के दो भिन्न तेलुगु अनुवादों में नायक का नाम शूरसेन तथा राघवेन्द्र राव के रूप में अनूदित किए गए हैं। इसी प्रकार शेक्सपीयर के अन्य प्रसिद्ध नाटक 'मैकवेथ' के तेलुगु अनुवाद में नायक 'मैकबेथ' नाम का अनुवाद 'प्रताप रूद्रदेव' किया गया है। भारतेन्दु हरिश्चन्द्र ने शेक्सपीयर के 'मर्चेंट ऑफ वेनिस' का हिन्दी में अनुवाद 'वंशपुर का महाजन' नाम से किया। यहाँ 'वेनिस' की ध्वनि 'वंशपुर' में तथा 'मर्चेंट' की ध्वनि 'महाजन' में सुनाई दे सकती है किन्तु 'वंशपुर' में 'वेनिस'वाली भौगोलिकता एवं ऐतिहासिकता नहीं है। इसी दिशा में भारतेन्दु ने उक्त नाटक के चरित्रों के नामों को भी अनूदित किया है। उदाहरण के लिए 'पोर्शिया' का भारतीयकरण 'पुरश्री' के रूप में किया गया है। भारतेन्दु युग के परवर्त्ती कालों में भी नामों को अनूदित रूप देने के प्रयास होते रहे हैं।

'गोदान' का अंग्रेजी अनुवाद 'गिफ्ट ऑफ ए काउ' शीर्षक में भारतीय संस्कार, रिवाज तथा धार्मिक-सांस्कृतिक संदर्भ की झलक नहीं दिखाई देती।

कथा-कृतियों में यहाँ-वहाँ चरित्रों के नामों का अनुवाद करने से अधिक कठिनाई नहीं होती और पाठक इन्हें बर्दाश्त कर लेता है। तेलुगु के उपन्यास 'वेइ पडगलु' (लेखक विश्वनाथ सत्यनारायण) का हिन्दी अनुवाद श्री पी० वी० नरसिंह राव ने 'सहस्रफण' नाम से किया है। उपन्यास के एक पात्र का मूल नाम है 'पसरिक' जिसका शब्दकोशीय अर्थ होता है 'हरियाली।' श्री राव ने इस पात्र का हिन्दी अनुवाद में नाम 'हरिया' रखा है जो व्यक्तिवाची नाम के अनुवाद का एक बढ़िया उदाहरण है।

कविता का अनुवाद : एक निरन्तर सम्भावना

अनुवाद को वाल्टर बेंजामिन ने 'साहित्य का परवर्त्ती जीवन' (After life of literature) बहुत सोच-समझकर कहा होगा। पर कविता का अनुवाद साहित्यिक अथवा साहित्येतर अन्य अनुवादों की अपेक्षा दैहिक कम, आत्मिक ज्यादा होता है। अत: अनेक बार कविता के अनुवाद देह से कम, आत्मा से अधिक लगाव रखते हैं और कई बार तो उनका वस्तुत: पुनर्जन्म ही होता है। कविता का अनुवाद एक तरह से सही योनि की प्राप्ति की 'असम्भव' दिशा में रचना का विविध योनियों में भटकाव भी है। रामायण और महाभारत के विभिन्न भारतीय भाषाओं में, विभिन्न जन्मों के रूप में, अनुवाद के तरह-तरह के ढंग और प्रतिरूप हमें मिलते हैं। कविता का अनुवाद वास्तव में अनुकरण की स्थूलता से छूटने की कोशिश भी है और मौलिक की बजाय अनुवाद दिख पड़ने की कोशिश भी; बल्कि इन दोनों के परस्पर द्वन्द्व से उपजे संघर्ष का नतीजा भी है।

मेक्सिकी कवि-चिन्तक ओक्टेवियो पॉज़ साहित्यिक रचना की भाँति ही अनुवाद को भी भाषा के विशिष्ट कर्म के रूप में देखते हैं, (...Just as literature is a special function of language, so translation is a special function of literature.) वाल्टर बेंजामिन इसे आदर्श रूप, प्रकार और पद्धति (Mode) के रूप में देखते हैं। मूल रचनाओं में जो अनुवाद-योग्यता निहित होती है, उसकी खोज बेंजामिन की चिन्ता का एक मुख्य विषय थी। अनुवादित होने की योग्यता अनेक रचनाओं की विशिष्ट गुणवत्ता होती है। बेंजामिन के अनुसार अनुवाद जितना रचना के जीवन से सम्बन्धित होता है उतना ही उसके परवर्त्ती जीवन से भी, क्योंकि मूल हमेशा अनुवाद का अग्रज होता है। मूल रचना की लगातार अनेक जिन्दगियाँ होती हैं। जिनके यश को अनुवाद चिह्नित करते चलते हैं, मूल की अन्तर्वस्तु के स्थानान्तरण या सम्प्रसारण से अनुवाद बहुत अधिक होते हैं, वे मूल का यशोजीवन होते हैं। अनुवादों में मूल रचना अपना कायाकल्प करती रहती है, नवजीवन, नव परिधान, नव रूप-रस-गन्ध से युक्त होती रहती है।

अनुवाद से भाषाओं की अन्त: सम्बद्धता स्थापित और प्रदर्शित होती है। कविता का अनुवाद अत्यन्त जटिल, अन्तर्द्वन्द्वों और विरोधाभासों-भरा होता है।

यह मूल की प्रतिकृति है पर अनुकृति नहीं, मूल की धड़कनें इसमें बसती हैं पर उसके परवर्त्ती जीवन की भी; यह मूल का रूपान्तर और पुनर्नवीकरण भी है। यह दो भिन्न भाषाओं की विकासशीलता और परिपक्वता की प्रक्रिया का साक्षी भी होता है और साथ ही अपनी प्रसव-पीड़ा का भी। भाषा के विदेशीपन के साथ मैत्री भाव में आने की प्रक्रिया आसान नहीं होती पर अनुवाद को ऐसा करना ही पड़ता है। मूल रचना के सभी तत्त्वों में अनुवादनीयता नहीं होती और ऐसे तत्त्वों को अनुवादक को मनाना पड़ता है। बेंजामिन ने मूल रचना में वस्तु और रूप की तुलना फल और छिलके की अन्विति से की है और माना है कि अनुवाद में यह सम्बन्ध बदलकर अनेक तहोंवाली राजकीय पोशाक जैसा हो जाता है। काव्यानुवाद एक प्रकार से एक भाषा से कविता की कलम उखाड़कर दूसरी भाषा के थाले में प्रतिरोपित करने जैसा भी है। मूल कवि की समस्या, इस दृष्टि से इकहरी होती है, जबकि अनुवादक की समस्या अपेक्षाकृत बहुआयामी और जटिलतर। वस्तुतः कविता का अनुवाद असम्भव है, फिर भी अनुवाद अनिवार्य होते हैं, अतः हमेशा से निरन्तर किए जाते रहे हैं। कविता के स्वभाव और प्रभाव का अनुवाद हो या उसके रूप का, या दोनों का अर्थात् अनुवाद दैहिक अनुकृति हो अथवा आन्तरिक प्रतिकृति—ये बड़े जटिल प्रश्न हैं और इसलिए एक ही कविता के कई अनुवाद एक-से नहीं होते। अनुवाद को श्रम-साध्य होना चाहिए अथवा सहजावेगमय इसका समाधान देना भी मुश्किल है।

अनुवाद की एक समस्या को स्थूल शब्दों में स्वच्छन्दता बनाम पातिव्रत्य (वफादारी) के अन्तर्विरोध के रूप में उठाया जाता रहा है। जहाँ तक शब्दों के प्रति एकनिष्ठता का प्रश्न है, कविता के अनुवाद के संदर्भ में इसकी प्राप्ति असम्भव है, यद्यपि केवल व्यंजना (अर्थ ?) का रूपान्तरण भी काव्यानुवाद के परिप्रेक्ष्य में एकांगी ठहरता है। काव्यानुवाद को स्वच्छन्दता और एकनिष्ठता की द्वन्द्वात्मकता का आग्रही होना चाहिए। केवल एक को लेकर चलने की बजाय सम्पूर्णता को मद्देनजर रखकर चलना पड़ता है, तभी उसमें वह पारदर्शिता आ सकती है जो किसी अच्छे अनुवाद की पहचान होती है। वस्तुतः स्वच्छन्दता और एकनिष्ठता सच्चे अनुवाद में परस्पर-विरोधी नहीं होती अपितु इनका युगपत् और द्वन्द्वात्मक सम्बन्ध ही उपस्थित होता है। कविता के अनुवाद का कोई स्पष्ट और निश्चित नियम बनाना कठिन है। सम्भवतः काव्यानुवाद के लिए भाषिक स्तर पर स्वच्छन्दता तथा व्यंजना के स्तर पर एकनिष्ठता का आचरण करना उचित होता है।

किन्तु क्या कविता की मूलभाषा की उपेक्षा की जानी चाहिए? क्या स्रोत-भाषा को अछूता और अप्रभावी बनाकर लक्ष्यभाषा की प्रकृति का ही अनुकरण करना चाहिए अथवा स्रोतभाषा की प्रकृति को लक्ष्यभाषा को प्रभावित करने

का अवसर दिया जाना चाहिए ताकि लक्ष्यभाषा के माध्यम से स्रोतभाषा के जायके का पता चल सके? वस्तुतः सभी भाषाओं में कतिपय आदिम तत्त्व अन्तर्निहित होते ही हैं किन्तु उन की निजी (स्रोतभाषा की) खासियतें भी होती हैं जिनकी पहचान अगर अनुवाद की (लक्ष्य) भाषा में मिल सके तो पाठक को अतिरिक्त लाभ मिल सकेगा।

वाल्टर बेंजामिन का कहना था कि जितने ऊँचे स्तर की रचना होती है उसमें उतनी ही अधिक अनुवादनीयता की सम्भावना भी छिपी होती है।

कविता के अनुवादक को जिस समस्या से सबसे पहले जूझना पड़ता है वह कविता की समझ से सम्बन्धित है। कविता न तो केवल शब्द है और न केवल अर्थ-व्यंजना। वस्तुतः कविता ध्वनि, लय, छन्द, रूप और वस्तु का संश्लिष्ट एवं सम्पूर्ण सौन्दर्य है। कुछ लोग कविता के अनुवाद की प्रक्रिया में जो खो जाता है 'उसे' ही कविता मानते हैं। यह सच है कि भाषा कविता को और कविता भाषा को सुरक्षित रखती है और भाषा के सघन-संकेन्द्रित रूप की अभिव्यक्ति ही कविता में होती है। इसलिए कविता का अनुवाद असम्भव है क्योंकि कविता को भाषा से मुक्त नहीं किया जा सकता। पॉल वैलरी के अनुसार जिस प्रकार शुद्ध काव्य असम्भव है वैसे ही शुद्ध अनुवाद भी। भाषा की आकृति-प्रकृति में ही कविता ढली होती है, अतः कविता का दूसरी भाषा में पूर्ण रूपान्तरण सम्भव ही नहीं। इसीलिए कविता का अनुवाद नहीं होता, वस्तुतः मूल पाठ की पुनर्रचना होती है। जार्ज बारो ने इसी से तो कहा था कि अनुवाद अपने श्रेष्ठ रूप में एक प्रतिध्वनि है। कविता का अनुवाद अक्सर एक और कविता के रूप में ही सफल होता है। इसलिए काव्यानुवाद के लिए स्वयं कवि होने की योग्यता को अनिवार्य बताया जाता रहा है। एजरा पाउण्ड ने तो यहाँ तक कहा था कि नये कवियों को कविता लेखन में दक्षता प्राप्त करने के लिए अनुवाद का अभ्यास करना चाहिए। इसके लिए स्रोतभाषा की शाब्दिक बेड़ी से मुक्त होकर अपनी स्वतन्त्रता की पहचान भी जरूरी होती है। किन्तु यह हमेशा ध्यान में रखने की बात है कि स्रोतभाषा के शब्द सिर्फ बेड़ी ही नहीं होते। हाँ, केवल शाब्दिक प्रतिबद्धतावाले अनुवादक निष्प्राण रचना करते हैं। तभी तो उमर खैयाम के प्रसिद्ध अंग्रेजी अनुवादक फिट्जेराल्ड कहता था कि मरे हुए शेर की बजाय जिन्दा कुत्ता और भूसा-भरे गिद्ध की तुलना में चहकती हुई गौरैया अधिक अच्छी है। हर भाषा का अपना जीवन होता है जिसे दूसरी भाषा में ढालना असम्भव है। पर कविता का अनुवादक पुनर्जन्म की व्यवस्था करता है। उसके अनुवादक की सफलता अनुवादित जीवन्तता में निहित है।

कविता का अनुवाद असाध्य गणित को हल करने-जैसा है, जिसमें अक्सर पूर्व-निश्चित नियम काम नहीं आते। अनुवादक को अपने ही दिल-दिमाग से, प्रतिभा और बुद्धि से काम लेना पड़ता है। कार्लाइल कविता के दैहिक सौन्दर्य

(छन्द, अलंकार) के बिना अनुवाद को सम्पूर्ण मानने के पक्ष में नहीं था। एक गीत का गद्यात्मक अनुवाद अधिकांश व्यक्तियों के गले नहीं उतर सकता। शब्द, अर्थ, व्यंजना, शैली, छन्द, अलंकार सबको सँभालकर एक भाषा से दूसरी भाषा में, बिना टूट-फूट के ले जाना असम्भव व्यापार तो है किन्तु अपनी-अपनी योग्यतानुसार यथासम्भव अच्छे अनुवादक इस अत्यन्त नाजुक काम को अंजाम देते रहे हैं। ड्रायडन इसलिए कविता के अनुवादक का कवि होना अनिवार्य बताता था।

अनुवादक को मूल रचनाकार, पाठक और आलोचक से भी बहुत अधिक महसूस करना और झेलना पड़ता है। शब्द, अर्थ और आशय की विभिन्न तहों को उलट-पुलट कर परखना होता है। प्रतिशब्द की खोज ही नहीं, उनका अक्सर निर्माण भी करना पड़ता है। उसे न तो मूल में से घटाने का, न बाहर से कुछ जोड़ने का अधिकार होता है। उसे व्याकरण का सटीक उपयोग ही नहीं, उसका कभी कभार अतिक्रमण भी करना पड़ता है। उसे कोश से अलग भी जीवन से सम्बद्ध शब्द लेने होते हैं। कहाँ किस प्रकार का स्वीकार-अस्वीकार उचित है—यह केवल उसकी अपनी विवेकशीलता निर्धारित करती है।

कविता का अनुवाद करना अर्थात व्यवहार में उतरना कविता और अनुवाद दोनों की संरचना के रू ब रू खड़ा होना है। कविता ऊपर से चाहे जितनी भी सरल लगे, वास्तव में अनुवाद की दृष्टि से देखते ही उसमें जटिलताएँ पैदा होने लगती हैं। यानी समस्याएँ और उलझनें मूल समस्या अर्थात् कविता की समझ को ही लें तो भी क्या कविता की 'पूरी समझ' सम्भव है? अगर नहीं तो क्या जो समझ—अधूरी ही बनी है क्या वह सही है? वैसे कविता की समझ है क्या? वस्तु, रूप, ध्वनि, लय तथा इनका समन्वित समूचा सौन्दर्य अगर कविता की समझ है तो फिर समस्या यह भी है कि क्या कविता और कविता की 'समझ' एक ही वस्तु है? क्या कविता की 'समझ' को एक भाषा से दूसरी भाषा में 'स्थानान्तरित' करना उचित है अथवा 'रूपान्तरित' करना? अगर अनुवाद में जो 'छूट' जाता है वही कविता है तो फिर कविता का 'क्या' है जिसे अनुवाद पकड़ लेता है? क्या कविता इतनी ज्यादा पवित्र और गोपनीय होती है जिसे अनुवादक के (गन्दे) हाथों से दूर ही रखना उचित है? कविता किसी भाषा में मृत पड़ी नहीं होती, वह जीवित वृक्ष की भाँति भाषा में अपनी जड़ों पर खड़ी निरन्तर विकसित होती रहती है। वृक्षों का प्रत्यारोपण (transplantation) दूसरी जमीन में होता है और उनका विकास फिर भी अवरुद्ध नहीं होता। इसी तरह भाषाएँ मुर्दा लिटाये रखने के लिए 'कॉफिन' नहीं हैं। भाषाओं में रचनाओं का रूपान्तरण सम्भव होना चाहिए अर्थात् कविताएँ अन्य भाषा में जाकर भी जीवित-विकसित रह सकती हैं। भाषाओं के लचीलेपन, उनकी चंचलता, उनकी ग्रहणशीलता को 'समझने'

से कविता का अनुवाद भी असम्भव नहीं रह जाएगा।

अनुवाद को लेकर सामान्यतः और काव्यानुवाद को लेकर विशेषतः अनेक गलतफहमियाँ फैलायी गयी हैं। रवीन्द्रनाथ ने जब कहा था कि अनूदित कविता पढ़ना किसी तीसरे व्यक्ति के माध्यम से प्रेमिका का चुम्बन लेने के समान है तब वे वास्तव में प्रेमिका या चुम्बन पर नहीं, उस माध्यम-स्वरूप अक्षम व्यक्ति-विशेष पर टिप्पणी कर रहे थे जो प्रेमिका को प्रेमिका और चुम्बन को चुम्बन नहीं रहने देता और वास्तव में ऐसी स्थिति को समुचित तौर पर अनुवाद ही नहीं कहना चाहिए। अनुवाद तो प्रेमिका की उस प्यारी चिट्ठी की तरह है जिसे प्रेमी बरबस चूम ही लेता है। भले ही वहाँ प्रेमिका के होंठ नहीं, कागजी लिखावट ही क्यों न हो। वाल्तेयर ने भी कविता को संगीत की तरह अनुवाद के अयोग्य बताने-वाला कथन किया था, पर कविता संगीत नहीं होती; चाहे दोनों में एक दूसरे के कुछ गुण अवश्य ही रहते हों। काव्यानुवाद सूर्य-रश्मियों को तृण-रज्जुओं में बाँधने का प्रयास भी नहीं। वास्तव में कोई भी सही काव्यानुवाद मूल को बाँधने का नहीं, उसे मुक्त रखने का ही प्रयास करता है। इस तरह का अनुवाद स्वयं रचना भी होता है और इससे लक्ष्यभाषा अपने ही तरीके से समृद्ध भी होती है। अनुवाद अगर मूल की प्रतिध्वनि है तब भी वह सार्थक है और इसमें अगर मूलेतर सौन्दर्य आता है तब भी। और ऐसा होता है।

अनुवाद मूल का निष्प्राण प्रतिरूप नहीं होता। उसमें मानवीय संवेदनाओं की जीवन्तता के साथ नए संस्कार भी होते हैं। इस तरह अनुवादों के माध्यम से मूल कृति को अन्य भाषाओं में भी नयी जिन्दगी मिलती चलती है। जैसे कवि अपनी रचना के ड्राफ्ट में अनेक बार संशोधन करता है उसी तरह अनुवादक भी, और भाषा में यह रचनात्मक संघर्ष लाजिमी है। रचनात्मक साहित्य की व्यंजना समय के विकास के साथ विकसित और समृद्ध और नये सिरे से प्रासंगिक होती चलती है। इस दृष्टि से उसके अनुवाद भी विकसनशील होते हैं।

□□